雪球系列丛书

白话投资

基金入门与进阶实用指南

白话投资　北落的师门／著

中国铁道出版社有限公司
CHINA RAILWAY PUBLISHING HOUSE CO., LTD.

内 容 简 介

散户很难掌握炒股所需要的财务和法规知识，很难具备看懂上市公司所需要的行业研究能力，很难获得专业机构所掌握的信息优势，很难拥有抵御股市波动的健康心态。

这四个“很难”，导致虽然股票指数看上去收益还相当不错，但股民大多数是亏损的。而公募基金作为A股市场最专业的投资者，可以解决前三个问题。复利听上去很神奇，但是要求我们解决第四个问题，克服人性的贪婪和恐惧，在适当的时候买入一只好基金，并陪它度过漫长岁月。什么是适当的时候，什么是好基金，如何陪它度过漫长岁月，便是本书所要跟你讲的内容。

图书在版编目（CIP）数据

白话投资：基金入门与进阶实用指南／白话投资，北落的师门著．—北京：中国铁道出版社，2018. 7 (2022.2重印)

ISBN 978-7-113-24558-0

Ⅰ．①白… Ⅱ．①白… ②北… Ⅲ．①基金－投资－指南 Ⅳ．① F830. 59-62

中国版本图书馆CIP数据核字（2018）第101292号

书　　名：白话投资：基金入门与进阶实用指南
作　　者：白话投资　北落的师门

责任编辑：张亚慧　**编辑部电话：**（010）51873035　**邮箱：**lampard@vip. 163. com
封面设计：MXK DESIGN STUDIO
责任印制：赵星辰

出版发行：中国铁道出版社有限公司（100054，北京市西城区右安门西街8号）
印　　刷：三河市宏盛印务有限公司
版　　次：2018年7月第1版　2022年2月第9次印刷
开　　本：710 mm×1 000 mm　1/16　**印张：**18. 5　**字数：**284千
书　　号：ISBN 978-7-113-24558-0
定　　价：55. 00元

前 言

当你翻看前言页，我有必要先提醒你：

如果你渴望一夜暴富，那么应该到旁边书架上挑一本《股市涨停板战法》或者《稳抓十倍妖股》之类的书籍，而不是浪费时间在这本书上。

如果不是，那么我们可以继续往下聊聊。

本人在金融行业摸爬多年，见惯了资本市场各种“光怪陆离”的事情，决定潜下心来写一本关于基金方面的书籍，主要是基于以下经验判断：

一、普通投资者炒股很难

因为散户很难掌握炒股所需要的财务和法规知识，很难具备看懂上市公司所需要的行业研究能力，很难获得专业机构所掌握的信息优势，很难拥有抵御股市波动的健康心态。

这四个“很难”，导致虽然各大指数看上去收益还不错，但股民大多数是亏损的。这四个“很难”，也导致广大散户更乐于去听信“预测”、热衷于“技术分析”，从而误入歧途越陷越深。同时，散户想要通过学习去解决这四个“很难”，同样是很难的。学不透，还不如不学，半懂不懂，还不如完全不懂。

二、基金可以解决这一问题，但你必须先武装自己

上述这四个“很难”，公募基金可以解决一部分。财务法规知识、行业研究能力、信息优势，这些都是公募基金所具备的，毕竟它是 A 股市场上最主流、最专业的机构投资者。

长久以来，公募基金所拿出来的业绩，也是上得了台面的。自从 2001 年开放式基金成立以来至 2017 年底，偏股型基金年化收益平均为 16.5%，债券型基金为 7.2%。而基金投资者之所以感觉自己没有赚到钱，主要是由于第四个“很难”，投资心态不健康导致的，在这其中起到推波助澜作用的则是中国广大的基金销售机构。

因为它们是靠基金销售费用生存的，所以在牛市亢奋期很难抑制自己向客户推销基金的欲望，更不要说去帮投资者主动回避风险。

索罗斯说："傻子和他的钱，到哪去都受欢迎"。作为一名普通投资者，无论去任何地方购买金融产品，首先要做到的是对产品本身有深入地了解，用知识武装自己，否则就是别人眼里等待被收割的"韭菜"。

三、通过投资一夜暴富不可能，但仍旧可以帮你获得财务自由

有一个著名的72法则，大致意思是用72除以你的年化收益率，得出的数字就是资产翻倍所需要的时间。

年化收益率（%）	所需时间（年）
5	14.4
7	10.3
10	7.2
15	4.8
20	3.6
25	2.9
30	2.4
40	1.8
50	1.4

巴菲特是什么水平呢？大概是20%，只不过他将这一水平保持了将近40年，于是他便成为世界上最富有的人之一。而中国公募基金过去的水平，也能超越15%这个档次，这样一来，你的资产大概每5年就能翻一倍，10年至少能翻4倍，15年就是8倍，再往后，你懂的。

复利听上去很神奇，但是要求我们克服人性的贪婪和恐惧，在适当的时候买入一只好基金，并陪它度过漫长岁月。什么是适当的时候，什么是好基金，如何陪它度过漫长岁月，便是本书所要跟你讲的内容。

以上，大概是我对基金投资的一点浅薄之见。本人会继续在微信公众号"韭菜说投资社区"上持续更新关于基金投资的文章，作为本书的补充。

本书的完成得到了陈姗姗女士、岳祥瑞先生、胡墨女士的大力帮助，在此一并致谢。

编　者

2018年6月

| 目 录 |

第 1 章

基金入门：成为高手第一步

本章主要内容包括：

- ➢ 为什么是公募基金
- ➢ 首只基金的诞生：读史谈分类
- ➢ 开放式基金开辟新时代
- ➢ 公募基金市场当前概况

1.1 为什么是公募基金

1.1.1 家庭理财性价比之王

曾几何时，中国人投资理财除了存定期存款和买国债（国库券）以外，几乎没有别的途径。但是现在，无论你是去银行、去证券公司、甚至逛商场、逛菜市场，都会有五花八门的理财产品宣传折页发到你的手上，映入你的眼帘，撩拨你的神经。

这里面有传统的正规军：银行、证券公司、保险公司、基金公司、期货公司、信托公司，也有近年来走进大众视野的新兴理财机构：私募、三方理财、P2P等。要说产品种类，更是多到令你晕眩。但是除了银行理财产品有银行信用背书，稍可让投资者安心以外，其他任何一种似乎并不能让你那么放心。而且即使是银行理财，2018 年以后也不允许保本保息了。

满街的宣传材料上写满了各式各样醒目加粗的收益率，只有小小的一行风险提示文字，悄悄地躲在角落里怕你发现（不正规的机构甚至连风险提示都懒得写）。到底哪个靠谱，哪个忽悠，别说普通投资者，就是金融从业多年的“老司机”，猛地看到一款产品也不敢妄下结论。

在这些五花八门的投资品种当中，笔者为何推荐公募基金作为理财首选呢？以下列举公募基金的优势：

1. 靠谱：发展时间长，运作规范

从 1998 年第一只规范运作的公募基金成立到现在已经有将近 20 年时间，经过这 20 年间牛市、熊市的洗礼，公募基金已经形成了一套比较规范的运作管理制度，可以说是各类资管产品中运作最为成熟、监管最为严格的品种。

公募基金的牌照是国家（证监会）发的，是我国申请难度最大的几个金融牌照之一，不是有实力的法人或专业人士，是不可能发起成立基金公司、发行管理公募基金的。所以投资者完全不用担心把钱投给公募基金公司，对方会不会把你的钱卷跑或挪用：第一它不敢，证监会盯得非常紧；第二它不会，这个牌照以及好的声誉还是挺值钱的；第三它不能，想黑都黑不了，这背后有一套复杂而严谨的运作机制为你的资金保驾护航。

当然，在公募基金 20 年的发展历程中，各种各样的不规范不合理的风险事件也是层出不穷。监管者在查漏补缺，基金管理人也在不断进步，时至今日，要说公募基金的监管严厉程度排第二，没有其他金融产品敢说第一。

2. 亲民：门槛最低，进出方便

公募基金的投资起点大概是所有金融产品中最低的。大部分的公募基金投资门槛 1000 元起投，有的低至 1 元甚至 0.01 元起投。这和理财产品动辄几万元，其他资管计划动辄上百万元的投资门槛相比实在是太亲民了。而且面对相同的公募基金产品，大资金的机构和小资金的散户相比，并不会有什么收益上的优势，这跟一些理财产品不同，后者往往资金量越大，收益越高，显然是钱多欺负钱少。

大部分的公募基金都是开放式的，也就是说可以随时进行申购赎回，你今天想买，今天就可以申购，明天开始计算收益，今天想卖也没问题，提交赎回申请，最快瞬间到账（例如余额宝），最迟 3-7 天资金就会到账。有时候开放式基金为了保护原先持有人的利益会暂停申购（或者暂停大额申购），但是极少见暂停赎回（除了极端情况下会对大额赎回进行延缓或拒绝）。所以一般情况下，散户赎回基金变现是有保障的，流动性不成问题。

3. 齐全：品种繁多、风格各异

公募基金的产品线齐全得超乎你想象。从最早的股票型基金，到债券型、混合型、货币型基金，风险收益呈现出不同的特点。近两年来指数基金和主题型基金大发展，基本覆盖了各个行业各种指数，另类投资产品也纷纷上线，黄金、白银、石油价格都已被公募基金跟踪，股权类、房地产类创新也崭露头角，海外投资更是方兴未艾，QDII 基金已经成为国内投资者进行海外投资的最佳标的。总之，只要是你想得到的大类资产，公募基金基本都实现了跟踪覆盖。

要说哪种产品公募基金没有，那就是传统的带有预期收益的刚性兑付型产品，这是银行理财和信托的长项。这种产品虽然简单易懂，深受老百姓喜爱，但其背后所蕴含的风险其实是由金融机构拿自己的信誉甚至是资本金来保障的，不出事当然好，一出事则很容易引起金融机构连锁反应和社会不稳定事件。金融监管者们也深知这一点，所以从 2017 年开始，监管部门开始出台各种措施来引导、甚至是强制金融机构打破刚性兑付，让投资回归本源，金融产品净值化。

这是浩浩汤汤的历史潮流，投资者只想简单买一个固定收益理财产品了事的岁月已经一去不复返了。从这个角度讲，公募基金是最早、最深入人心的打破刚性兑付的产品，投资者也应该重点关注。

4. 透明：信息披露最为完善的资管产品

为了严谨，笔者一般不用“最”字，但是如果要说金融产品的透明度，公募基金可称得上是最高的。由于公募基金有一整套极为详细、打了无数“补丁”的信息披露制度，所以当你买了公募基金，你是明确知道自己的资金投向的。除了定期发布的季报、半年报、年报，还有不定期发布的各种公告来对重大投资、申购赎回等情况跟踪说明。即使不是公开的信息，证监会也会隔三岔五的让基金公司报送，产品的托管机构看见有任何风吹草动也都会发函提示，还会向证监会汇报。所以即使你没空盯着，监管部门、托管机构也会帮你实时监控投资运作风险，使基金运作必须符合法规和合同的要求。

而公募基金的这一套较为完善的信息披露制度，也可以帮投资者发现更多的投资机会和投资陷阱。比如 2017 年引起轩然大波的乐视网事件，投资者完全可以从基金披露的报告中发现哪些基金（包括指数基金）买了乐视网，仓位有多重，从而帮助自己判断是走还是留。从后面的结果看，走得早的话损失应该不大。相比陷阱，更多的则是机会，笔者多年来多次参与基金重仓股事件套利，收获颇丰。2014 南北车合并，投资者完全可以通过参与重仓二者的公募基金来进行套利操作，这也有赖于及时规范的信息披露。

5. 专业：利用比较优势成为赢家

笔者认为，要做好投资可能需要以下知识体系：金融学、会计学、财务分析、数学、法律、计算机、心理学等，最好还要对一个或几个学科有深入研究（比如医药、化工等）。总之，要做好投资，必须有一个复合的知识背景，不仅要全而且要专。

这不是一个普通投资者能够轻易掌握的，毕竟闻道有先后、术业有专攻。而公募基金公司的从业人员基本上都是来自于知名大学顶尖专业，人员素质和专业水平在整个金融行业内是非常高的。基金公司把大量的高精尖人才“笼络”到一起，是可以把这些背景不同的智力资源整合起来的。除了天赋异禀的投资者，笔者会建议大多数人把资金交给专业人士打理，即使是看好某一个行业，也最好是买一个指数基金来分散风险。

普通投资者常犯的一个错误就是：过度自信。总认为自己的判断更准确、更靠谱，难以信任别人。好比都说散户炒股“一赚二平七亏”，但几乎每个散户都相信自己应该是那个“一”，直到被市场“教育”的遍体鳞伤。而我见过真正的聪明人，总是在自己最擅长的领域努力进步、多多赚钱，然后在投资理财上选择一个更专业的机构、更靠谱的人、更优秀的产品。

1.1.2 常见投资理财产品比较

以上是公募基金的优点。不过任何一种金融产品一定都会有所长、有所短，下面笔者就把市面上的各种金融产品做了一个简单比较，供读者参考，如表 1-1 所示。

表 1-1 各种投资理财产品比较

<table>
<tr><th>产品种类</th><th>管理人</th><th>销售机构</th><th>门槛</th><th>风险点</th><th>复杂程度</th></tr>
<tr><td rowspan="3">银行理财产品</td><td rowspan="3">银行</td><td rowspan="3">银行</td><td rowspan="3">中低（多数 5 万元）</td><td>保本型：基本保本保收益（新规后已停售）</td><td rowspan="3">★</td></tr>
<tr><td>非保本型：以业绩基准为投资目标，浮动收益</td></tr>
<tr><td>净值型：稳健投资但不保障本息</td></tr>
</table>

续表

产品种类	管理人	销售机构	门槛	风险点	复杂程度
信托计划	信托公司	直销，或者银行、券商、三方理财等机构代销	很高（100 万元）	刚性兑付未来会被打破	★★
公募基金	基金公司		低（1-1000 元）	不承诺保本保收益，收益和风险成正比	★★★
券商资管计划	证券公司		中高（5 万 -100 万元）	不承诺保本保收益，收益和风险成正比	★★★★
理财型保险	保险公司		中低（几千元）	分红险：保本，收益不确定 万能险：保障最低收益 投连险：不保本息	★★★★
私募产品	私募基金		很高（100 万元）	股权私募：期限很长，收益不确定性大； 证券私募：类似于公募基金 私募是非持牌机构，鱼龙混杂	★★★★★
P2P 及小额贷款产品	贷款公司或平台（××贷，××宝，××财富）	线上网站、APP 和线下门店结合	中低（几千元）	项目风控不严格；公司倒闭；老板跑路	★★★★★

知识点 1. 1　直销和代销的区别

简而言之，直销就是投资者直接把投资款打给投资管理机构来购买产品，代销就是投资者通过银行、券商、三方财富公司等销售机构的代销系统来购买产品。代销机构作为投资管理机构的分销渠道，通常会对其销售的金融产品收取一定的手续费和费用分成。比如投资者在银行购买保险、基金、信托等产品，银行充当的实际是代销机构的角色。

知识点 1. 2　什么是刚性兑付

最早用在信托产品上，指信托产品到期后，信托公司必须分配给投资者本金以及收益，如果产品出现问题，信托公司需要用自有资金进行兜底。后来银行理财和一些其他资管计划为了吸引投资者，也基本是这样处理的。不过大部分的合同中并不会体现刚性兑付，这属于行规。而且现在政策法规越来越不鼓励这样做，打破刚兑才是回归资管本源，一味刚兑会积累越来越多的风险。

在上述五花八门的投资产品中，笔者认为公募基金是普通家庭投资理财最靠谱的投资工具。这并不是说其他类型的产品不好，而是现在流行一个词叫“应用场景”，信托、保险、券商、理财以及 P2P 等每一个都在自己适合的应用场景中为客户提供了优质的工具，值得称赞，但在普通家庭理财这个领域，笔者把基金称为“应用场景之王”“性价比之王”，绝不为过。

应用场景一词来自于互联网行业，主要用来描述用户在特定时间、空间下所产生的某种需求，以及某种产品如何来满足这种特定需求。

放在金融产品领域，那就是客户想要什么，金融产品能给什么？以公募基金为例，如表 1–2 所示。

表 1–2　公募基金的应用场景

用户需求	适用产品
抵御通货膨胀	大宗商品基金、原材料主题基金
抵御人民币贬值	美元债基金、其他 QDII 基金
看好油价	石油类基金
看好贵金属价格	黄金基金、白银基金等
紧跟政策热点	一带一路基金、国企改革基金等
关注热点行业	人工智能基金、新能源基金等
想吃稳定股息	高分红基金、红利基金
想加杠杆（或高波动率）	分级基金、高贝塔基金等
提升现金收益率	余额宝等各种宝宝类基金
强制储蓄理财	基金定投、智能定投

1.1.3　公募基金投资业绩到底如何

“混迹”金融圈多年，笔者已经习惯了看到各种“黑”基金的报道后一笑而过。曰“老鼠仓”，曰“业绩差”，曰“坑骗客户”，到基金贴吧里面看一看，基金经理每天都被人骂，即使是指数基金的基金经理也不例外。赚钱功劳是自己的，亏钱责任是别人的，这其实是一个常见的投资心理学。

实际数据是怎样的呢？来看几组数据。

1. 官方数据

一个是基金业协会会长洪磊 2016 年 7 月 9 日在“中国财富管理 50 人论坛”中的介绍，“从行业规模看，截至 2016 年 6 月末，公募基金资产规模达 7.95 万亿元，产品数量达 3114 只，是我国 A 股市场持股比例最高的专业机构投资者；从投资业绩看，自开放式基金成立以来（2001 年）至 2016 年 6 月末，偏股型基金年化收益率平均为 17.47%，超出同期上证综指平均涨幅 9.91 个百分点；债券型基金年化收益率平均为 8.38%，超出现行 3 年期银行定期存款基准利率 5.63 个百分点。”

毕竟是基金业协会会长，会有自卖自夸的嫌疑，于是笔者本着刨根问底的求实精神，从金融数据软件 Wind 上搜索提取了基金指数的历史数据，接着往下看。

2. 股票基金 PK 大盘指数

以中证公司发布的股票基金指数为例，它涵盖了市场上 2000 多只股票基金，在 2003–2017 年的 15 年间，年化收益高达 14.52%，而上证指数只有 6.07%。内行人要说了，上证指数失真，大盘股权重太大。笔者也想跟沪深 300 比，可惜在 2003 年的时候沪深 300 指数还没有呢。于是我又拿来了代表市场整体情况的万得全 A 指数做比较，数据就在下面，如表 1–3 所示。

表 1–3　基金指数与大盘指数收益比较（2003–2017，仅以点位计算）

代码	指数简称	发布机构	总收益（%）	年化收益（%）	最大回撤（%）
H11022.CSI	混合基金	中证指数有限公司	691.33	14.79	−53.01
H11021.CSI	股票基金	中证指数有限公司	663.81	14.52	−59.26
881001.WI	万得全 A	Wind 资讯	366.99	10.82	−70.59
399001.SZ	深证成指	深圳证券交易所	298.43	9.65	−70.98
000001.SH	上证综指	上海证券交易所	142.04	6.07	−71.98

从数据来看，无论是混合型基金还是股票型基金指数，都是远超市场平均水平的（以指数为代表）。

（1）在中国，基金是可以显著跑赢大盘的。有意思的现象是在成熟市场例如美国，基金想跑赢大盘是极其困难的。与美股市场不同，A 股市场中追涨杀跌的散户投资者是主流，他们的非理性投资行为实际上为机构投资者贡献了超额收益，用俗话说就是被“割韭菜”了。

（2）普通投资者通过基金投资可以取得媲美投资大师的投资业绩，你在跟我开玩笑吗？当然没有。相关数据显示，巴菲特每年的年化收益水平也就只有 20% 左右，但这个年化收益率保持了将近 40 年，他便成为世界上最有钱的人之一。虽然比不了“股神”，但混合型基金和股票型基金将近 15% 的年化收益水平也确实非常厉害了。

（3）没错，不要小看年化收益率上小小的差别，累积时间足够长，就有可能变成相差近一倍的收益。万得全 A 和混合基金指数的年化收益率只差三四个点，但是 14 年过去，总收益相差近一倍。

（4）基金不仅涨得比指数多，遇上大熊市回撤的也比指数小。当然，百分之五六十的收益率回撤也是不小的，这就需要我们在投资时有一点小技巧来避免这种高位站岗的悲剧，后面会讲到。

（5）用基金投资可以帮助你战胜定期存款，战胜通货膨胀，战胜 M2，这其实才是普通家庭理财的终极目标，如果幻想一夜暴富，那么最终很有可能落入骗子们布下的陷阱，到时候可是后悔都来不及。

对于债券，你可能会觉得很陌生。其实大爷大妈最爱买的国债原来叫国库券，就是风险最小的一类债券；你购买的银行理财产品，银行投资的也主要是债券；在我们身边的高铁、公路、城市建设，这些钱也常常是通过发行债券的方式募集来的。债券，无处不在。

作为一种以“还本付息”为主要标的的低风险金融产品，这 15 年间的收益率是多少呢？由中证公司发布的债基指数，包含了以投资债券为主的基金，其整体的年化收益水平是 6.39%，总收益约 153%，完胜上证企债指数和中证全债指数，如表 1-4 所示。

表 1-4　基金指数与大盘指数收益比较（2003-2017，仅以点位计算）

基金代码	证券简称	发布机构	总收益（%）	年化收益（%）	最大回撤（%）
H11023.CSI	债券基金	中证指数有限公司	153.05	6.39	−8.30
000013.SH	上证企债	上海证券交易所	104.74	4.89	−12.32
H11001.CSI	中证全债	中证指数有限公司	75.00	3.80	−5.64

由于笔者指数的数据未包含分红等因素，略微保守，所以整体看起来比洪会长的官方数据低一些，但并不影响说明问题。那就是，无论是股票型基

金还是债券型基金，过去十几年的收益率，的的确确是非常不错的，并且显著战胜了市场平均水平。

3. 一个骨感的现实

然而令人悲伤的是，你和你身边的基金投资者，似乎真正赚到这个收益的并不多，你们在饭桌上一提起基金，仍旧咬牙切齿，恨不得手撕基金经理。

这，也是事实。

雪球网站的创始人方三文曾经贴过一个天弘基金的数据，显示与洪会长所说相同的时间段内，偏股型基金的投资者累计亏损 2 763 万元。这个数据怎么来的我还没有求证，但我认为可能性极大，甚至有可能超过这个数字。

解释清楚并解决这一问题，这也是我写作的目的。虽然笔者自己认为写了这本书以后也并不能改变天弘基金下次发布数据时的结果（散户仍旧是亏钱），但幸运的是，至少读完这本书的你，不会再是其中悲惨的一员。

解释这个问题并不难，你只要知道 A 股和股民的特点即可：

（1）涨到你买，跌到你卖。

（2）无他，唯重复尔。

这里有一张来自网上的 2015 年基金发行规模的全景图，如图 1–1 所示。从中可以看出，在 2015 年，伴随着暴涨暴跌的股市行情，基金的发行规模也呈现出从疯狂到冰冻的特点，高位站岗的基民数不胜数，低位进入的勇者则少之又少。

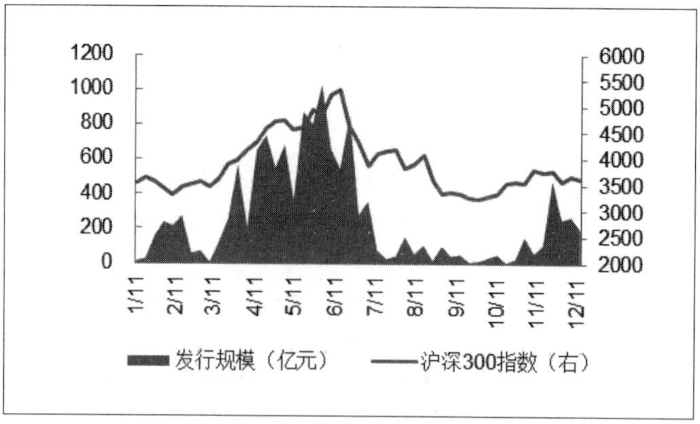

资料来源：凯石金融产品研究中心，WIND

• 图 1–1　2015 年基金发行规模与沪深 300 指数走势对比

放眼中国近 20 年的资本市场，类似的周期性的特点会更加明显。试想，如果投资者可以逆周期而动，收益岂不是飞上天，只不过能够做到的人实在太少了。

至于如何破解，本书也许能为你带来一些启示和参考。

1.2　首只基金的诞生：读史谈分类

1.2.1　1997 年：基金业发展的分水岭

1997 年 10 月，《证券投资基金管理暂行办法》的出台，成为中国基金业发展历史上的标志性事件。自 1997 年起，中国证券投资基金正式进入规范发展阶段。

在 1997 年 10 月之前，中国市场上有没有“基金”呢？答案是有的。

早在 1991 年 10 月，“武汉证券投资基金”和“深圳南山风险投资基金”分别由中国人民银行武汉分行和深圳南山风险区政府批准成立，仅比 1990 年底成立的沪深交易所晚不到一年。1992 年 11 月，我国国内第一家比较规范的投资基金——淄博乡镇企业投资基金（“淄博基金”）正式设立。该基金为公司型封闭式基金，募集资金 1 亿元人民币，并经中国人民银行总行批准，于 1993 年 8 月在上海证券交易所挂牌交易，是第一只上市交易的投资基金。淄博基金的设立揭开了投资基金业发展的序幕。

据不完全数据统计，截至 1997 年 10 月，全国范围内的投资基金已经有 72 只，募集资金 66 亿元。其特点表现为：

（1）组织形式单一，以封闭式契约型为主；

（2）规模小，最小规模仅为 1000 万元，平均规模 8000 万元；

（3）投资范围过于宽泛，绝大多数投资基金的资产由房地产、证券和融资构成；

（4）基金发起人范围广泛。

投资基金的发起人以信托公司为主，也包括银行、证券公司、保险公司、财政和企业等。然而在这一段时间的“野蛮”发展中，也出现了种种问题，比如监管不清、运作无法可依、投资管理不规范、流动性差等。

直到 1997 年 10 月，《证券投资基金管理暂行办法》出台，对证券投资基金的设立、募集与交易，基金托管人、基金管理人和基金持有人的权利和义务，投资运作与管理等行为都做出了明确的规范，中国基金业这才迎来了真正的规范发展阶段。

中国的第一批公募基金公司以及公募基金，也在这个时候走上了历史舞台，并开始在中国的资本市场中占据越来越重要的地位。

1998 年 3 月，国泰基金和南方基金分别成立并发行首只产品，摘得业内头筹。1998 年、1999 年，这两年共成立了 10 家基金公司，至今这十家基金仍被业内称为“老十家”，其中一些已经成长为行业的巨无霸型选手，而有的则滑落到行业中游水平。如果根据 2017 年底的管理规模给这“老十家”排名，大概是这个样子，如表 1-5 所示。

表 1-5 “老十家”公募基金现状（截至 2017 年底）

基金公司	基金数量	资产合计（亿元）	开放式基金数量	非货币基金资产合计（亿份）	非货基排名	成立日期	办公地
博时基金	189	4413	188	2254	4	1998/7/13	深圳
南方基金	153	4335	153	1907	5	1998/3/6	深圳
华夏基金	116	3845	116	2225	3	1998/4/9	北京
嘉实基金	138	3608	136	2211	2	1999/3/25	北京
鹏华基金	151	2654	149	977	15	1998/12/22	深圳
富国基金	98	1970	98	1304	9	1999/4/13	上海
华安基金	97	1780	96	1091	13	1998/6/4	上海
大成基金	87	1631	86	514	26	1999/4/12	深圳
国泰基金	103	1005	102	893	16	1998/3/5	上海
长盛基金	74	509	74	304	42	1999/3/26	北京

注：截至 2017 年底，共计 122 家公募基金公司（含持有公募基金牌照的证券公司）。

1.2.2 封闭式基金的光辉岁月

言归正传，国泰基金和南方基金发行成立的这两只基金分别叫作基金金泰和基金开元，均是以股票为主要投资标的，辅之以部分仓位的国债。这两只基金看名字就知道是老古董，现在哪有以“基金”+“××”这种枯燥的方式来命名产品的，现在动不动就是中国梦、工业 4.0、一带一路这种紧跟时代脉搏的名称。

更为夸张的是，当年的这些老古董，是长时间封闭的，而且一封就是 15 年。也就是说，这只基金你如果买了，在未来 15 年的时间内，是不允许赎回的。现在听来不可想象，谁能接受一只封闭 15 年的基金，但是在那个年代，封闭 10 年、15 年都是标配，而且一点儿不愁卖。这是为什么呢？

（1）封闭式基金虽然在长时间内不可以进行申购赎回，但是基金份额可以在沪深交易所进行交易变现，基金金泰和基金开元分别在深交所和上交所挂牌上市交易。也就是说，虽然你申购的基金没法通过赎回的方式让基金公司把钱退给你，但是你可以到交易所去，把这只基金卖给别人来得到现金，这一点跟股票有点儿像，你买了就不能退股，但是可以通过交易把股票卖出去。当然，前提是有人愿意买且价格不错。

（2）那么这些封闭式基金有人买吗？当初可是很多人抢着买，这些基金刚上市的时候，都是稀罕玩意儿，那时候的散户最害怕庄家，市场上每天流行的就是研究如何跟庄。现在好了，大伙凑钱请来了专业人士进行管理，大资金操盘，自己变成庄家，追捧的人多得很。基金开元上市第一周的交易价格最高时就比基金净值高出了 67%，投资者只要在基金发行的时候以一元钱认购，等它上市的时候以高出 1 元多的交易价格卖掉，就可以赚一笔，很像打新股。不过世事无常，投资者的热情在 1998 年下半年就开始减退，封闭式基金开始出现折价现象，特别是经历了 2001–2005 年的一波漫长熊市之后，封闭式基金已经风光不再，在 2005 年达到最低点，很多基金都折价将近 50%，二级市场交易价格打五折才有人要，直到今天，大部分封闭式基金都还是以折价为常态。

至于封闭式基金折溢价的真正影响因素，我也没法完全说清楚，研究这一课题的论文用 A4 纸打出来估计也能绕地球一周，有兴趣可以自己搜索。最为常见的解释就是，折价是因为资产在未来一段时间不能以净值变现，所以交易价格要进行折让才能卖出去。

从图 1–2 中可以看出，基金金泰的交易价格在上市初期曾经远远高于基金净值（位于上方的曲线），但是在随后的大部分时间中，交易价格都远远低于基金净值的，也就是处于大幅折价的状态。不过在基金快要到期的时候，二者会逐渐趋同。

• 图 1-2　基金金泰上市后基金净值与交易价格对比图

封闭式基金在开放式基金出现以后日渐式微，类似于基金金泰这种的老封基（也叫传统封基），也正在逐步退出基金业的历史舞台，但它们创造的辉煌业绩，依然值得人们赞叹。最近几年，封基又焕发出了新的生命力，定增类封基，股权类封基 2016 年火过一段时间，绩优的三年期封闭式基金在 2017 年成为爆款，这种新式封基，正在逐步扩大，星星之火，能否燎原，拭目以待，如表 1-6 所示。

表 1-6　已退市传统封闭式基金收益统计（2017）

代码	简称	基金成立日	基金到期日	总回报 /%	年化回报 /%	期限 / 年
184688.OF	基金开元	1998-03-27	2013-02-18	719.46	15.18	15
500001.OF	基金金泰	1998-03-27	2012-12-21	536.94	13.37	15
500008.OF	基金兴华	1998-04-28	2013-04-11	1398.52	19.83	15
500003.OF	基金安信	1998-06-22	2013-05-22	961.99	17.15	15
500006.OF	基金裕阳	1998-07-25	2013-07-12	830.74	16.06	15
184689.OF	基金普惠	1999-01-06	2013-12-20	436.05	11.87	15
184690.OF	基金同益	1999-04-08	2014-04-03	608.47	13.94	15
500002.OF	基金泰和	1999-04-08	2014-04-03	889.12	16.51	15
184691.OF	基金景宏	1999-05-04	2014-04-09	357.14	10.70	15
500005.OF	基金汉盛	1999-05-10	2014-04-29	628.09	14.17	15

续表

代码	简称	基金成立日	基金到期日	总回报 /%	年化回报 /%	期限 / 年
184692.OF	基金裕隆	1999-06-15	2014-05-30	467.22	12.29	15
500009.OF	基金安顺	1999-06-15	2014-05-09	809.96	15.96	15
184706.OF	基金天华	1999-07-12	2009-06-30	155.16	9.84	10
184693.OF	基金普丰	1999-07-14	2014-06-09	193.50	7.48	15
500018.OF	基金兴和	1999-07-14	2014-05-29	313.09	10.00	15
184698.OF	基金天元	1999-08-25	2014-07-02	427.95	11.84	15
500011.OF	基金金鑫	1999-10-21	2014-09-12	383.69	11.15	15
500007.OF	基金景阳	1999-10-29	2007-12-10	502.63	24.75	8
184699.OF	基金同盛	1999-11-05	2014-11-04	357.80	10.67	15
184701.OF	基金景福	1999-12-30	2014-12-25	245.06	8.61	15
500015.OF	基金汉兴	1999-12-30	2014-12-11	192.36	7.43	15
184705.OF	基金裕泽	2000-03-27	2011-04-21	314.68	13.70	11
184703.OF	基金金盛	2000-04-26	2009-10-16	347.42	17.12	9
184713.OF	基金科翔	2001-04-20	2008-11-12	318.70	20.82	8
184712.OF	基金科汇	2001-04-20	2008-10-08	360.88	22.67	7
184700.OF	基金鸿飞	2001-05-18	2008-04-14	238.11	19.26	7
500038.OF	基金通乾	2001-08-29	2016-08-11	504.38	12.77	15
184728.OF	基金鸿阳	2001-12-10	2017-01-03	239.02	8.43	15
500056.OF	基金科瑞	2002-03-12	2017-01-03	536.97	13.31	15
184721.OF	基金丰和	2002-03-22	2017-03-17	539.93	13.17	15
184722.OF	基金久嘉	2002-07-05	2017-07-04	474.57	12.35	15
500058.OF	基金银丰	2002-08-15	2017-07-26	378.91	11.00	15

1.2.3 基金分类小结

讲完封闭式基金，可以从这种最古老的基金类型当中提取出几个分类标签，如表 1-7 所示。

（1）封闭式，基金发行结束以后就不再开放申购赎回，整个运作期间的基金份额是不会有变化的。大部分封闭式基金的份额是可以上市交易的，为投资者提供了变现的渠道，但交易价格由买卖供需决定，常常偏离基金净值。

与之对应的是：

开放式：投资者可以根据每天的基金净值进行申购赎回的基金，流动性好。

半封闭式：介于封闭式和开放式之间，通常存在于分级基金当中，母基金份额可以申购赎回，母基金下设的子基金份额不可申购赎回只能上市交易。后面的分级基金章节会专门讲到。

以上是根据运作模式来分类的。

（2）可上市交易，也叫场内基金，基金份额可以在交易所内通过二级市场买卖的方式进行转让，类似股票（“场”指的就是“交易所”）。

与之对应的是：

场外基金：基金份额只能在直销柜台、银行、券商、第三方销售机构等场外渠道进行申购赎回，不能拿到二级市场上买卖。

LOF 基金：Listed Open-Ended Fund，场内基金的一种，它不仅可以在场外申购赎回，也可以在交易所交易。

以上是根据交易模式来分类的。

（3）主动管理。基金的运作靠的是基金经理的研究和投资能力，这都是需要发挥主观能动性的因素。基金业绩的好坏，比较依赖基金经理的个人能力，比如传奇基金华夏大盘，王亚伟离职了以后就再也没有那么神奇的表现了。

与之对应的是：

被动管理：主要是指数基金。基金经理的终极目标是使管理的基金净值走势与对应指数尽可能一致，剔除人为主观判断，缩小跟踪误差。

以上是根据投资方式来分类的。

（4）股票型基金。以股票为主要投资标的，早年间股票型基金的定义是“股票资产不低于 60%”，后来证监会为了强化股票型基金的风格，要求股票型基金投资于股票的资产不低于 80%。于是股票型基金纷纷发公告转型为“混合型基金”，以规避 80% 仓位红线的要求。

与之对应的是：

债券型：以债券为主要投资标的（80% 以上投资比例）的基金。

货币型：仅以货币市场工具为投资标的的基金。货币市场工具主要指一年以内的银行存款、债券回购、央行票据和剩余期限在 397 天以内的债券等，基本都是风险极小的金融工具。

FOF 型：80% 以上资产投资于其他基金的基金。不过这种类型的基金还处于初步发展的阶段。

混合型：不属于以上任何一类的基金，通常是股债都可以投，风格相当灵活。当然也更容易造成基金的特点不明确，说专业点叫“风格漂移”。

以上是根据投资范围来分类的。

表 1-7 基金分类简表

分类方式	具体类型	基本含义
投资范围	股票型基金	80% 以上的基金资产投资于股票
	债券型基金	80% 以上的基金资产投资于债券
	货币型基金	仅投资于货币市场工具
	基金中基金（FOF）	80% 以上的基金资产投资于其他基金份额
	混合型基金	投资于股票、债券、货币市场工具或其他基金份额，且投资比例不同于股票型基金、债券型基金和 FOF 投资范围的
投资方式	主动管理型基金	根据基金经理主观判断进行投资
	被动指数型基金	投资目标是准确跟踪某个指数的走势
交易模式	场内基金	可以在交易所二级市场进行交易
	场外基金	只在场外市场进行申购赎回
	LOF	既可场内交易，也可场外申赎
运作模式	开放式	每日可以申购赎回
	封闭式	封闭期内，基金不能申购赎回
	半封闭式	主要指分级基金，子份额只能交易不能申赎，母份额可以申赎

1.3 开放式基金开辟新时代

1.3.1 首只开放式基金问世

1. 发行盛况

2000 年，《开放式基金试点管理办法》颁布实施，对开放式基金的设立、募集、申购、赎回、信息披露、管理人和托管人职责等做出了明确规定。

2001 年 9 月，华安创新投资基金作为第一只开放式基金，成功募集 50 亿元，成为中国基金业发展的又一个阶段性标志。

这第一批吃螃蟹的人命运如何呢？根据 Wind 数据显示，截至 2017 年底，华安创新基金成立以来的总回报为 335%，年化回报在 9.4% 左右。虽然比不上房价，但基本上是能够让投资者满意的。

2. 开放式基金的由来

前面我们讲了封闭式基金，它最大的特点是一旦发行成立，投资者的份额即被锁定，基金总份额就是固定的，而投资者如果想变现，只有到二级市场上进行交易。但是交易价格却经常与基金净值相差较大，同时交易的活跃度也难以保障，这都给投资者变现制造了障碍。

而开放式基金的份额不固定，投资者可以随时申购基金产生新的基金份额，也可以赎回基金变现从而使基金份额减少，它最大的作用就是解决了投资者的流动性需求。

与此同时，这种制度还使得基金公司的竞争更加市场化。在开放式基金独特的赎回机制下，基金管理公司只有提供良好的业绩回报、令人满意的客户服务和更充分的信息披露，才能留得住投资者的资金，把规模做大，赚更多的管理费，否则很快就会被投资者赎回，从而被市场淘汰。

今天，开放式基金已经成为国内基金市场上最为主流的产品。无独有偶，在美国、英国等资本市场较为成熟的国家，开放式基金也同样占据着绝对的领先地位。

1.3.2　开放式基金交易实操

1. 申赎原则

开放式基金可以申购赎回，那自然涉及申赎的价格如何确定的问题。这里有两个比较有名的原则。

一是“金额申购、份额赎回”，在申购基金的时候，你只要决定好买多少钱的基金就行了。如果你决定买 10 万元的 A 基金，系统会自动为你算好按照当前基金的净值和费率，你可以得到多少份额。而当你赎回基金的时候，你要先看看账户上有多少份额，再决定赎回多少份。申购时填写的是金额，好比买菜时你跟店家说买 10 块钱的萝卜；赎回时填写的是份额，好比卖出的是 5 斤萝卜。这点和买卖股票不一样，股票交易填写的都是股数，类似于萝卜买卖都是按斤算。

二是“未知价申赎”：申购赎回基金的成交价格是当天的净值，可是净值是晚上八九点钟以后才公布的，而申购赎回下单则必须在当天下午三点以前，也就是说，当你进行申赎操作的时候，只能根据当时的盘面情况对当晚的基金净值进行一个大致的预估，而无法知道准确的成交价格，这一点和股票也是不一样的，股票的成交价格就是投资者的挂单价格，成本在交易时是确定的。

2. 申赎费用

和股票交易有佣金费用一样，基金申赎也是有费用的，但基金的申赎费用计算有其特殊性。常见的基金申赎费率表如图 1-3 所示。

认购费率

前后端	条件	费率
前端	金额<100万	1.20%
	100万<=金额<200万	1.00%
	200万<=金额<500万	0.60%
	500万<=金额	1000元/笔

申购费率

前后端	条件	费率
前端	金额<100万	1.50%
	100万<=金额<200万	1.20%
	200万<=金额<500万	0.80%
	500万<=金额	1000元/笔

赎回费率

前后端	条件	费率
后端	期限<1年	0.50%
	1年<=期限<2年	0.25%
	2年<=期限	0.00%

●图 1-3　某基金申赎费率表

认购费是指基金首次公开募集时的费用，它通常会比申购费要低一些。

申购费和认购费的计算使用的是“价外扣除法”。假使你申购 10 万元的某基金，申购当天净值是 1 元，那么申购费是多少呢，又能得到多少份额呢？计算方法如下：

净申购金额＝申购金额/(1+申购费率)=100000/(1+1.5%)≈98522元。

申购费用＝申购金额－净申购金额=100000−98522=1478元。可见申购费用是比直接用100000乘以1.5%计算出的1500要低一些。

申购份额＝净申购金额/申购日基金净值=98522元/1元=98522份。

认购费的计算方法相同，只不过在认购的时候，认购当日到基金成立之前的这段时间，还可以得到一些认购期利息，一般比活期利息高一点点，会在计算份额的时候加到净认购金额中去，从而转化为份额。

之所以申购的时候使用价外扣除法，是因为投资者在申购基金的时候，如果申购费用用价内法另算，那么投资者想买100万元金额的基金，则可能要准备101万元，计算起来非常麻烦，操作也不便利，所以干脆用价外法，你只管申购金额就好了，其他的让系统为你算好。

而赎回费的计算使用的是“价内扣除法”，这是比较常见的费用计算方法，也容易理解。比如你申购了该基金，过了一年半，基金净值涨到了2元，这时候你要把它全部赎回，能够得到多少钱呢？

计算方法如下：

赎回费用＝赎回份额×赎回日基金净值×赎回费率=98522×2×0.25%≈493元。

赎回金额＝赎回份额×赎回日基金净值－赎回费用=98522×2−493=196551元。

当然，赎回金额的算法也可以直接用“赎回费额×赎回日净值×(1−赎回费率)”得到，答案是一样的。

需要注意的是，一般申购费用都是在前端收取，即申购时一次性扣除。早年间有一些基金的申购费用允许后端收取，也就是赎回时再收，是为了鼓励投资者长期持有，持有越久，申购费就越低。而赎回费一般都是在后端赎回时收取，并且持有越久，赎回费越低。

另外你有必要知道，申购费一般是由基金的代销渠道收走的，比如你在银行买基金，申购费就是银行的中间业务收入，在网上基金超市买基金，申购费就归网站经营者所有，在基金公司官网上直销买基金，申购费就归基金公司所有。而赎回费用在相关法规中一般是有规定的，至少要有25%以上的比例需要归入基金资产，持有期限越短，归入基金资产的比例就越高，最高可以全部归入基金资产。剩余部分则可以作为手续费被基金公司和销售机构拿走。不要小看这笔费用，据说一些基金公司在 2015 年就曾经因为收取分级基金套利投资者的赎回费用而赚了不少钱。

知识点 1.3　基金赎回费如何收取，去了哪里？

基金管理人办理开放式基金份额的赎回，应当收取赎回费。场外赎回可按份额在场外的持有时间分段设置赎回费率；场内赎回为固定赎回费率，不可按份额持有时间分段设置赎回费率。赎回费在扣除手续费后，余额不得低于赎回费总额的 25%，并应当归入基金财产。

目前对于一般的股票型和混合型基金赎回费归基金财产的比例有以下规定，并不收取销售服务费：

（1）对持续持有期少于 7 日的投资人收取不低于 1.5% 的赎回费，对持续持有期少于 30 日的投资人收取不低于 0.75% 的赎回费，并将上述赎回费全额计入基金财产；

（2）对持续持有期少于 3 个月的投资人收取不低于 0.5% 的赎回费，并将不低于赎回费总额的 75% 计入基金财产；

（3）对持续持有期长于 3 个月但少于 6 个月的投资人收取不低于 0.5% 的赎回费，并将不低于赎回费总额的 50% 计入基金财产；

（4）对持续持有期长于 6 个月的投资人，应当将不低于赎回费总额的 25% 计入基金财产。

对于交易型开放式指数基金（ETF）、上市开放式基金（LOF）、分级基金、指数基金、短期理财产品基金等股票基金、混合基金以及其他类别基金，基金管理人可以参照上述标准在基金合同、招募说明书中约定赎回费的收取标准和计入基金财产的比例，不作强制要求。

由于赎回费会根据客户持有期限的不同，按照不同的比例计入基金资产，那么也就可以很容易计算出，一笔巨额赎回费会对基金净值产生怎样的影响。

补充一句：那些没有计入基金资产的赎回费去了哪里呢？据笔者了解，大部分进入了基金公司的收入，还有一部分可能会分给代销渠道。2015 年分级基金最热时，基金申购赎回量非常大，分级基金做得比较大的像富国、鹏华等基金公司就因为收赎回费而大赚一笔，而据一些玩分级比较大的私募和民间大户反映，赎回费甚至可以从券商那里得到一些返还。

3. 日常费用

申赎费用是投资者买卖基金时一次性收取的，而在基金运作过程中，还要承担一些日常费用，这些费用一般是按年列示，按日计提，持有多长时间就交多少，由于均摊到每天的费用特别少，投资者一般感觉不出来，如图 1–4 所示。

费用类型	费率	同类平均
管理费	1.50%	1.48%
托管费	0.25%	0.24%
销售服务费	-	0.54%

• 图 1–4　某基金日常费用表

管理费：基金公司的主要收入来源。如果是通过直销方式增加的份额，该费用全部由基金公司拿走，如果是通过代销方式增加的份额，一般会和银行等代销渠道进行分成，比例三七、四六、五五都很常见。在强势的销售渠道面前（比如大银行），基金公司很可能只能拿走一小部分，所以也有基金公司为渠道打工的说法。

托管费：托管机构的主要收入来源。托管机构保证了基金的资产与基金公司资产的独立性和安全性，也提供基金估值等服务。市面上的托管机构以银行为主，所以各大银行也都愿意推销自己托管的基金，基金规模做大了，除了能收取申购费和管理费分成，还能赚取托管费。

销售服务费：基金管理人可以从开放式基金财产中计提一定比例的销售服务费，用于基金的持续销售和给基金份额持有人提供服务。这个费用一般是给销售渠道的，如果是直销产生的，则归基金公司所有。但并非所有的基金都会有这项费用。

4. 申赎效率

申购流程通常如下：T 日申购，T 日晚上查询申购净值，T+1 日基金公司确认申购份额，T+2 日份额到账，在这之后随时可以进行赎回操作。

需要注意的是，T 日申购指的是 T 日下午 3 点以前（认购可以延长至下午 5 点），如果你在 T 日下午 3 点以后申购，那么申购申请会自动顺延至下一个工作日。所以千万别在周五下午 3 点以后申购基金，因为这一申请要到周一才会被录入系统。

而基金赎回的到账时间则有很大区别，如果是直销赎回，一般情况是：

（1）货币基金：T+1 日到账

（2）股票基金：T+3 日到账

（3）债券基金：T+3 日到账

（4）QDII 基金：T+7 日到账

如果是通过代销系统赎回，则有可能再慢个一两天。因为当投资者发出基金申请之后，基金资产中有 5% 以上的现金资产用于应对赎回，同时基金经理要先去卖出一部分资产来维持原来的持仓比例。基金公司向托管行发出划款指令，后者将这部分现金划给直销客户或者代销机构（代销机构再去划给客户）。

对于大部分基金，投资者申赎基金的成本价就是申赎日当天晚上的净值。而有些 QDII 基金的净值发布日期会延迟 1 天，投资者在 T 日下午 3 点前发申赎指令，实际成本则是 T+1 日晚上公布的净值，而这一净值的对应日期，仍旧是 T 日。

这里多提一句，现在很多基金公司都支持客户在赎回非货币基金的时候，指定到账形式为同一公司旗下的货币基金。通常这样到账时间会更快一些，投资者可以在货币基金到账后立即进行赎回，提高变现效率。

知识点 1.4　什么是 T 日，T+n 日

T 日是指交易日（Trade Day），周末和节假日不属于 T 日（交易日），T 日以交易所收市时间为界，每天 15:00 之前提交的交易按照当天收市后公布的净值成交（净值公布时间一般是当天 20:00 左右），15:00 之后提交的交易将按照下一个交易日的净值成交，比如星期五 15:00 之后提交的交易将视为下星期一的交易，T 日为下星期一，以 T 日的净值成交，T+1（下星期二）确

认交易。T+n 日指 T 日后（不包括 T 日）第 n 个工作日。

1.3.3 开放式基金与资金的相爱相杀

开放式基金最大的好处是解决了流动性，但同时申购和赎回也使得基金的份额处在不断地变动之中，这对基金投资运作而言，也是不小的挑战。

1. 规模与业绩是否负相关

市场上对开放式基金有一个魔咒：业绩越好，规模越大，规模大到一定程度，业绩就不行了。这并不难解释，当基金规模大到一定程度，基金经理某种策略的有效性就会降低，操作的灵活度也会降低，业绩表现的持续性就会有所减弱。

这也是为什么王亚伟的华夏大盘在他任职期间一直是暂停申购的状态，就是怕资金疯狂涌入，使业绩受到影响，华夏大盘的份额曾经一直保持在 6 亿多份，规模保持在 40 亿 -70 亿之间。不止王亚伟，其他一些短时间内业绩突出的基金，在吸引到足够的申购以后，也都会进行一定程度上的限购。有研究指出股票基金运作的最佳规模在 20 亿 -30 亿之间，一家之言，姑且听之。

2. 申赎机制下的反馈循环

开放式基金的申赎机制在特殊情况下会引发一定的蝴蝶效应，如下所示：

正向反馈循环：2015 年汇添富旗下一些基金重仓安硕信息等股票，业绩斐然，资金疯狂涌入，这些基金被动继续增持安硕信息，最后越买越多，几近控盘，轻松可以拉涨停，股票涨停基金净值就越好，资金就会更加疯狂涌入。而当股灾来临，这一过程就可能完全颠倒过来，成为负向反馈循环。

负向反馈循环：最有名的就是 2011 年大成基金踩雷重庆啤酒，投资者大量赎回大成基金旗下的产品，基金经理不得不卖股票变现，由于重庆啤酒停牌，就只能卖其他股票，导致莱宝高科等其他重仓股的暴跌，而这更加剧了基金净值的下跌，投资者为自保只好继续赎回。

只有开放式基金才会有此特点，投资者需要关注。

1.3.4 开放式基金趣闻：基金净值为何暴涨暴跌

最后一点，我们讲讲基金净值暴涨暴跌这件事，因为它是开放式基金独有的极端事件，读者把这件事弄清楚了，自然也就加深了对开放式基金运作原理的理解。

1. 巨额赎回费导致的净值暴涨

如表 1-8 所示，这些基金收益排名靠前，几乎都是因为出现了单日净值暴涨。根据 2017 年的市场状况，中融新经济 A 和鹏华弘达毫无疑问是非正常原因导致的净值翻倍。

表 1-8　2017 年全部公募基金的收益率排行榜（截至 2017.5.5）

基金代码	基金名称	年初至今涨幅
001387	中融新经济 A	122.1%
003142	鹏华弘达 A	108.55%
002534	华安稳固收益 A	45.51%
002028	九泰天宝 C	26.77%
002873	华夏新锦福 A	26.06%

由于 2017 年以来，金融监管风暴来袭，机构委外投资的赎回压力骤增，一些以机构投资者为主要持有人的公募基金，一不小心就被赎回个盆干碗净，而赎回费计入剩余极小部分的基金资产，则会造成净值的暴涨。

这种风险事件第一次引起人们的注意是在 2015 年，当事产品是鹏华基金的另一只机构定制产品：鹏华弘锐混合 C，2015 年 7 月 7 日单日暴涨 71.79%。

据当时的新闻报道，这是一只机构定制的打新基金，由于遇上 2015 年的股灾，7 月 4 日证监会下令暂停 IPO，即使已经缴款的都全额退回。这下子投资者急眼了，这基金净值还在 1 元以下，突然新股没有了，投资人当断则断，干脆赎回。于是产生的巨额赎回费全部计入剩余的基金资产当中，净值随之飙涨。

而当时有网友对基金赎回的情形进行了模拟推算，如图 1-5 所示。

鹏华弘锐混合
C 001493
我给你算出为什么暴涨71.79%，转
点击：67482 回复：292 页码：1/6
作者：知足常盈 时间：2015-07-08 18:32:49
内容：假设基金份额按官方公布未变，为1.52亿份，设赎回份额为X，则剩余份额为1.52-X。
7月6日净值为0.996,7月7日净值为1.711，当日增长净值为0.715。
增长净值=赎回手续费/剩余份额，
0.715=0.996X*0.5%/(1.52-X)，
解出X=1.509486
剩余份额=1.52-1.509486=0.010514(亿份)=105.14(万份)
赎回手续费
=0.996*1.509486*0.5%=0.00751724(亿元)=75.1724(万元)
75.1724/(105.14*0.996)=71.7845703%
当然前提是建立在确实把赎回人的0.5%手续费分给持有人的情况下，赎回了99.3

• 图 1-5　基金赎回模拟推算

这一事件的发生，有两个重要前提：

（1）基金的持有人结构过于单一，一次性赎回绝大部分比例。

（2）基金有赎回费，且赎回费计入基金资产。

对于第（1）项，这属于市场行为，投资者巨额赎回，一般基金公司是不敢拒绝的（虽然理论上可以拒绝或者比例确认赎回）。对于这个问题，证监会已经以《机构监管通报 2017 年第 2 期（2017 年 3 月 17 日）》的方式打了补丁，就是基金的单一持有人占比不得超过 50%，而 2017 年 10 月 1 日，《公开募集开放式证券投资基金流动性风险管理规定》正式实施，对于该类行为又做出了更为明确的规定。

2. 市场动荡伴随巨额申赎

在 2015 年的股灾当中，我们看到许多只基金的净值单日跌幅超过 10%，如图 1-6 所示，也曾经出现过单日涨幅超过 10% 的。这就很奇怪了，理论上来说，股票是有涨跌停板的，最多波动 10%，而持有一揽子股票的基金怎么会波动超过 10% 呢？

据传当时的故事是这样的：股灾突然来临，所有人措手不及。一些基金公司管理的机构占比较高的股票型基金在尾盘突然出现大量赎回申请，根据当日的市场情况判断，虽然跌幅巨大，但还算是有流动性的，卖出变现应该不成问题。于是基金公司就正常确认了这些赎回申请。假设这天是 T 日，那么当日赎回的客户，赎回对价就是 T 日的基金净值。

• 图 1-6　2015 年 6 月 26 日多只基金跌幅超过 10%

但是，这里面有一个风险点，那就是由于 T 日赎回的资产账面价值已经确认了，这部分资产变现要等到 T+1 日，而 T+1 日是涨是跌还不一定。如果放在平时，这倒没什么，毕竟每日的赎回量不大，单日的波动也不会太大，市场流动性也问题不大，T+1 日变现时与 T 日账面价值的差别被分摊稀释之后，对剩余投资者的影响不会太大（T+1 日净值）。

但是 2015 年的股灾是前所未见的，几个因素结合在一起：T 日投资者赎回量占比较大，T+1 日市场又出现了大幅波动，这就导致赎回资产的账面价值和变现时的价值产生了巨大的差额，这部分差额，竟然被剩下的投资者承担了。

据说 T+1 日上午还是风平浪静，基金公司正在慢慢卖出资产变现，结果到下午风云突变，千股跌停，所有股票被死死按在跌停板上，连一丁点的流动性都没有了。基金公司傻眼了，T 日欠别人多少钱已经认账了，T+1 日拿着股票去卖，结果卖不出这么多钱了，那怎么办，先把欠的账还了，剩下的亏损，按照规定就只能由剩下的投资者承担了。

如果你是“剩下的投资者”，你说冤不冤，但没办法，谁让人家比你跑得快。不过最重要的原因还是运气不好，假使 T+1 日股市没有暴跌而是暴涨，那你就赚了，变现资产比 T 日赎回的账面价值多的部分，也会全部分给剩下的投资者，那你就可能因此而大赚一笔。

在 2015 年 7 月 9 日市场的惊天大逆转中，也有像信达澳银精华基金涨幅超过 10.56% 的事情发生，如图 1–7 所示。

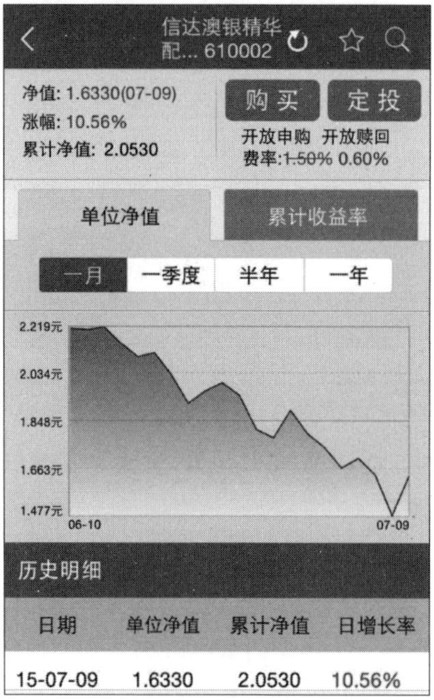

• 图 1–7 信达澳银精华基金涨幅

出现这种情况基金公司有什么补救措施吗？

其实最简单的方法就是对于巨额赎回进行拒绝或者比例确认，不过这种事儿，从来没有基金公司做过，也不敢做。

不过证监会出台的《公开募集开放式证券投资基金流动性风险管理规定》中明确提到：“当开放式基金发生巨额赎回且现金类资产不足以支付赎回款项时，应在充分评估基金组合资产变现能力与基金单位份额净值波动的基础上，审慎接受并确认赎回申请，切实保护存量基金份额持有人的合法权益。”

这算是给基金公司撑腰了，但有没有基金公司敢这么干，还真不好说。

还有一种补救办法，就是基金公司用自有资金进行申购，来补足流动性应对赎回。不过这可是要求基金公司必须是财大气粗的，从这一点上来讲，选择大基金公司还是会在极端情况下有一定的优势。特别是股灾期间，国家队申购了大量的基金，为可能出现挤兑的公募基金提供流动性，也是一样的道理。

3. 小数点四舍五入导致净值巨幅变化

2016 年 1 月 29 日，建信基金旗下建信鑫丰回报 C 类份额 1 月 29 日的份额净值为 0.337 元，而在前一开放日该基金的单位净值为 1.039 元。也就是说，仅仅一天时间，该基金份额跌幅高达 67.56% 之多。

建信基金在官网上表示，该基金净值发生较大波动的主要原因是 1 月 28 日该基金 C 类份额发生了巨额赎回，根据该基金招募说明书和基金合同的规定，基金份额净值的计算精确到 0.001 元，小数点后的第 4 位四舍五入。而由于基金份额净值四舍五入产生的误差计入 C 类份额基金财产，导致该基金 C 类份额净值发生大幅波动。

也就是说，该基金近七成的跌幅主要由两个原因造成：一是巨额赎回；二是基金估值。

当时的新闻媒体进行了计算：

北京一位基金经理向本报表示这种情况并不难理解：“1 月 28 日的基金净值是 1.0385，四舍五入后多了 0.0005 元，加上当天发生了巨额的赎回，根据基金净值的 1.039，赎回者每份多了 0.0005 元。”

本报记者计算按照 1 亿份赎回计算，剩下份额份数约是 0.0071 亿份。而进一步计算得知，赎回比例高达 99.29%。

该基金经理进一步解释道：“如果是 2 亿份，那就是 100 万元，也就是说剩余的投资者承担了这 100 万元的亏损。”

不过后来建信基金公告称：“为了维护基金持有人利益，勤勉尽责地履行受托人义务和责任，本公司将修复基金份额净值因估值方法造成的波动，保护本基金持有人利益不受损失。

于是我们就看到了如下神奇的一幕，如图 1–8 所示。

02-01	1.0400	1.0400	208.61%
01-29	0.3370	0.3370	-67.56%

• 图 1–8　建信鑫丰回报 C 净值异常变化

单日暴跌约 70%，单日暴涨约 200%。

至于这部分补偿的钱从哪来的，我估计大概率是基金公司自己承担了。

自此之后，大部分的基金公司都调整了基金估值的精度，从小数点后 3 位调整为小数点后 4 位，不过这种情况还会偶尔发生。

1.4　公募基金市场概况

1. 行业持续蓬勃发展

截至 2017 年底，公募基金总规模突破 9 万亿，达到 90922 亿，产品数量达到 3820 只，继续呈爆发式增长态势，如图 1–9 所示。

• 图 1–9　公募基金总规模及产品数量变化图（1998–2017）

2. 产品结构变化明显

截至 2017 年，各类基金总规模情况如表 1-9 和图 1-10 所示。我们可以明显感觉到，股票型基金的规模萎靡不前，占比在持续下降；债券型基金的规模持续增长，这与机构委外定制基金的扩张有一定关系；而货币基金的规模和占比因为余额宝等互联网产品的刺激而不断爆发，已经成为最大的基金类型。

表 1-9 各主要类型基金资产净值情况（2011-2017）

	截止日期	2011 年	2012 年	2013 年	2014 年	2015 年	2016 年	2017 年
	总数	181	234	275	335	567	633	755
股票型基金	资产净值（亿元）	3,744	4,501	3,697	5,669	7,012	6,424	6,717
	占比（%）	17.27	16.09	12.62	12.73	8.40	7.05	5.81
	总数	477	548	645	762	1205	1771	2195
混合型基金	资产净值（亿元）	12,773	12,648	12,808	12,992	22,823	20,969	20,840
	占比（%）	58.92	45.22	43.72	29.18	27.34	23.03	18.03
	总数	154	231	397	467	536	943	1185
债券型基金	资产净值（亿元）	1,635	3,117	3,373	3,468	7,057	17,862	15,601
	占比（%）	7.54	11.15	11.52	7.79	8.45	19.62	13.50
	总数	51	95	148	230	262	327	395
货币基金	资产净值（亿元）	2,949	7,075	8,802	21,874	45,761	44,687	71,400
	占比（%）	13.60	25.30	30.05	49.13	54.82	49.07	61.77

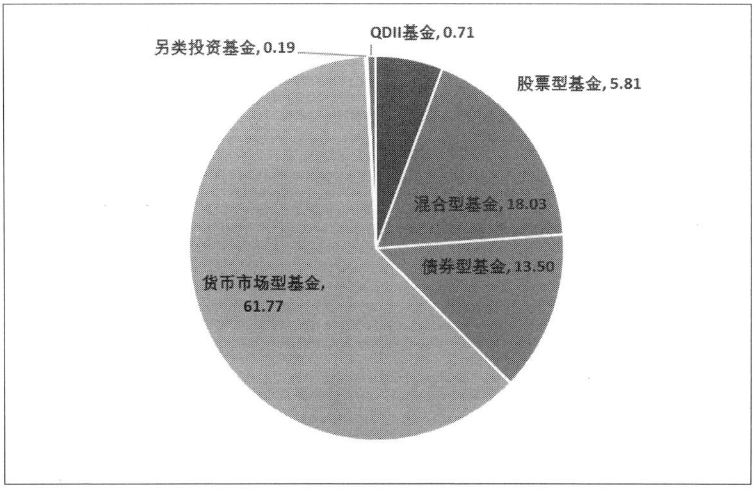

• 图 1-10 各主要基金类型规模占比情况（2017）

这里面最为值得注意的是，作为各类基金中最吸引眼球的股票型基金，其规模持续萎靡不振，特别是行业占比急剧下降。这里面有三方面原因，一是股票型基金的规模周期性较强，一般在牛市扩张，熊市萎缩；二是由于监管变化，很多股票型基金在 2015 年纷纷转型为混合型基金；三是货币基金和债券基金爆发式增长，压缩了股票型基金的占比。为了客观，这里把股票型基金的数据单独拿出来进行分析，如图 1-11 所示。

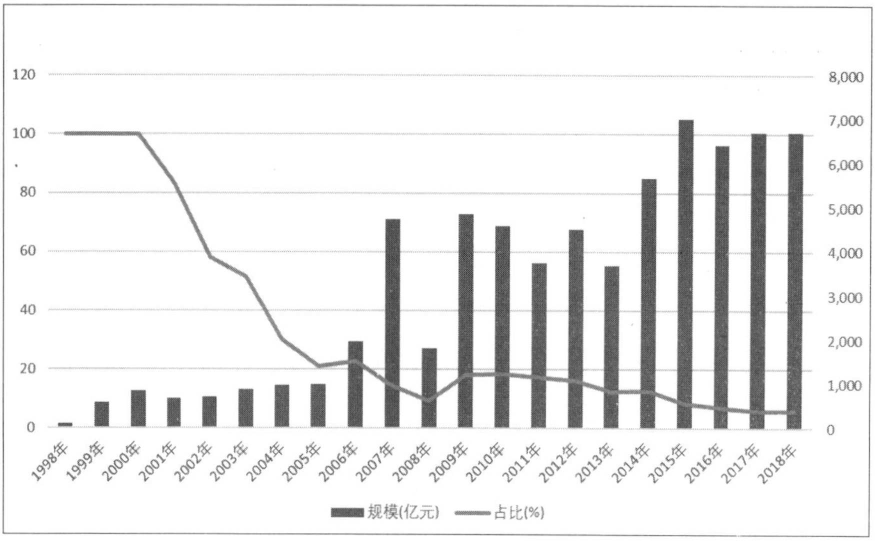

• 图 1-11　股票型基金规模及占比变化图（1998—2018）

第 2 章

基金法规：从此再也不露怯

本章主要内容包括：

- 360 度监管
- 公募基金著名的“双十”规定
- 基金分类的官方标准
- 基金的出生与入死
- 基金审批期、发行期、封闭期、建仓期各有什么规定
- 基金投资的杠杆能有多大
- 基金公司会跑路吗
- 什么是内幕交易和老鼠仓

本章所讨论的这些基金法规条文，涉及了基金募集、投资、运作、销售的方方面面，笔者在此只挑选了最重要、最实用的与大家分享。读完以后，无论是独闯银行理财室，还是行走网络江湖，或是跟人侃基金保准不露怯。

2.1 360度监管

笔者推崇公募基金的一个重要原因是，它是中国各类金融产品当中风控最严格、监管最全面、信息最透明、制度最完善的金融工具。如果论整个资管行业的监管严格程度，基金公司说排第二，没人敢说第一。就比方说投资范围，无论是信托、券商、保险抑或是私募，都要比公募基金宽泛。毕竟公募基金的定位是面向公众服务的，一旦出现问题，造成的很有可能是群体性问题。

从外部来看，公募基金除了要遵守《证券法》《基金法》这种国家大法以外，更多的是受到证监会的各种规定、办法、通知、意见、指引等的管理，当然了，还有中国证券基金业协会这样的“自律组织”、“社会团体”，它属于半官方性质，但也会发布各种准则、通知、规定，公募基金也是不得不遵守的。如果把这些机构发布的各种规定编辑成册，估计和《辞海》的厚度差不多，不要说投资者，就是基金从业人员，也不可能都能记住。所以我们后面会把一些特别重要或者有意思的地方挑出来，这里先给大家提个醒。

知识点 2.1　中国证券投资基金业协会是干什么的?

中国证券投资基金业协会，简称“中基协”，英文全称 Asset Management Association of China，缩写“AMAC”。成立于 2012 年 6 月，是从中国证券业协会分出来，专门针对资产管理行业成立的自律组织，归口证监会。无论是公募基金、私募基金、券商资管、保险资管、期货资管、基金子公司这种基金管理人，还是银行、券商这种基金托管人、抑或是基金销售机构、交易所等服务机构，都是协会会员，接受协会的监督管理。

特别提示：信托公司有自己的信托业协会，归口银监会。

中基协虽然是社会团体，但是《基金法》专门确立了它的地位，基本具有官方效力，特别是基金专户以及其他各类私募性质的产品，都需要到中基协备案才能运作，所以你必须遵守它的各项规定和指导意见。

而在基金公司内部，有两个部门，一个是监察稽核部，另一个是风险管理部，专门负责将这辞海一样厚的法规以及基金公司内部制定的另一套辞海一样厚的规章制度，加以实施监督和管理。前者负责合规，比如确保基金合同符合监管要求；后者负责风控，比如如何设置系统保证持仓比例不超标。多部门层层把关，把风险降到最低。

作为投资者，懂一些法规也是很有必要的，比如 2013 年发生的南方基金 ETF 换购事件，就是因为投资者的主动维权才取得了基金公司赔偿并接受处罚的结果。

2.2 公募基金著名的“双十”规定

（1）一只公募基金持有某只证券（股票或债券等），不能超过基金资产净值的 10%。

（2）一个基金管理人旗下所有基金持有某只证券（股票或债券等），不能超过该证券规模的 10%。

这个规定的意图很明显，一是为了防止公募基金坐庄，内幕交易、操纵股价，二是为了防止公募基金过度集中持股，造成自身风险的增大。这虽然看起来是个“镣铐”，但同时也是对公募基金及其持有人的保护。

不过这个规定还是有一点小瑕疵，那就是第（2）条中规定的是不能超过证券总规模的 10%，可是在 A 股市场中，有非常多的股票是只有部分流通的，各种限售股的比例是非常大的。因此，即使一家基金公司对某只股票的持股比例不超过总股本的 10%，也很有可能会持有非常大比例的流通股本，从实质上造成对股票的控盘，对股价产生重大影响。比如说 2015 年一季度，以风格激进著称的汇添富基金对好几只股票的流通股持股比例都超过了 20%，它旗下各只产品买进的节奏进一步推高了股价（比如安硕信息经常无量涨停），基金业绩突飞猛进，则进一步吸引了投资者的申购，新进的资金接着买进，股价继续飞涨，如此循环往复形成所谓“正向反馈”。

当然这在牛市中是皆大欢喜的局面，但是市场一旦转向，正向反馈就会变成负向反馈，投资者赎回，卖出股票，业绩下滑，这无论是对基金公司还是对投资者都是有极大风险的。比如2015年以重仓安硕信息而闻名的汇添富移动互联基金，从成立到牛市最高点，不到一年时间涨幅达275%，而当股灾来临，短短三个月时间，净值从3.75跌到1.21，跌幅为68%，而与巨大波动伴随着的是投资者的大幅申购和赎回，如图2-1所示。

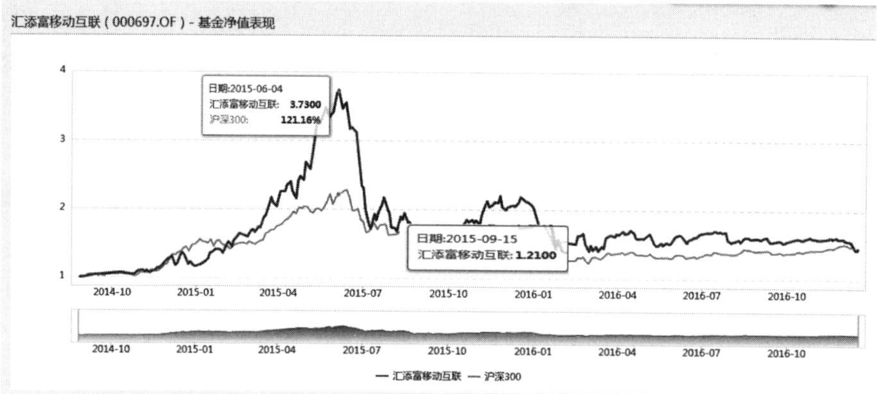

• 图2-1　汇添富移动互联基金的区间净值走势

这类基金或基金公司我个人并不排斥，因为可以把它当作强烈看多时的投资工具，牛市来了它们冲的比谁都快，当然市场掉头时也不可恋战。而对于完全小白的基民而言，难度确实大了一点，如在高点接盘而斩仓不痛快，极有可能深度套牢。市场上比较有名的有“基金一哥”王亚伟（转私募），“宝盈一姐”王茹远（转私募），“中邮一哥”任泽松，“易方达男神”宋昆等，投资者有兴趣可自行搜索。

当然，“双十”规定目前主要是针对公募基金，而对基金专户和其他私募性质的资管产品并无此硬性规定，一般是基金公司自己设置风控标准。所以我们会看到有一些专户产品，比如以参与上市公司定增为策略的基金专户，常常只持有一只股票，比如宝能举牌万科时所使用的几只基金专户、保险资管计划等，也基本上以持有万科股票为主。这就是它们比公募基金灵活的地方。

不过在公募基金中，有一种基金可以不受“双十”规定的限制，那就是指数基金。因为指数基金主要是被动投资，它的任务是跟踪指数，所以不大可能存在操纵股价、内幕交易等主动行为，所以可以豁免。

当然，市面上大部分指数成分股都是有几十上百只证券的，每一只证券的持仓自然就在 10% 以下，偶尔也有例外，比如中证保险指数，因为上市的保险公司一共只有四家（太保、平安、人寿、新华），在编制指数的时候，这四只股票的权重将会非常大，超过 10% 甚至 20%，另外再加进来一些参股保险公司的银行股票。所以我们看到方正富邦保险主题指数基金的前十大重仓股，几只保险公司股票的持仓均超过了 10%。

“双十”规定的相关补丁：在 2017 年 10 月 1 日开始执行的《公开募集开放式证券投资基金流动性风险管理规定》中，将投资比例再度限制为单只开放式基金主动投资于流动性受限资产的市值合计不得超过该基金资产净值的 15%，同一基金管理人管理的全部开放式基金持有一家上市公司发行的股票，不得超过该上市公司可流通股票的 15%；同一基金管理人管理的全部投资组合持有一家上市公司发行的股票，不得超过该上市公司可流通股票的 30%。

2.3 基金分类的官方标准

虽然基金可以根据投资标的、运作方式等维度有很多种不同的分类方式，但官方给出的版本主要如下：

（1）百分之八十以上的基金资产投资于股票的，为股票基金；

（2）百分之八十以上的基金资产投资于债券的，为债券基金；

（3）仅投资于货币市场工具的，为货币市场基金；

（4）百分之八十以上的基金资产投资于其他基金份额的，为基金中基金；

（5）投资于股票、债券、货币市场工具或其他基金份额，并且股票投资、债券投资、基金投资的比例不符合第（1）项、第（2）项、第（4）项规定的，为混合基金；

（6）中国证监会规定的其他基金类别。

值得注意的是，原来运行了十几年的规定中对于股票型基金的定位是60%以上资产投资于股票，而2014年8月8日开始实施的《公募证券投资基金运作管理办法》把这一比例提升到了80%，就是要明确股票型基金的定位。由于该办法有一年的过渡期，到了2015年的六七月份，很多股票型基金纷纷公告转型为混合型基金，以规避这一限制，而且现在市面上纯股票型基金的新增量远比不上混合型基金。

2.4 基金的出生与入死

2.4.1 基金的成立

一只基金要想“生”下来，成立规模至少需要2亿元人民币，而且持有人的数量不能低于200人。但是发起式基金可以不受此限制。另外如果基金要到交易所上市，持有人数还不能少于1000人，合同期限不得少于5年。

知识点2.2 什么是发起式基金？

基金管理人在募集基金时，使用公司股东资金、公司固有资金、公司高级管理人员或者基金经理等人员资金认购基金的金额不少于一千万元人民币，且持有期限不少于三年。这种基金把基金公司、投资人员的利益和基民绑在一起，是受到监管机构鼓励的发展方向。

在市场繁荣时期，基金募集到2亿元是不太难的事情，特别是牛市中，动辄上百亿的募资量根本不是新闻。但是到了熊市，想要募集2个亿可是要费上九牛二虎之力。这时候基金公司就会找来一些机构资金帮忙，做一些“擦边球”的承诺，比如很快打开申购赎回以便帮助资金退出，封闭期不建仓保障安全，用股票佣金换销量等，不过随着监管越来越严格，此类做法也越来越谨慎。而这两年最明显的趋势是公募基金机构化，有很多公募基金99%都是机构投资者，这就可能面临不够200人的问题，这时候便会有一些凑户数的投资者，有可能是基金公司自己的员工，也有可能是销售渠道摊派下去的任务，作为普通投资者应该关注这种机构投资者占比特别高的基金，尽量规避。

由于近年来机构定制的委外基金层出不穷，规模上升非常快，造成了一些特殊的风险。2017 年 3 月 17 日证监会以《机构监管通报》的形式，对于基金募集和运作提出了新的要求（后被写入《公募基金流动性风险管理规定》）。

单一客户占比不得超过 50%：老基金产品单一持有人持有份额占比已达 50% 以上的，管理人后续不再接受该持有人申购，未达 50% 的，公司要采取风控措施确保单一持有不超过 50%；新基金产品要持续确保单一客户持有低于 50%。

拟允许单一投资者持有基金份额比例达到或者超过 50%，有五大要求：

（1）封闭运作或定期开放运作（周期不低于 3 个月）；

（2）发起式基金形式；

（3）予以充分披露及标识；

（4）不得向个人投资者公开发售；

（5）承诺拥有完全、独立的投资决策权。

在新规的强大威力下，已经有公募基金出现了募集无法成立的情况。嘉合基金管理公司发布《关于嘉合睿金定期开放灵活配置混合型证券投资基金合同的公告》称：该基金“已于 2017 年 4 月 19 日结束募集。现因未能达到基金合同生效条件，本基金合同暂不生效。”这意味着，公募基金近 20 年的发展历史上首次出现募集失败案例。

2.4.2 基金的清盘

按照基金运作管理办法，非发起式的开放式基金如果连续 60 个工作日出现持有人数量不满 200 人或者基金资产净值低于 5000 万元，需要向证监会报告并提出清盘或者转换。

而发起式基金的基金合同生效三年后，若基金资产净值低于 2 亿元的，基金合同自动终止。说白了就是送你一个低门槛的准生证，给你三年时间你如果养不大，那对不起说明你不行，直接“毙”掉。

目前从整个市场情况来看，处于清盘线下的基金并不少。据天相投顾的统计，2016 年底共有 841 只规模 2 亿元以下的迷你基金，占全部基金的 22.06%，其中更是有 219 只规模低于 5000 万的迷你基金触及清盘红线，占全部基金的5.74%。原先公募基金公司碍于面子，通常都不愿意主动清盘，一旦自家基金规模低于5000万一段时间，一定会找来一些帮忙资金拉回到5000万以上，这样就又可以支撑3个月时间。

不过这种死扛的做法也有收到奇效的，比如银华恒生国企指数基金（161831），在2014年一直在1000万上下，长期在清盘线下徘徊，屡次被“抢救”，一直支撑到2015年牛市到来，特别是2015年2季度港股的一次爆发，规模迅速膨胀，一度超过90亿元，跟1000万比相当于翻了900倍，如图2-2所示。

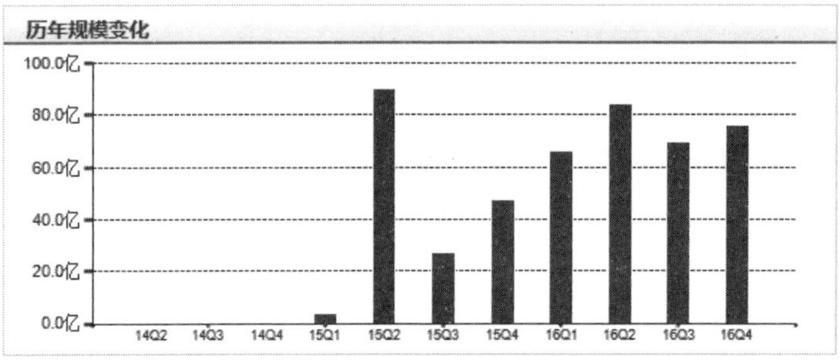

●图2-2　银华恒生国企指数基金的规模变化图

不过死要面子活受罪并不一定都能换来好结果，很多基金公司后来还是慢慢接受了清盘这一不算太光荣的事情。2014年9月汇添富28天短期理财债基清盘退市，成为基金清盘新规下的第一家基金公司。截至2016年底，清盘基金已经超过40只，相信基金清盘将会变成常态。作为投资者在选择基金的时候，也尽量选择规模大一点的基金，这对投资运作的稳定性很重要。

而面对市面上越来越多的迷你基金，监管部门也是希望能够清盘的赶紧清盘，否则对各方来说都是负担。

2.5　基金审批期、发行期、封闭期、建仓期各有什么规定

前面我们讲了一只基金“出生”的硬性标准，现在我们讲一下一只基金“出生”的整个流程。

1. 申报材料

基金公司向证监会上报公募基金募集申请材料，比如基金合同、招募说明书、法律意见书等。证监会拿到这些材料以后就进入审批流程了，所有的进度都会在网站上面进行公示。

知识点 2.3　到哪里去查审批中的基金信息?

证监会官方网站首页→政务：信息公开→按主题查看→基金监管→【行政许可事项】证券投资基金募集申请行政许可受理及审核情况公示→附件 Excel

基金募集申请核准进度公示表（简易程序2016）

序号	基金管理人	基金托管人	申请事项	受理				审查					决定	备注
				申请材料接收日	通知补正日	接收补正材料日	受理决定或者不予受理决定日	第一次反馈意见日	接收第一次反馈材料日	第二次反馈意见日	接收第二次反馈材料日	需说明情况		
42	英大	光大银行	睿盛灵活配置混合型	2016/3/3	—	—	2016-4-27（受理）	2016/5/16	2016/9/7				2016/9/14	
43	易方达	建设银行	标普500指数基金（LOF）	2016/4/1	—	—	2016-4-27（受理）	2016/5/19	2016/9/19				2016/9/26	
44	易方达	建设银行	标普信息科技指数基金（LOF）	2016/4/1	—	—	2016-4-27（受理）	2016/5/19	2016/9/21				2016/9/28	

2. 审批期

这个过程快则一个月，慢则一年半载，取决于证监会对各类产品的态度。比如 2015 年上报的大量具有杠杆性质的分级基金，股灾后基本已经被宣判“死刑”不会再给批文。从证监会下发批文起 6 个月内，基金公司需要对基金进行募集，超期未募集则批文作废，而且会被监管部门打一个较差的“印象分”。2016 年 12 月证监会专门给基金公司下发了一个通知打击超期未募集情况，当时超期未募集基金有 412 只，占已批复基金比例甚至超过了 50%。囤积批文被证监会认为是负面行为。

3. 募集期

基金拿到批文以后就可以开始募集了。基金募集期限自基金份额发售之日起不得超过三个月，当然，如果是一些机构定制基金或者特别火爆的那种，募集期只有一天也是可以的。

2007 年超级大牛市中的很多基金，例如上投摩根亚太优势，本来募集期是一周（已经很短了），总额度是 300 亿人民币，结果 1 天就收到了 1163 亿的有效申购，上投摩根公司只能宣布募集期提前结束，同时启动末日比例配售，最后一天（其实也是第一天）的申请，按照 25.8% 的比例配售，每申购 1000 元，最终获配 258 元。

而在熊市中，简直就是冰火两重天，除了之前提到过的找帮忙资金以外，最无可奈何的办法就是募集期延长，基金公司一般都会写“为满足广大投资者的投资需求”，实际上就是卖不动，更有甚者，一次延期卖不到2亿，只能再次甚至第三次延期。这里多说一句，人少的地方不一定好，人多的地方还是尽量不要去，不信你可以查一下与上投摩根亚太优势基金一同发行的几只QDII基金的净值走势。

4. 封闭期

基金完成募集后就可以成立了，成立后通常会设置一定的封闭期，在这个期限内不允许申购和赎回。按照规定，封闭期不得超过3个月，当然，可以短于3个月。新基金的封闭期就像对基金的一次初步考核，投资者都会很关注封闭期打开以后的净值表现以决定去留。如果封闭期净值就低于1元了，顿时会骂声一片，基金经理的压力就会很大，所以很多基金经理在封闭期的操作都还是比较谨慎的。当然，市场上也存在一些基金销售机构，故意引导投资者在封闭期打开以后赎回基金，再进行其他基金申购以赚取手续费，投资者自己要擦亮眼睛。

5. 建仓期

投资者经常把它与封闭期的概念搞混。根据《公募基金运作管理办法》：“基金管理人应当自基金合同生效之日起6个月内使基金的投资组合比例符合基金合同的有关约定。其间，基金的投资范围、投资策略应当符合基金合同的约定。”

也就是说，基金成立以后的6个月时间里，你的投资必须达到合规标准。你是股票型基金，6个月之内股票仓位必须达到80%，你是债券型基金，6个月之内债券仓位必须达到80%，如果你是指数型基金，那么根据基金合同一般都会要求股票投资比例达到90%–95%。

这里也有一则趣闻，在2015年3月份成立的前海开源中航军工指数分级基金，成立时正值牛市高潮，特别是军工股更是疯涨，可是基金经理不知道是因为看空（那为什么要发行呢），还是别的什么原因，死活就是不建仓。大盘天天涨，净值纹丝不动。

不过由于这只基金是分级基金，场内子份额的价格却由于投资者情绪的影响而不断攀升，造成基金的整体溢价从而引发申购，基金规模一度膨胀超过200亿元。市场上对基金经理的骂声此起彼伏，不过基金经理还是顶住了压力，很快6月份股灾来临，该基金竟然躲了过去。而更为幸运的是，到了9月30日，6个月建仓期就要来临，基金不得不把仓位加满，而大盘反弹的号角也恰巧在这个时候吹响，基金净值一路飙涨，收益曲线美如画，如图2-3和图2-4所示。

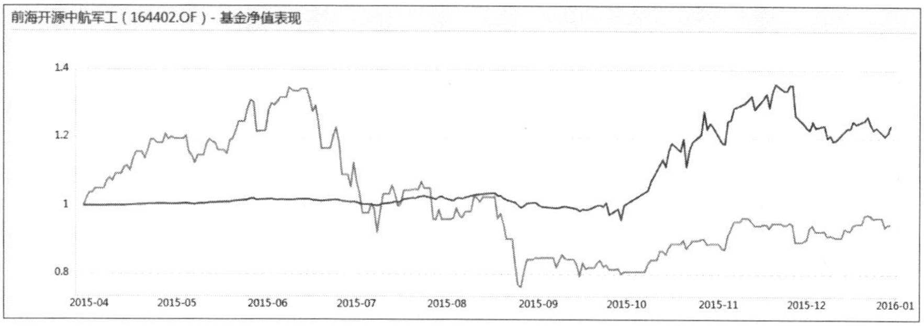

• 图2-3　前海开源中航军工基金2015年净值走势图（对比沪深300，绿线）

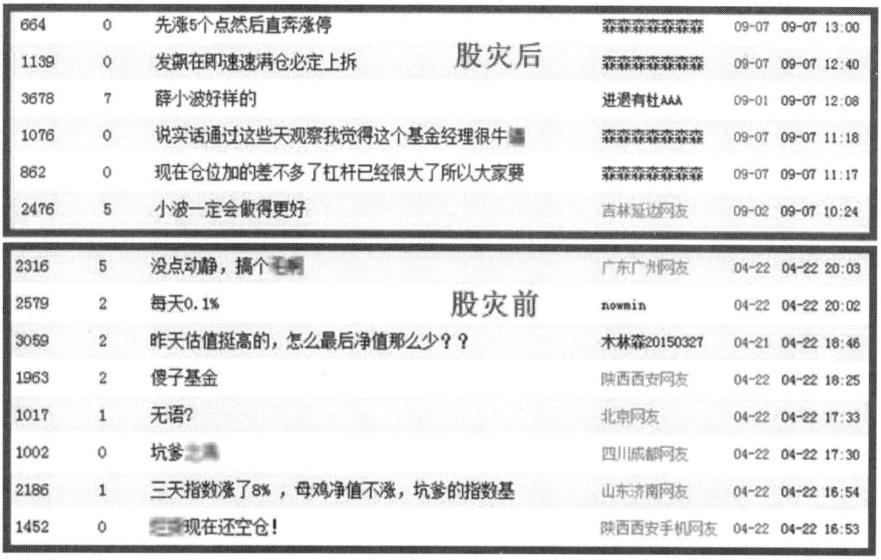

股灾后

664	0	先涨5个点然后直奔涨停	森森森森森森森	09-07	09-07 13:00
1139	0	发飙在即速速满仓必定上折	森森森森森森森	09-07	09-07 12:40
3678	7	薛小波好样的	进退有杜AAA	09-01	09-07 12:08
1076	0	说实话通过这些天观察我觉得这个基金经理很牛[illegible]	森森森森森森森	09-07	09-07 11:18
862	0	现在仓位加的差不多了杠杆已经很大了所以大家要	森森森森森森森	09-07	09-07 11:17
2476	5	小波一定会做得更好	吉林延边网友	09-02	09-07 10:24

股灾前

2316	5	没点动静，搞个[illegible]	广东广州网友	04-22	04-22 20:03
2579	2	每天0.1%	nowmin	04-22	04-22 20:02
3059	2	昨天估值挺高的，怎么最后净值那么少？？	木林森20150327	04-21	04-22 18:46
1963	2	傻子基金	陕西西安网友	04-22	04-22 18:25
1017	1	无语?	北京网友	04-22	04-22 17:33
1002	0	坑爹[illegible]	四川成都网友	04-22	04-22 17:30
2186	1	三天指数涨了8%，母鸡净值不涨，坑爹的指数基	山东济南网友	04-22	04-22 16:54
1452	0	[illegible]现在还空仓！	陕西西安手机网友	04-22	04-22 16:53

• 图2-4　2015年股灾前后基民对基金经理的评价截然相反

2.6 基金投资的杠杆能有多大

对于基金产品，如果想加杠杆投资，只有一种办法，借钱！这跟老百姓贷款买房其实是一个道理，但是基金借钱的方式可是有严格要求的，通常有两种方式，如表 2–1 所示。

表 2–1 各类基金产品杠杆比例情况

杠杆类型	产品类型	最大杠杆比例	备注
内部杠杆	开放式基金	140%	多应用于债券型或混合型基金
	封闭式基金	200%	多应用于定开债基
	基金专户或其他	一对一专户：200% 一对多专户：140%	参考中基协“八条底线”
外部杠杆	股票分级基金	1 ： 1	可惜分级基金证监会已不再批准。现存分级产品的投资门槛也提升很多
	债券分级基金	3 ： 1	
	股票、混合专户或其他	1 ： 1	参考中基协“八条底线”，已不允许对优先份额保本保收益
	债券专户或其他	3 ： 1	

注：这里的其他指私募、券商资管、保险资管、期货资管等下辖于证监会监管口径的资管产品。规定更新于 2017 年底。

一种是内部加杠杆，即在基金账户内部进行融资。基金在银行间市场或者交易所市场把持有的债券抵押出去，借来钱继续买债券（俗称回购融资），只要借钱的成本比债券收益率低，那就是有利可图的，这跟买房很像，假如房子贷款利率比理财产品收益低，你是不是会尽量多贷款并且慢慢还？目前基金还只能对债券进行抵押融资，而对持有的股票无法像股民那样在券商融资融券。这种借钱方式带来的杠杆通常是用杠杆百分数来进行描述，比如 140% 的杠杆，就意味着该产品的总资产 / 净资产 =140%，你有 100 元钱，又跟别人借了 40 元钱来投资。

另一种是外部加杠杆。它的借钱方式是通过对产品进行结构化设计，分成优先和劣后份额，确定好融资利率和杠杆比例，再统一去进行投资，优先和劣后份额按照事先的分配方式去分担收益和亏损。不过目前对于这种结构化产品的监管是越来越严格了。这种结构化设计通常用杠杆比例来描述，比如 2 ∶ 1，一般指有两份优先份额，一份劣后份额，有时也称为 2 倍杠杆。

越来越严格的规定，是对监管部门“降杠杆”指导思想的执行。因为 2015 年的股灾和 2016 年底的债灾，确实是杠杆过大惹的祸，市场繁荣是你好我好大家好，市场一旦转向，如果杠杆过高，形成踩踏几乎是必然的。

你可以想象一下，如果你用 100 万元做劣后，配置了 3 ∶ 1 的外部杠杆来投资债券，那么相当于借来了 300 万元，总共有 400 万元去做投资，同时又在交易所通过回购融资的形式放了 500% 的杠杆（原来允许），总资产规模将达到 2000 万元。用 100 万元去撬动 2000 万元，将近 20 倍的杠杆将是多么危险的一件事情。

所以监管部门还在不断地通过打补丁来控制杠杆，比如中基协的“八条底线”中就规定了，做了外部结构化的产品，内部融资不允许超过 140%，没做结构化设计的产品，内部融资不得超过 200%。

所以如果以后再有人向你推荐带杠杆的结构化产品，你可以问如下几个问题：

（1）产品是否到基金业协会备案。如果需要，那么一定要遵守杠杆比例的限制规定。

（2）外部杠杆有多大？如果股票和混合型超过 2 ∶ 1，债券型超过 3 ∶ 1，那么一定是不合规的产品，因为根本就拿不到中基协的备案。

（3）优先份额收益如何保障？如果对方告诉你要对优先份额保本、保收益，那么一定也是不合规的，因为“八条底线”已经明确优先和劣后份额要共享收益、共担损失。

知识点 2.4　交易所市场和银行间市场指什么？

交易所市场大家都熟悉，就是指上交所和深交所，也就是平时说的场内市场。大家平时买卖股票都在这两个地方，殊不知，还有一些债券也在交易所挂牌交易，比如一些公司债、可转债等，投资者可以是机构也可以是个人，交易方式主要是撮合竞价。而银行间市场则是一个庞大的场外市场，由同业拆借市场、票据市场、债券市场、外汇市场、黄金市场等构成，交易主要靠一对一询价，投资者主要以各类金融机构为主。就债券市场而言，银行间市场比交易所市场要大的多得多。

2.7　基金公司会跑路吗

近些年卷钱跑路的 P2P 公司很多，但是，公募基金跑路这种事是不可能发生的，因为基民的钱根本不在基金公司手里。

如果你详细地查看基金的费用，里面有一个由托管人收取的托管费。托管人一般都是较大的银行或者券商（要经证监会批准），它们是基金运作中不可缺少的关键角色，可以保障你的账户安全，监督基金公司的各种行为。

没错，你买基金的钱，都在银行的托管账户上放着呢，基金公司是碰不到的，基金公司只有运用这笔钱进行投资的权利（而且还必须符合基金合同和法律法规），而没有支取它的权利。所以你不必担心基金公司卷钱跑路，钱不在自己手上。托管这一制度逐渐在各种资管产品上应用，是投资者资金安全的重要保障，没有托管机构的金融资管产品，一定不能碰，如表 2-2 所示。

不仅如此，公募基金在投资的时候不仅要规避自身股东等关联人的股票，甚至连托管人关联方的股票都要十分谨慎。比如托管在中国银行的基金，基本上都不会购买中国银行股票或者中行转债，比如市场上著名的华夏上证 50ETF 基金，很长一段时间都不能购买控股股东中信证券的股票和关联方中信银行的股票，而这两只股票正是上证 50 指数的成分股，这个问题直到 2015 年证监会专门对其豁免才得以解决。

除了托管制度以外，还有风险准备金制度。公募基金管理人和托管人每个月要把管理费收入的 10%、托管费收入的 2.5% 拿出来，作为风险准备金。一旦投资发生风险事件，这笔钱就要用上。

表 2-2　基金托管机构名单（2017）

序号	托管人名称	注册地	机构性质
1	中国工商银行股份有限公司	北京	银行
2	中国农业银行股份有限公司	北京	银行
3	中国银行股份有限公司	北京	银行
4	中国建设银行股份有限公司	北京	银行
5	交通银行股份有限公司	上海	银行
6	华夏银行股份有限公司	北京	银行
7	中国光大银行股份有限公司	北京	银行
8	招商银行股份有限公司	深圳	银行
9	中信银行股份有限公司	北京	银行
10	中国民生银行股份有限公司	北京	银行
11	兴业银行股份有限公司	福建	银行
12	上海浦东发展银行股份有限公司	上海	银行
13	北京银行股份有限公司	北京	银行
14	平安银行股份有限公司	深圳	银行
15	广发银行股份有限公司	广东	银行
16	中国邮政储蓄银行股份有限公司	北京	银行
17	上海银行股份有限公司	上海	银行
18	渤海银行股份有限公司	天津	银行
19	宁波银行股份有限公司	浙江	银行
20	浙商银行股份有限公司	浙江	银行
21	海通证券股份有限公司	上海	券商
22	国信证券股份有限公司	深圳	券商
23	徽商银行股份有限公司	安徽	银行
24	广州农村商业银行股份有限公司	广东	银行
25	招商证券股份有限公司	深圳	券商
26	中国证券登记结算有限责任公司	北京	其他
27	包商银行股份有限公司	内蒙古	银行
28	恒丰银行股份有限公司	山东	银行
29	杭州银行股份有限公司	浙江	银行
30	南京银行股份有限公司	江苏	银行
31	广发证券股份有限公司	广东	券商

续表

序号	托管人名称	注册地	机构性质
32	国泰君安证券股份有限公司	上海	券商
33	江苏银行股份有限公司	江苏	银行
34	中国银河证券股份有限公司	北京	券商
35	华泰证券股份有限公司	江苏	券商
36	中信证券股份有限公司	深圳	券商
37	兴业证券股份有限公司	福建	券商
38	中国证券金融股份有限公司	北京	券商
39	中信建投证券股份有限公司	北京	券商
40	中国国际金融股份有限公司	北京	券商
41	恒泰证券股份有限公司	内蒙古	券商
42	中泰证券股份有限公司	山东	券商
43	国金证券股份有限公司	四川	券商

2.8 什么是内幕交易和老鼠仓

内幕交易是指一些人利用特殊的地位或者机会，获取非公开的信息，并据此买卖证券或者向他人提供买卖建议的行为。这种行为严重损害了市场的公平、公开原则。比如，私募机构泽熙的老板徐翔，就因为和上市公司串通利用内幕信息获利而被判刑。

利用内幕信息进行交易在全世界都是违法犯罪的，如果你看过投资界的经典电影《华尔街》就一定会记得，男主角偶然之下获知航空公司官司的宣判结果，并把这一内幕信息提供给华尔街大佬，最后双方闹翻并都因此而获刑。

从基金公司的角度而言，由于基金经理和研究员成天跑上市公司调研，又有各种卖方研究机构推送各类信息，基金公司投研人员难免会接触到各类内幕信息。不仅如此，基金公司投研人员如果再把这类信息泄露给利害关系人来进行股票买卖而获利同样是违法的。更为严重的是，如果投研人员先用自己个人马甲账户的资金在低位买入，再用公有资金拉升到高位后通过个人账户率先卖出获利，最后受损的是公家资金。这就是严重老鼠仓。而基金公司投研人员入刑的案例则多是因为老鼠仓行为。

还有一种违法犯罪行为叫利益输送，这个在债券市场比较常见。其实就跟采购员高价买东西拿“回扣”是一个道理。在股票市场，由于是多对多的竞价交易，想要利益输送比较困难，而在债券市场，更为常见的是银行间市场的一对一询价交易，买卖双方都是明确的，那就存在拿公家钱高价接盘收“回扣”，或者有贱卖公家资产拿好处的可能性，虽然债券价格波动小，通常只有千分之几或万分之几，但由于交易量大（亿元级别），涉案的金额则可能很大。

监管部门为了防范这类行为，几乎是“无所不用其极”。

（1）信息报备。基金从业人员需要如实报告本人、配偶、子女等利害关系人的身份、证券账户及交易账户信息。即使开户，也要在基金公司指定的券商才可以。

（2）买股票的限制。没说不能买，但是从业人员本人、配偶、子女等利害关系人买股票之前要事先报备，一旦买入 3 个月的时间内不能卖出，就 A 股的波动性，谁知道 3 个月的时间会发生什么事情。

（3）买基金的限制。基金从业人员持有基金份额的期限不得少于 6 个月，高级管理人员、基金投资和研究部门负责人持有本公司管理的基金份额及基金经理持有本人管理的基金份额的期限不得少于 1 年。不过货币基金除外。

（4）大数据核查。既然买股票、买基金都有这么多限制，那么从外面找个“马甲”来操作不就好了。放到以前也许还有效，但是现在信息技术如此发达，通过大数据几乎可以让一切可疑的交易行为无处遁形。博时基金原经理马乐案被称为“大数据捕鼠第一单”。该案中，马乐利用其担任基金经理的信息优势，投入本金 300 多万元，操作 3 个股票账户，通过临时购买的不记名电话卡下单，先于同期或稍晚于其管理的基金账户买入相同股票 76 只，累计成交金额 10.5 亿元。帮助监管部门锁定这 3 个涉案账户的，正是大数据的监测和分析。

（5）现场突击检查。监管部门还会在不通知基金公司的情况下，到现场进行突击检查。在办公室直接要求全体起立进行隔离，上交手机、电脑、提供微信、邮件、QQ 的个人账号密码，阵仗着实吓人。

（6）电话监控。基金公司比较主流的做法是投资人员要在交易时间上交手机，锁在一个小柜子里，而座机通话则通常会被录音留痕保存多年。特别是最近几年随着微信的普及和渗透，许多信息都是在微信群和朋友圈上流动，很容易被人抓住小辫子。比如 2014 年的中信证券微信泄密事件，基金经理纷纷退群以证清白。事件以分析师受罚离职、上市公司董秘辞职收场。

（7）参观培训。除了监管机构会定期组织基金公司参加防范内幕交易培训以外，基金公司自身也会请律师来为投研人员讲课，更有甚者，还有组织投研人员到监狱去进行参观的。不过在金钱面前，到底有多少人能做到不为所动，坚守职业底线，这就说不准了。

（8）重典入刑。2009 年《刑法修正案（七）》的出台，证券从业人员内幕交易以及利用因职务便利获取内幕信息以外的其他未公开信息交易罪名正式写入刑法，成为监管层对“老鼠仓”案件认定的重要分水岭。在这之前，无论是上投摩根的唐建，还是融通基金的张野，对其老鼠仓行为的处罚仅限于罚款和市场禁入。而从长城基金韩刚开始，交银基金李旭利、郑拓，汇添富基金苏竞等，已经有不下十位基金经理被判刑。曾经的天之骄子，社会精英，在利益的驱使下沦为阶下囚，可谓警钟长鸣。

第 3 章

股票型基金：城头变幻大王旗

本章主要内容包括：

- 如何挑选股票基金
- 投资股票型基金最重要的事
- 主题投资盛行

3.1 如何挑选股票基金

3.1.1 冠军基金值不值得追

总会出现一些明星级基金和他们的基金经理，但你的脑中可能在想一个问题，那就是这些明星基金和明星基金经理，业绩到底是否有持续性？追这些基金真的能赚钱吗？

中国股市在 2000 年以后（也是基金大规模出现以后），有几次比较明显的牛熊转换和风格轮换。下面我们就拿这几年的基金数据来分析一下，看看情况到底如何。

1. 2007 年 –2008 年：史无前例的大牛市和大熊市

2007 年，上证指数涨到了 6124 点，创造了史无前例甚至至今也难以超越的大牛市。而紧接着的 2008 年便迎来了全球金融风暴，A 股狂泻至 1664 点，可谓是腰斩之后再腰斩。在这场轰轰烈烈的牛熊转换中，基金们的表现如何呢？

注：为了反映更真实的情况，这里的数据将股票型基金、偏股混合基金和灵活配置基金进行了合并计算，如表 3–1 所示。

表 3–1　2007 年排名前十的基金在 2008 年的表现对比

基金代码	基金简称	2007 年收益	2007 年同类排名	2008 年收益	2008 年同类排名	时任主要基金经理
000011.OF	华夏大盘精选	226.24	1/161	−34.88	7/212	王亚伟
590001.OF	中邮核心优选	194.02	2/161	−61.62	209/212	许炜
160505.OF	博时主题行业	188.61	3/161	−48.14	81/212	邓晓峰
360005.OF	光大红利	175.07	4/161	−58.10	196/212	许春茂
002011.OF	华夏红利	169.42	5/161	−38.59	14/212	孙建冬
400003.OF	东方精选	168.81	6/161	−56.87	186/212	付勇
240008.OF	华宝兴业收益增长	167.63	7/161	−53.69	152/212	冯刚
040005.OF	华安宏利	166.25	8/161	−48.39	88/212	尚志民
450002.OF	国富弹性市值	164.34	9/161	−43.68	36/212	张晓东
163302.OF	大摩资源优选混合	159.00	10/161	−47.62	74/212	冀洪涛

从表 3-1 中可以看出，2007 年收益前十名中，有 6 只在第二年仍保持了前 1/2 的水平，持续表现并不突出。不过其中我们也看到了王亚伟的华夏大盘、孙建冬的华夏红利、张晓东的国富弹性等基金在 2008 年的跌幅相对较小，仍然排名靠前。特别是华夏大盘，牛市涨得多，熊市跌得少，长期累积成就了一段传奇。一些基金在牛市中可与王亚伟的华夏大盘一比高低，但熊市中却遍体鳞伤，中邮核心、光大红利甚至排名倒数。

值得一提的是，上面这几位老牌基金经理现在几乎个个是业界大佬，虽然他们已经不再管理这些基金，但基本上都还在基金行业“拼杀”。有的转战私募成立自己的公司，有的跳槽到其他公司转入管理岗位。

2. 2009 年 -2010 年：复苏与调整

2008 年金融危机中 “4 万亿”刺激政策催生了 2009 年的股市小牛市。2010 年，A 股市场涨跌互现，结构性行情明显。我们来看看那两年的基金表现，如表 3-2 所示。

表 3-2　2009 年排名前十的基金在 2010 年的表现对比

基金代码	证券简称	2009 年收益	2009 年排名	2010 年收益	2010 年排名	时任主要基金经理
000011.OF	华夏大盘精选	116.19	1/264	24.24	8/331	王亚伟
519001.OF	银华核心价值优选	116.08	2/264	−2.72	238/331	陆文俊
519089.OF	新华优选成长	115.21	3/264	3.42	177/331	王卫东
340007.OF	兴全社会责任	108.57	4/264	6.60	127/331	傅鹏博
630002.OF	华商盛世成长	106.80	5/264	37.77	1/331	庄涛、梁永强、孙建波
590001.OF	中邮核心优选	105.09	6/264	−7.06	298/331	王海涛
000031.OF	华夏复兴	104.33	7/264	16.81	42/331	孙建冬
110010.OF	易方达价值成长	102.90	8/264	2.94	181/331	潘峰
180013.OF	银华领先策略	102.71	9/264	−9.31	313/331	杨靖
400003.OF	东方精选	100.81	10/264	−0.99	219/331	付勇

2009 年的冠军又是王亚伟的华夏大盘，不过那一年是险胜银华优选。而陆文俊管理的银华优选在 2009 年凭借汽车股一飞冲天之后，却在 2010 年偃旗息鼓，排名一落千丈。无独有偶，2009 年的前十名中，仍是有 6 只排在了

2010 年的后 1/2，中邮核心、银华领先甚至排名倒数。这里又看到中邮核心，它在 2009 年 –2010 年的排名几乎复制了 2007 年 –2008 年的排名，牛市靠前，熊市靠后，风格激进可见一斑。

不过这次牛熊转换中，华商盛世成长和华夏复兴表现优异，连续两年获得了超高收益。只可惜，后来华夏复兴在孙建冬离职后风光不再，而华商盛世的神奇也没能继续延续。

3. 2013 年 –2014 年：二八切换措手不及

2013 年是创业板崛起的一年，成长股行情一直延续到 2015 年上半年，然而没想到 2014 年底大盘蓝筹股突然爆发，习惯了投资中小创的投资者纷纷满仓踏空。各基金在这次二八切换中表现如何，如表 3–3 所示。

表 3–3　2013 年排名前十的基金在 2014 年的表现对比

基金代码	证券简称	2013 年收益	2013 年排名	2014 年收益	2014 年排名	时任主要基金经理
590008.OF	中邮战略新兴产业	80.38	1/519	57.29	26/596	任泽松
080012.OF	长盛电子信息产业 A	74.26	2/519	36.10	113/596	王克玉
519679.OF	银河主题策略	73.51	3/519	26.12	255/596	成胜
260104.OF	景顺长城内需增长	70.41	4/519	7.07	526/596	王鹏辉
260109.OF	景顺长城内需增长贰号	69.14	5/519	7.44	521/596	王鹏辉
630011.OF	华商主题精选	63.42	6/519	47.00	53/596	梁永强
240017.OF	华宝兴业新兴产业	60.43	7/519	11.77	464/596	郭鹏飞
660012.OF	农银汇理消费主题 A	58.19	8/519	11.98	460/596	付娟
213006.OF	宝盈核心优势 A	56.40	9/519	80.11	2/596	王茹远
519670.OF	银河行业优选	53.85	10/519	30.47	184/596	成胜

在 2013 年的前十名中，有 4 只排在 2014 年的后 1/2。由于 2013 年和 2014 年都是牛市，这些以激进风格著称的基金的业绩在一定程度上得以延续。其中任泽松、梁永强、王茹远的表现堪称完美，当然，他们的业绩也多半是在 2014 年上半年成长股行情中取得的。

4. 2015 年 –2016 年：明星陨落的牛熊市

2015 年股市迎来了继 2007 年后最大的一波牛市，而由于这波牛市来得过于迅猛，杠杆使用过高，导致市场调整时一击即溃，股灾随之发生，下跌程度之猛烈，崩溃时间之快不逊于 2008 年。尤其是 2016 年初甚至发生了市场熔断这一史无前例的事件，令这些基金经理们措手不及，如表 3-4 所示。

表 3-4　2015 年排名前十的基金在 2016 年的表现对比

基金代码	基金简称	2015 年收益	2015 年同类排名	2016 年收益	2016 年同类排名	时任主要基金经理
000404.OF	易方达新兴成长	171.78	1/227	−39.83	754/758	宋昆
100056.OF	富国低碳环保	163.06	1/445	−28.67	442/483	魏伟
519156.OF	新华行业轮换	160.38	2/227	−9.95	544/758	李会忠
000063.OF	长盛电子信息主题	155.40	3/227	−29.08	734/758	赵宏宇
519120.OF	浦银安盛战略新兴产业	142.83	4/227	−22.67	685/758	吴勇
519113.OF	浦银安盛精致生活	127.83	5/227	−20.37	659/758	吴勇
000124.OF	华宝兴业服务优选	123.34	2/445	−28.83	446/483	楼鸿强
000574.OF	宝盈新价值	123.09	6/227	−18.36	637/758	彭敢
160918.OF	大成中小盘	117.84	3/445	−24.48	393/483	魏庆国
470009.OF	汇添富民营活力 A	108.83	4/445	−17.24	285/483	朱晓亮

2015 年的冠军基金们的收益主要来自于上半年的牛市，下半年股灾中这些基金的下跌也非常厉害，如果不是第四季度的反弹行情，这些基金甚至有可能把全年的收益都吐回去。不过好在 2015 年的数据拿出来还是很漂亮的，排名前十的基金各个收益翻倍。但是在 2016 年，这些基金的业绩着实令人瞠目结舌，全部负收益，全部排在同类后 1/2，大部分排名倒数。这也使得一些在 2015 年高点追随这些基金经理的基民们损失惨重。

通过以上实例可以看出，每年排名前十的基金，第二年的业绩情况似乎是比较随机的，甚至还有些不理想。特别是牛熊转换时期，极少数基金经理可以做到涨跌无惧，得心应手。个人认为，追明星基金没有太大必要，对于一般基民，更重要的是找到长期业绩优异、回撤控制良好的基金经理，获得长期稳健的收益。而对于这些风格激进的基金，投资者应当把他们当作一种高弹性的工具，在强烈看多成长股或者牛市爆发时参与进去，或者以定投的方式参与，争取从波动中获利，切不可恋战。

另外，投资者要意识到，不同资产收益率的周期性轮动是颠扑不破的规律，这也使得一些基金的业绩呈现出周期性的变化，如图 3-1 所示。除了追热点，更要关注那些长期业绩优秀的基金经理。

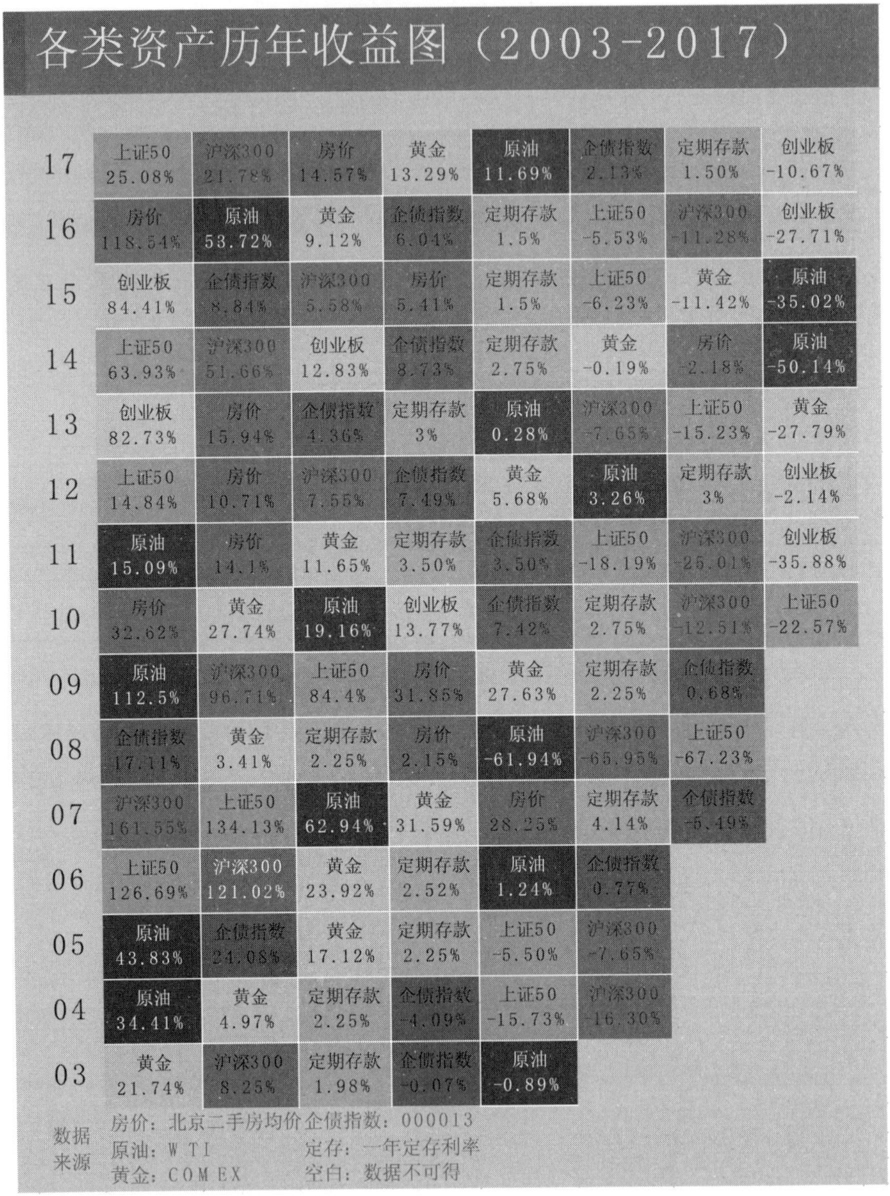

• 图 3-1　各类资产历年收益图（2003—2017）

3.1.2 寻找长期优秀的基金经理

中国基金业金牛奖由中国证券报主办，每年颁发一次。这个奖项在基金行业的地位相当于奥斯卡之于电影行业，金球奖之于足球世界，是基金行业内最具公信力的权威奖项。在金牛基金奖的评选中，对股票型基金和混合型基金均设有三年期和五年期持续优胜的评选，可以作为投资者的参考，如表 3-5 所示。

1. 以 2015 年金牛基金奖为例

表 3-5 2015 年金牛基金奖持续优胜金牛基金（截至 2016 年）

	基金代码	证券简称	基金成立日	成立以来回报（%）	成立以来年化回报（%）	基金规模（亿元）
五年混合	470009.OF	汇添富民营活力 A	2010-05-05	226.90	19.45	56.49
	163406.OF	兴全合润分级	2010-04-22	179.87	16.60	39.50
	519674.OF	银河创新成长	2010-12-29	112.25	13.33	2.29
	240017.OF	华宝兴业新兴产业	2010-12-07	104.16	12.47	6.99
	213006.OF	宝盈核心优势 A	2009-03-17	134.80	11.56	17.24
	100016.OF	富国天源沪港深	2002-08-16	399.82	11.83	5.71
	213008.OF	宝盈资源优选	2008-04-15	156.76	11.42	42.89
	519670.OF	银河行业优选	2009-04-24	262.75	18.23	17.42
	070001.OF	嘉实成长收益 A	2002-11-05	914.72	17.77	52.46
	519069.OF	汇添富价值精选 A	2009-01-23	313.78	19.57	33.92
	270025.OF	广发行业领先 A	2010-11-23	83.98	10.49	36.19
	519095.OF	新华行业周期轮换	2010-07-21	146.62	15.01	1.46
	660005.OF	农银汇理中小盘	2010-03-25	144.96	14.13	12.27
	519983.OF	长信量化先锋 A	2010-11-18	172.53	17.78	109.44
	166002.OF	中欧新蓝筹 A	2008-07-25	225.81	15.01	31.64

续表

	基金代码	证券简称	基金成立日	成立以来回报（%）	成立以来年化回报（%）	基金规模（亿元）
三年混合	080012.OF	长盛电子信息产业 A	2012-03-27	214.42	27.15	32.12
	100056.OF	富国低碳环保	2011-08-10	118.40	15.56	60.98
	040035.OF	华安逆向策略	2012-08-16	275.83	35.29	33.67
	163412.OF	兴全轻资产	2012-04-05	258.31	30.86	55.74
	630010.OF	华商价值精选	2011-05-31	127.33	15.81	25.16
	519679.OF	银河主题策略	2012-09-21	248.50	33.85	10.60
	320011.OF	诺安中小盘精选	2010-04-28	170.00	16.02	8.83
	180031.OF	银华中小盘精选	2012-06-20	236.09	30.63	23.33
	519097.OF	新华中小市值优选	2011-01-28	125.57	14.70	1.76
	040025.OF	华安科技动力	2011-12-20	228.10	26.59	8.98
	519697.OF	交银优势行业	2009-01-21	218.04	15.66	6.54
	233009.OF	大摩多因子策略	2011-05-17	186.63	20.56	49.07
	630005.OF	华商动态阿尔法	2009-11-24	126.90	12.21	19.01
	460005.OF	华泰柏瑞价值增长	2008-07-16	304.05	17.93	8.87
	519704.OF	交银先进制造	2011-06-22	170.75	19.72	26.31
五年股票	340006.OF	兴全全球视野	2006-09-20	531.44	30.12	19.61
三年股票	163110.OF	申万菱信量化小盘	2011-06-16	167.60	26.46	19.40

2. 长跑基金经理

截至 2017 年，仍旧活跃的一些明星基金经理和其管理的基金都是稀缺品种，可以将他们称作白马基金经理。他们不需要依赖白马股，他们自己就是白马，如图 3-2 所示。

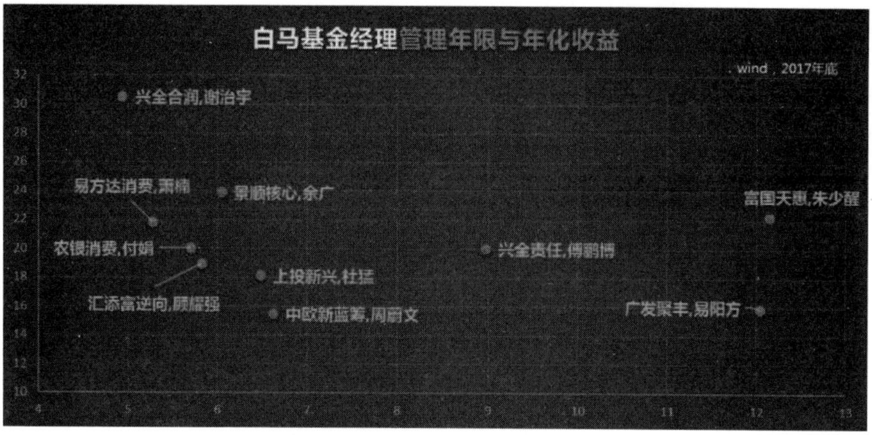

• 图 3-2　白马基金经理的管理年限与年化收益

（1）富国基金——朱少醒

朱少醒是中国偏股型基金经理中任职时间最长的，是所有基金当中任职时间第二久的。

在朱少醒任职的 12 年多时间里，几乎很少看到他出现在每年的冠军基金排行榜上，但是基本上每年都能排在前 1/4。2007 年收益 27.78%，又是排在 95/502 的位置，比 1/4 稍微靠前一点。就这样，朱少醒虽然从未成绩卓越过，但十二年如一日地保持优秀，累积下来便成了最卓越的。12 年年化 22.27% 的收益水平，使他成为公募基金行业里最接近巴菲特的人。而且，朱少醒仅管理富国天惠这一只基金。

（2）广发基金——易阳方

超过 20 年从业经验，广发基金创始团队（2003 年），广发基金首只产品广发聚富的基金经理，2004 年便获得金牛基金奖。2005 年开始管理广发聚丰，一管就是 12 年，年化收益 15.89%，在管理时间最长的基金经理中，仅次于朱少醒。广发聚丰最辉煌时期应该是 2006—2012 年，其间，牛市能涨，熊市抗跌，不过 2013 年以后的这几年稍微有些疲态，这也是它和富国天惠的年化收益相差 6 个多点的原因。不过易阳方最近两年也在接新产品，除了广发聚丰，还有广发聚祥等 4 只产品，这 4 只产品的业绩目前来看还是相当不错的。

（3）兴全基金——傅鹏博

兴全社会责任又限购了，先是限购 100 万元，又限购 10 万元。再限购下去怕是直接暂停申购了。

基金经理傅鹏博的履历很有意思，他曾是上海财经大学经济管理系讲师，又先后在申银万国、东方证券、汇添富基金工作过，等到他在 2009 年 1 月份担任兴全社会责任基金经理的时候，已经 46 岁了，这一管就是 9 年，现今以 54 岁的“高龄”管理公募基金，在业内应该是创纪录了。公募基金公司高管的退休年龄也是 60 岁，这么说来傅总能干多久还真不好说。2018 年 3 月，傅鹏博从兴全基金离职，据说要加入基金老将陈光明准备设立的新基金公司，值得期待。

这只基金有多牛呢，9 年时间年化收益超过 20%！而且这么多年风格大小切换无数，兴全社会责任总是能保持中上等的操作水平。换句话说，傅鹏博的操作非常灵活，但他又是持股集中度非常高的，前几大重仓股基本都是顶格买到 10% 比例，2017 年三季度持股集中度已经超过 80%，看好的股票敢下重注，不过当基本面发生变化又斩仓利索，比如曾经赢利颇丰的网宿科技。

（4）中欧基金——周蔚文

中欧基金应该是公募基金中激励机制改革最为成功的一个，这使它从名不见经传的小公司，逐步成长为拥有众多投资大佬，且最终表现为较为优异的特色公司。

周蔚文之前在富国基金管理富国天合时的业绩就不错，2011 年转投中欧基金，开始管理中欧新蓝筹和中欧新趋势，两只基金持仓十分类似，长期以来业绩也相仿。周蔚文管理中欧薪蓝筹的时间久一点，6 年多的时间年化收益超过 15%。

（5）上投摩根——杜猛

上投摩根历史上出现过很多“牛人”，孙延群至今仍保持着历史最高的任职年化收益，吕俊的上投摩根中国优势仍旧在老基民中声名显赫。

最近几年，上投摩根最为出色的基金经理非杜猛莫属。他从 2012 年熊市期间开始管理上投摩根新兴动力，当年即进入前十，2013 年更是爆发之年。

不过在 2014 年和 2016 年他都因为偏好成长股而受到一定打击。2017 年业绩出色，但是和其他基金经理靠买贵州茅台、平安银行不同，他重仓清一色的新能源、锂电池，行业集中度很高。杜猛的风格是很猛的，但是切换的成功率还是蛮高的，否则也不会留下 6 年半年化 18% 的收益率。

（6）景顺长城——余广

余广管理景顺长城核心竞争力 6 年，年化回报 24%，是同期成立基金中最高的。余广的风格特别稳健，既能在 2012 年的熊市中赚 30% 多而拿到冠军，也能在 2014 年、2015 年的风格切换中连续保持 30% 多的收益，凭借这种稳健风格，也使得他的基金颇受保险等机构资金的关注，景顺长城核心竞争力的机构投资者持有占比高达 64%（2017 年中报）。

（7）汇添富——顾耀强

汇添富逆向投资是国内第一只用“逆向”策略命名的基金，国外有个投资大师邓普顿写了本逆向投资的书很畅销，大家可以去看看。

顾耀强总结这一策略包括哪些股票：市场阶段性关注度较低的股票；涉及重大突发事件且为市场过度反应的股票；景气存在复苏可能但尚未被市场充分发掘的股票；可能或正处于并购重组但市场存在分歧的股票；治理结构有望改善但市场预期有限的股票。

将近 6 年 19% 的投资业绩，也是对这一投资风格的奖赏。与此同时，顾耀强还管理了一只绝对收益基金，一只沪港深基金。三种风格，三种迥异的持仓，成绩都不错，也算是了不起了。

（8）农银汇理——付娟

农银汇理的付娟是这其中唯一的一位女性，而且颜值不低。她在申银万国做家电行业研究员的时候，几乎年年上榜新财富，所以她管理农银消费主题，画风颇为和谐。另一只是农银中小盘的风格和持仓也颇为类似。5 年多时间，两只基金年化收益均超过 20%，各种大奖拿了无数。提到农银消费主题，不得不提到之前的基金经理曹剑飞，这也是位很“厉害”的基金经理，辗转中欧基金、私募，据说又去了券商资管。

（9）易方达——萧楠

易方达消费行业是 2017 年股票型基金第一名，年收益高达 64%。这只基金从 2013 年开始，连续 5 年正收益，前几年中规中矩不落后，几乎所有基金都亏钱的 2016 年，他赚了 7 个点，2017 年在这么一爆发，立刻就把业绩拉上来了，守得云开见月明。值得关注的是，这只基金近几年的持仓，几乎没有什么变化，一直坚守贵州茅台、格力电器、伊利股份、平安银行、美的电器这几只超级大白马。萧楠自己也坦言这些股票 2018 年从估值上看上升空间已经不是太大，那么后面怎么操作，就真的是考验基金经理的时候了。

（10）兴全——谢治宇

兴全基金擅出极为出色的基金经理。除了刚才讲过的傅鹏博，还出过杨东（劝基民赎回的那位）、王晓明、董承非、陈扬帆、杨云等人。而谢治宇则是现役中最值得关注的 80 后明星基金经理。他现在管理着两只基金，兴全和润和兴全轻资产，兴全和润将近 5 年年化 30%，兴全轻资产也有三年多 26% 的年化收益。2017 年应该是对谢治宇考验最大的一年，在一二季度他延续了 2016 年的思路，小股票居多导致业绩落后很严重，没想到他从二季度开始，在白马股已经涨了不少的情况下，大胆换仓到保险和食品饮料，完成了 2017 年的大逆转。这其中的心路历程，必定相当宝贵。也许将来他能在璨若星辰的前辈同事中脱颖而出。

表 3-6 所示为上述白马基金经理：

表 3-6　白马基金经理

基金代码	基金简称	基金经理	年数	任职年化收益 %
161005.OF	富国天惠精选成长 A	朱少醒	12.14	22.27
270005.OF	广发聚丰	易阳方	12.04	15.89
340007.OF	兴全社会责任	傅鹏博	8.97	20.07
166002.OF	中欧新蓝筹 A	周蔚文	6.62	15.52
377240.OF	上投摩根新兴动力 A	杜猛	6.48	18.17
260116.OF	景顺长城核心竞争力 A	余广	6.04	23.93
470098.OF	汇添富逆向投资	顾耀强	5.82	18.95
660012.OF	农银汇理消费主题 A	付娟	5.70	20.05
110022.OF	易方达消费行业	萧楠	5.27	21.85
163406.OF	兴全合润分级	谢治宇	4.93	30.55

3.2 投资股票型基金最重要的事

3.2.1 基民心路历程

先来看一张图，如图 3-3 所示。

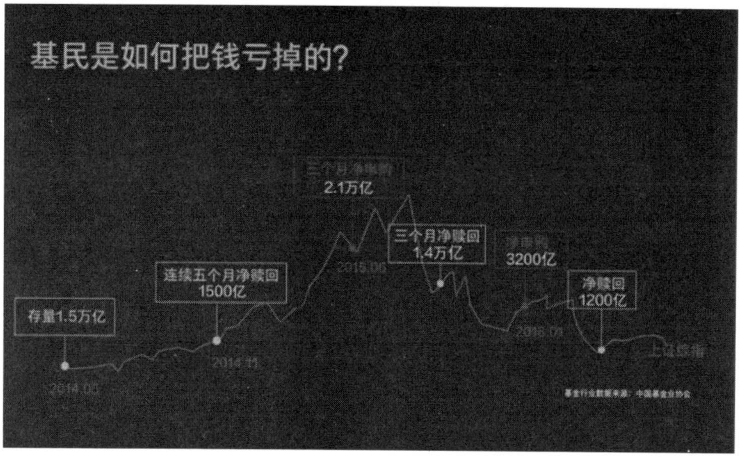

●图 3-3　基民是如何把钱亏掉的

这张图里每一个数据都展示了基民痛苦的心路历程：

（1）市场刚开始涨，赎回落袋。

（2）什么，大牛市来了，赶紧杀个回马枪。

（3）完了，崩了，快撤。

（4）抄底啦、抄底啦。

（5）被套了，再也不玩了。

之前富国天惠的基金经理朱少醒说他的基金业绩虽好，但是赚大钱的基民很少，原因就在这张图里。笔者清楚地记得，2015 年一二季度，连续出现基金秒杀，百亿规模等风险信号。“高点高仓位，低点低仓位”成为基民投资行为的真实写照。

3.2.2 只有基民如此吗

也可以看看股民朋友。我们用最能体现股民仓位、情绪变化情况的融资余额来比较一下（原来投资者保护基金每周会公布保证金流入流出情况，2017 年 6 月停止更新了），如图 3-4 所示。

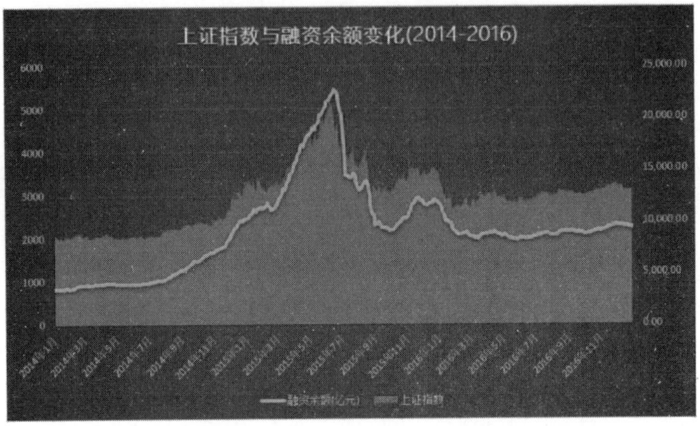

●图 3-4　上证指数走势与融资余额变化图（2014–2016）

不管你信不信，他们竟然也是如此吻合。券商和银行一样，晴天送伞，雨天收伞，这是部分原因，但更多是来自投资者自身。试想，如果黄色的这条代表融资余额的线是你的仓位图，你现在是不是很想让他倒过来，如图 3-5 所示。

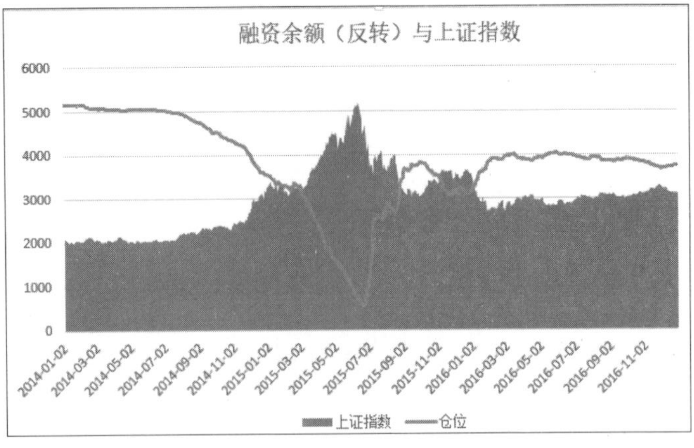

●图 3-5　上证指数走势与融资余额变化翻转图（2014–2016）

如果你的仓位图是这样的，你还会发愁吗？

3.2.3 “股神”是如何做的

但是“股神”能做到。我们看看巴菲特的伯克希尔·哈撒韦公司的现金头寸，钱越多证明仓位越低，钱越少证明仓位越高。它什么时候仓位高？2008年，他在不停买进。然后仓位一直在降低，现金一直在增加。巴菲特的现金头寸情况，如图 3-6 所示。

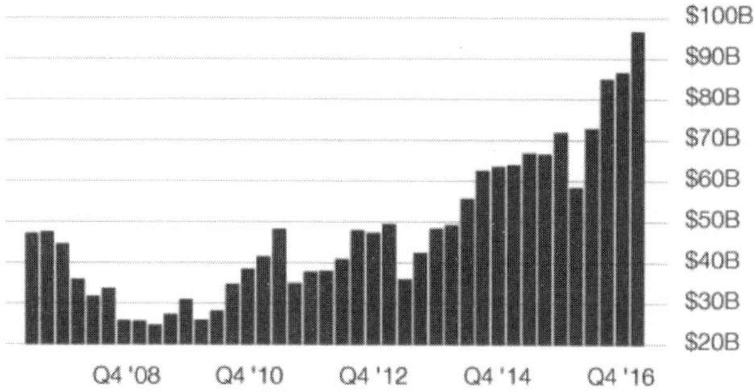

• 图 3-6　伯克希尔·哈撒韦的现金头寸（2008—2017）

对应一下标准普尔500指数，如图3-7所示。拟合度之高，完美阐释了“别人恐慌我贪婪，别人贪婪我恐慌”。

• 图 3-7　标普 500 指数走势图（2008—2017）

2008–2009 年，在金融危机的一片恐慌中，巴菲特不停买进，买了高盛、GE、BNSF 等。“股神”也是人，买完就亏了，最多的甚至亏了 50%，但巴菲特不怕，一来旗下有保险公司可以贡献持续不断的现金流，二来买得实在是便宜。

你看，“股神”的秘诀：现金流 + 买得便宜。

3.2.4 普通人怎么办

对于普通投资者，笔者给出如下建议：

（1）如果你没有很多现金，那么想取得现金流就意味着要努力工作，不要总想着炒股或炒基金一夜暴富。

（2）买得便宜，需要的就是一样东西：耐心等待。对于便宜与否，如何克服人性，可以通过图 3–8 来进行提示。比如可以使用市盈率和市净率的高低来判断便宜与否，这是最常用的方法。

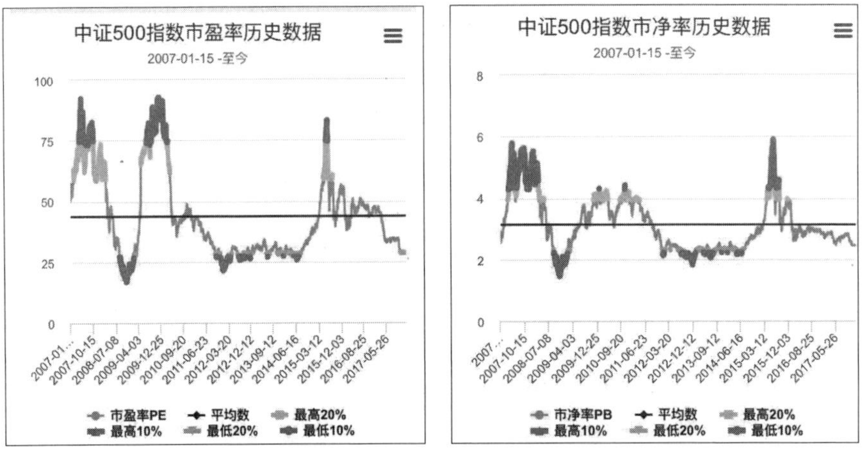

• 图 3–8　中证 500 指数的市盈率和市净率

以中证 500 指数为例，如果能等到估值最低的区域，重仓进去，收益应该不会太差。这个时候只需要找到对应的中证 500 指数基金就可以了。

笔者专门制作了查看 100 多个指数估值及其对应公募基金的系统，读者只需要扫描文末的二维码，即可在公众号上打开该系统进行查阅并找到对应的指数和主题基金。

See More

克服人性是很难的，这里可以断言，下次牛市来临，无论是基金销量还是融资余额，与 2015 年相比仍不会有太大变化，依旧会有大批投资者在高位站岗。但至少看了本书的你会多一些理性。

3.3 主题投资盛行

前面提到，2014 年的冠军基金是工银瑞信金融地产基金，这是一只主题投资基金。它的夺冠并不能说明基金经理有多厉害，主要是因为它所选择投资的行业出现了风口，2014 年四季度一阵蓝筹飓风便成就了这只基金。

近年来，主动管理的股票型基金、混合型基金主题化和行业化的趋势也越来越明显，基金公司纷纷在主题投资上发力，一方面希望赶上时髦主题，在营销上增添亮点来吸引投资者，另一方面希望自己所重仓的主题能够赶上风口一飞冲天。

下面向大家介绍一些较为有特色的基金。

为节省篇幅，仅罗列成立较早、规模较大、名气较大、较有特色的基金。

1. TMT 行业

TMT（Technology，Media，Telecom），是科技、媒体和通信三个英文单词的第一个字母的缩写。该行业的股票主要以互联网、信息技术、物联网等为主，大多分布在创业板。其中最有名的是汇添富移动互联和长盛电子信息产业，如表 3-7 所示，它们规模较大，在 TMT 行情中均有过辉煌历史。

表 3-7　TMT 主题偏股型基金

细分主题	基金代码	证券简称	基金成立日	投资对象
互联网	000697.OF	汇添富移动互联	2014-08-26	股票型
互联网	001404.OF	招商移动互联网	2015-06-19	股票型
互联网	001125.OF	博时互联网主题	2015-04-28	灵配混合
互联网	001071.OF	华安媒体互联网	2015-05-15	灵配混合
互联网加	001409.OF	工银瑞信互联网加	2015-06-05	股票型
数据	519773.OF	交银数据产业	2016-08-16	灵配混合
物联网	001028.OF	华安物联网主题	2015-03-17	股票型
物联网	002191.OF	农银汇理物联网	2016-05-04	灵配混合
信息传媒	001319.OF	农银汇理信息传媒	2015-06-24	股票型
信息技术	001070.OF	建信信息产业	2015-03-24	股票型
信息技术	001227.OF	中邮信息产业	2015-05-14	灵配混合
信息技术	000063.OF	长盛电子信息主题	2013-05-10	灵配混合
信息技术	080012.OF	长盛电子信息产业 A	2012-03-27	偏股混合

2. 健康医疗主题

随着中国老龄化社会的逐步到来，健康产业和医疗、医药产业的发展势头只增不减。这一主题也是很多基金竞相追逐的概念。这其中医药行业比较老牌的有汇添富医药保健，医疗行业有博时、易方达、长信、融通的医疗保健基金，如表 3-8 所示。

表 3-8　健康医疗主题偏股型基金

细分主题	基金代码	证券简称	基金成立日	投资对象
健康	002938.OF	中银证券健康产业	2016-09-07	灵配混合
养老	001171.OF	工银瑞信养老产业	2015-04-28	股票型
医疗	000831.OF	工银瑞信医疗保健	2014-11-18	股票型
医疗	000711.OF	嘉实医疗保健	2014-08-13	股票型
医疗	000913.OF	农银汇理医疗保健主题	2015-02-10	股票型
医疗	000780.OF	鹏华医疗保健	2014-09-23	股票型
医疗	000523.OF	国投瑞银医疗保健	2014-02-25	灵配混合
医疗	001417.OF	汇添富医疗服务	2015-06-18	灵配混合
医疗	050026.OF	博时医疗保健行业 A	2012-08-28	偏股混合
医疗	000220.OF	富国医疗保健行业	2013-08-07	偏股混合

续表

细分主题	基金代码	证券简称	基金成立日	投资对象
医疗	000945.OF	华夏医疗健康 A	2015-02-02	偏股混合
医疗	161616.OF	融通医疗保健行业 A	2012-07-26	偏股混合
医疗	110023.OF	易方达医疗保健	2011-01-28	偏股混合
医药	000960.OF	招商医药健康产业	2015-01-30	股票型
医药	001230.OF	鹏华医药科技	2015-06-02	股票型
医药	000878.OF	中海医药健康产业 A	2014-12-17	灵配混合
医药	000452.OF	南方医药保健	2014-01-23	灵配混合
医药	003284.OF	中邮医药健康	2016-12-13	灵配混合
医药	470006.OF	汇添富医药保健 A	2010-09-21	偏股混合

3. 消费文娱行业

消费行业是永恒的主题，其中最为主打的细分行业就是食品饮料（特别是白酒），外加汽车行业、电器行业等。最典型的股票就是贵州茅台、伊利股份、东阿阿胶、青岛海尔、上汽集团等。这其中成立时间最久的当属华宝兴业宝康消费品，目前规模较大的是汇添富消费行业和易方达消费行业等基金，如表 3-9 所示。

表 3-9　消费文娱主题偏股型基金

细分主题	基金代码	证券简称	基金成立日	投资对象
消费	002621.OF	中欧消费主题 A	2016-07-22	股票型
消费	110022.OF	易方达消费行业	2010-08-20	股票型
消费	161818.OF	银华消费主题分级	2011-09-28	偏股混合
消费	660012.OF	农银汇理消费主题 A	2012-04-24	偏股混合
消费	000083.OF	汇添富消费行业	2013-05-03	偏股混合
消费	240001.OF	华宝兴业宝康消费品	2003-07-15	偏股混合
消费	519002.OF	华安安信消费服务	2013-05-23	偏股混合
文体	001186.OF	富国文体健康	2015-05-06	股票型
文体	003053.OF	嘉实文体娱乐 A	2016-09-07	股票型

4. 环保新能源行业

自 2012 年底全国大范围爆发雾霾开始，国家对大气污染的治理步伐加快，一系列政策规划密集出台，监管趋严、标准提升、社会参与、依效付费成为环保产业的“新常态”。在新形势下，环保类上市公司也成为一个持续的投资热点，如表 3-10 所示。特别是在冬季雾霾严重的时候，环保股常常会有表现的机会。

表 3-10　环保新能源主题偏股型基金

细分主题	基金代码	证券简称	基金成立日	投资对象
环保	000409.OF	鹏华环保产业	2014-03-07	股票型
环保	000696.OF	汇添富环保行业	2014-09-16	股票型
环保	001166.OF	建信环保产业	2015-04-22	股票型
环保	001245.OF	工银瑞信生态环境	2015-06-02	股票型
环保	000598.OF	长盛生态环境主题	2014-09-10	灵配混合
环保	000977.OF	长城环保主题	2015-04-08	灵配混合
新能源	001158.OF	工银瑞信新材料新能源行业	2015-04-28	股票型
新能源汽车	001156.OF	申万菱信新能源汽车	2015-05-07	灵配混合

环保行业的范畴既有节能减排，也有后期治理。而新能源行业要解决的则是其中节能减排的问题。例如汽车不用油改用电可以减少尾气排放，提高能源使用效率，发电不烧煤改用光伏、风能也可以减少工业污染。但是环保行业也面临着估值过高，依靠补贴等问题。

5. 国防军工与高端制造

军工股是整个市场弹性最强,估值最高的板块,也是炒作热度较高的主题。军工股的炒作逻辑也很简单：

（1）地缘政治冲突；

（2）在军工集团提升资产证券化率背景下，军工重组题材是资本市场追逐的热点,许多没有太多军工资产的上市公司,因为大股东有显赫的军工背景,股价便会一飞冲天；

（3）军民融合，主要涉及两个方向，一个是军工技术和军工企业转向民营领域，另一个是民用领域或民营企业“参军”所带来的投资机会。另外由于军工股所涉及的技术大多属于高新技术,所涉及的装备也大多是高端装备,两个领域有诸多重叠的股票，如表 3-11 所示。

表 3-11　军工与高端制造主题偏股型基金

细分主题	基金代码	证券简称	基金成立日	投资对象
高端制造	000513.OF	富国高端制造行业	2014-06-20	股票型
高端制造	000793.OF	工银瑞信高端制造行业	2014-10-22	股票型
高端制造	000866.OF	华宝兴业高端制造	2014-12-10	股票型
高端制造	000534.OF	长盛高端装备制造	2014-03-25	灵配混合
高端制造	001060.OF	前海开源高端装备制造	2015-03-27	灵配混合
工业 4	001103.OF	前海开源工业革命 4.0	2015-03-27	灵配混合
智能装备	001072.OF	华安智能装备主题	2015-04-24	股票型
国防	001838.OF	国投瑞银国家安全	2015-12-02	灵配混合
军工	002983.OF	长信国防军工	2017-01-05	混合型
军工	002983.OF	长信国防军工	2017-01-05	灵配混合
军工	001475.OF	易方达国防军工	2015-06-19	偏股混合

6. 大宗商品：黄金、农产品、资源行业

2016 年大宗商品终于在跌了数年之后开始反弹，石油、煤炭、有色均涨幅不小。未来一两年，大宗商品的牛市或许仍将延续，国外看美国对需求的刺激，国内看供给侧改革的继续深入。就黄金而言，黑天鹅事件的频发也会对金价有一定刺激，如表 3-12 所示。

表 3-12　大宗商品主题偏股型基金

细分主题	基金代码	证券简称	基金成立日	投资对象
黄金	002207.OF	前海开源金银珠宝 C	2015-12-02	灵配混合
黄金	398061.OF	中海消费主题精选	2011-11-09	偏股混合
农业	001195.OF	工银瑞信农业产业	2015-05-26	股票型
农业	003634.OF	嘉实农业产业	2016-12-07	股票型
农业	164403.OF	前海开源沪港深农业主题	2016-07-20	灵配混合
资源	110025.OF	易方达资源行业	2011-08-16	偏股混合
资源	240022.OF	华宝兴业资源优选	2012-08-21	偏股混合

7. 国家方向：一带一路、国企改革

现在的基金越来越赶时髦。一方面为了追逐热点，一方面为了有利营销，都会把投资主题定的鲜明且紧跟政策。比如一带一路和国企改革就是许多基金追逐的热点。

“一带一路”其中很重要的是和沿线这些国家和地区合作搞开发建设，所以相关基金及指数的标的一般就是基建工程、交通运输、能源化工之类的企业。

而国企改革则是鼓励非国有资本投资主体，通过出资入股、收购股权、认购可转债、股权置换等多种方式，参与国有企业改制重组或国有控股上市公司增资扩股以及企业经营管理，激活国企参与市场竞争的能力。所以相关基金及指数的标的一般是具有国企改革预期的国有企业，例如中国联通、上汽集团等，如表 3-13 所示。

表 3-13　国家战略主题偏股型基金

细分主题	基金代码	证券简称	基金成立日	规模 / 亿元	投资对象
一带一路	001209.OF	前海开源一带一路 A	2015-04-29	3.46	灵配混合
一带一路	001463.OF	光大一带一路	2015-06-26	7.08	偏股混合
国企改革	001008.OF	工银瑞信国企改革主题	2015-01-27	24.34	股票型
国企改革	001047.OF	光大国企改革主题	2015-03-25	15.37	股票型
国企改革	001277.OF	博时国企改革主题	2015-05-20	18.00	股票型
国企改革	001239.OF	长盛国企改革主题	2015-06-04	11.99	灵配混合
国企改革	001403.OF	招商国企改革	2015-06-29	13.19	偏股混合

8. 人工智能主题

人工智能（Artificial Intelligence，AI）无疑是近年来最火热的话题之一，神经网络、深度学习、大数据等词汇也频频见诸报端。人工智能 AI 相关的个股也常常受到资金追捧。基金公司也适时推出了以此为主题的基金。

9. 其他主题：次新股、股息率、物流、金融地产

这里面最有名的一个是工银瑞信金融地产基金，它毕竟是 2014 年冠军基

金。另一个则是金鹰核心资源，它是专门以次新股为投资对象，波动非常之大，如表 3-14 所示。

表 3-14　其他小众主题偏股型基金（2016）

细分	基金代码	证券简称	基金成立日	投资对象
股息率	000916.OF	前海开源股息率 100 强	2015-01-13	股票型
次新股	210009.OF	金鹰核心资源	2012-05-23	偏股混合
汽车	002168.OF	嘉实智能汽车	2016-02-04	股票型
物流	003298.OF	嘉实物流产业 A	2016-12-29	股票型
金融地产	000251.OF	工银瑞信金融地产	2013-08-26	偏股混合

第 4 章

混合型基金：大饼夹一切

本章主要内容包括：

- ➤ 大饼里面都有啥
- ➤ 打新基金
- ➤ 量化基金
- ➤ 定增基金
- ➤ 保本（避险策略）基金的轮回
- ➤ “绝对收益”基金

4.1 大饼里面都有啥

如果说混合基金是早点铺里的一张大饼，那么各类资产便是鸡蛋、火腿、生菜、鸡排、咸菜，甚至一切。最早的混合型基金只是在投资范围内把股票和债券结合在一起，规定各自必须在一定比例范围内进行投资，目的是让投资更加灵活。但是随着时代的变迁，混合型基金逐渐放松了对于股债投资比例的限制，涌现出一些灵活配置型基金，投资标的的配置比例都可以是0%-100%。

这种超高灵活度使混合型基金迎来了声势浩大的扩容大潮，成为市场上的主力品种。而与此同时，对混合型基金的辨识却越来越困难，因为光看名字根本看不出它主要投向的是什么。下面我们就来做一个拆解。

4.1.1 传统混合基金小史

如果要问中国基金业历史上最有名的一只基金是哪一只，大部分人可能会脱口而出“华夏大盘”，即使是说不出来基金名字，但凡是个炒股的人，也会对王亚伟略知一二。即使王亚伟已经离开公募基金，即使华夏大盘已经风光不再，他的巅峰时期仍旧是“江湖”上不朽的传奇。

虽然这只基金在股票上赚了很多倍，但实际上它并不是一只股票基金，而是一只混合基金。准确地说，是一只偏股混合基金。在他的基金合同中，股票的投资比例更宽泛，理论上可以比股票基金仓位更低，然而在实际操作中，它的股票仓位却是比股票基金还激进。在这种情况下，虽然它被归类为混合基金，但实际上它的风险收益特征呈现出来的，完全和股票基金一样。

传统的混合型基金按照投资比例和投资策略可以分为：

（1）偏股型基金（股票配置比例 50%–70%，债券比例 20%–40%）；

（2）偏债型基金（债券配置比例 50%–70%，股票比例 20%–40%）；

（3）平衡型基金（股票、债券比例比较平均，在 40%–60% 之间）。

这些分类标准官方当时并没有给出统一的标准，所以当年的基金产品在设计的时候，对于股债的分配比例常常是不同的，这也导致做基金评价十分麻烦。笔者曾经问过某基金公司的朋友："同样是偏股混合型基金，为什么你家的这只排名比别人差好多啊？"朋友说："你看我家这只，股票投资比例上限都比别人家的低，牛市来的时候跑不过人家实在是没办法。"

当然，在这些传统的混合型基金中，最为耀眼的是偏股型混合基金。在2005–2011 年年终排名的时候，常常是华夏大盘这只混合型基金和一堆股票型基金混战，常常杀得难解难分。最令人印象深刻的便是 2009 年的年终争霸战，其跌宕起伏，险象环生，现在看来仍让人捏一把汗。

当时由陆文俊管理的银华优选股票型基金因重仓汽车股一战成名，在倒数第二个交易日，还领先王亚伟的华夏大盘 0.24%，人们都在谈论王亚伟这次是不是要把冠军宝座让出来了。根据 Wind 数据显示，2009 年 12 月 30 日 –31 日，华夏大盘三季度末的十只重仓股中，仅有两只下跌，4 只股票上涨超过 2.5%。而银华优选 3 只重仓股下跌，仅有 2 只股票涨幅超过 2%，下跌最多的正是银华优选三季度末的第一大重仓股上海汽车（现上汽集团），下跌 1.99%，一汽轿车也下跌 1.51%。而华夏大盘的第一大重仓股国阳新能所处的煤炭板块最后一日也是整体大跌，但幸运的是，12 月 31 日国阳新能停牌，华夏大盘躲过了当天的大跌，最终一举反超称雄。

这个事很有趣，有人戏称是华夏基金为了帮王亚伟拿冠军而组团抬自己重仓股，砸对手重仓股，不过七八年过去，当事人一个离开公募基金转投私募成立千合资本，一个早已离开银华去中欧基金做了高管，是是非非，真真假假，都付笑谈中了。

从华夏大盘基金历史排名情况看，如表 4–1 和图 4–1 所示，其在王业伟2012 年 5 月离开以后迅速泯然众人。

表 4-1　华夏大盘历年排名（2005-2016）

年份	2005	2006	2007	2008	2009	2010
同类排名	29/45	11/76	1/125	3/174	1/208	5/254
年份	2011	2012	2013	2014	2015	2016
同类排名	23/300	147/351	187/396	383/424	349/445	198/482

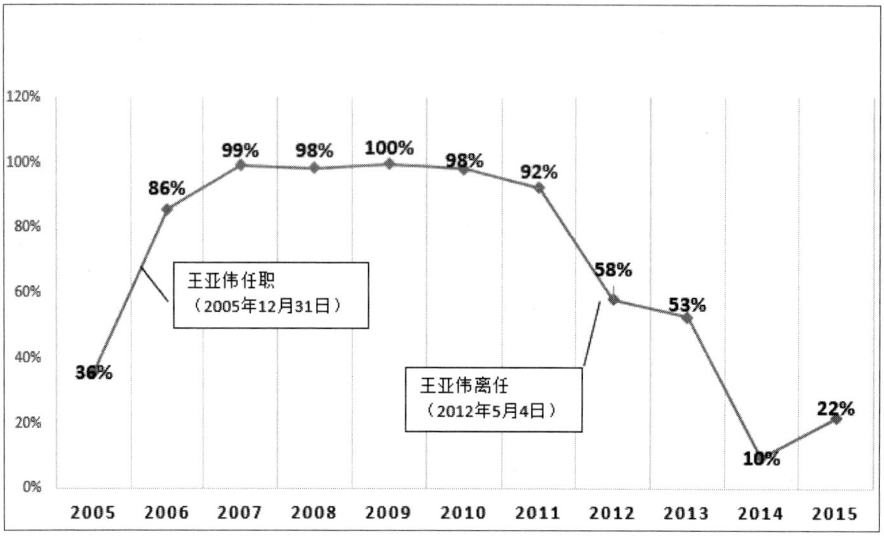

• 图 4-1　华夏大盘历史排名变化情况（2005-2015）

而混合型基金发展的分水岭是在 2015 年 8 月 8 日，新的《公开募集证券投资基金运作管理办法》一年过渡期满，开始正式实施。按照规定，股票型基金需要将其 80% 以上的基金资产投资于股票，而原来规定的最低仓位线为 60%。基金经理们为了保持投资的灵活度，纷纷筹划转型。于是在 2015 年六七月份，大量的股票型基金发布公告变更为偏股混合型基金，这样最低仓位就还是 60%，留给基金经理们一些可调控的空间。

监管部门之所以把股票型基金的仓位强制提升到 80%，就是为了让股票型基金的风险收益特征更为明显，这一点其实是和国际接轨。美国的股票型公募基金基本都是满仓运作，只换股票不换仓，不过这得益于美国成熟的股票市场，股价长期以来是向右上方运行的。

而 A 股市场现在仍旧波动很大，让基金经理一直在高仓位，他们大多是不愿意干的。所以不仅原先的股票型基金纷纷转型，新发行的以股票投资为主的基金很多都直接用混合型基金来做壳子，而且出现了一种机制更为灵活的基金：灵活配置型。

4.1.2 灵活配置型基金兴起

灵活配置型基金，是混合型基金的一种，它最牛的地方就是，股票和债券的投资比例都是 0%-100%。如此大的灵活空间，使得这类基金几乎变成了“万能神器”。

新发行的基金，都偏爱这种类型，即使是集中火力做股票的，面对如此剧烈波动的市场，基金经理也愿意多给自己留一点腾挪空间。比如易方达新兴成长这只基金，在 2013 年成立的时候就是灵活配置型的，但是基金经理宋昆一直高举高打，满仓成长股，一举夺得了 2015 年的冠军，但是在 2016 年上半年却排名倒数，可谓风格比股票型还要激进。但也有中低风险的，一些做多策略或者多元配置的基金，基本也会选择这种类型，比如打新基金（债 + 打新），定增基金（债 + 定增），量化基金，以绝对收益为目标的基金等，这些我们后面会慢慢展开。

发展到今天，混合型基金已经成为一种壳，单看类型或者基金的名称，根本看不出来它是干什么的。基金公司可以往壳子里面装股票、债券、打新、定增、绝对收益、量化等一切允许的投资策略，所以要擦亮眼睛。

4.2 打新基金

4.2.1 打新基金小史

打新基金是近年来大量涌现的一种混合型基金。其实最早的打新基金主要是一级债基。顾名思义，主要策略为参与一级市场新股收购的债券基金。而 2012 年 7 月，监管层取消了一级债基的网下打新资格。二级债基（参与二级市场股票投资）则成为唯一能参与新股申购的债券基金，好景不长，2013 年新股发行暂停。直到 2014 年出台按市值配售发行新股的政策，而原先很多二级债基的股票仓位都非常有限，一些规模不大的基金可能连底仓都配不够。放眼整个市场，就只有混合型基金最适合作为打新工具。

因为混合型基金的股票和债券仓位都可以很宽泛，是最灵活的一种灵活配置型混合基金，各种资产的仓位都可以是 0%–95%。打新底仓需要配多少股票它就配多少股票，其他资产可以全部配置成低风险的债券。于是，市面上以混合基金为主力的打新基金越来越多，这种产品单从名字上看是很难分辨它的投资策略，所以也根本没办法去统计打新基金的排名、收益率。投资者在购买的时候主要看基金公司是否重点宣传打新策略。如果是机构投资者，一般都会专门定制产品，散户根本没机会接触到。

值得一提的是“国泰淘新”这只基金，可能是唯一一只在名字当中出现过“打新”标签的基金，它在 2013 年底 IPO 重启前火速成立，引起市场的普遍关注。却又在 2014 年 1 月底被监管部门指导，不得不改名为“国泰民益”。我们不妨以这只基金作为 2013 年底 IPO 新政后的打新基金标志性产品，看看整体收益如何。

截至 2018 年 1 月 4 日，其成立以来收益 33%，年化收益水平 7.35%。在 2014 年和 2015 年分别取得 11.2% 和 15.65% 的收益。而且从净值图上看，其波动率远远低于大盘，这份答卷也是令人满意的，如图 4–2 所示。

• 图 4–2　国泰民益净值走势图（截至 2018.1.4）

4.2.2 打新制度介绍

2016 年 1 月开始实施最新的新股申购制度，其中最大的变化就是取消了新股预交款制度，改成了中签以后再交钱，这就大大缓解了以往每次打新时对整个市场资金面的扰动。在最新的制度下，公募基金作为打新的一类参与者，应该说受益颇多，下面我们就详细展开来介绍。

1. 网上网下打新双轨制

散户参与的通常都是网上打新。它采取的是按市值申购和摇号配售的方式，投资者根据持有的股票市值申购相应的股数，且有申购上限，所以中签率很低；而网下申购采取的则是询价方式，由于门槛较高，参与者相对较少，只要询价合理有效，一般情况下都能中签。

市值规模是参与网下申购新股的主要门槛。自 2017 年 1 月份取消投资者申购新股预先缴款后，沪深交易所规定参与网下配售投资者的基本门槛均是持有 20 个交易日平均市值 1000 万元以上的流通市值。

由于网下申购火爆，新股承销券商也提高了网下申购的资金门槛。没错，网下打新门槛交易所定的只是初级门槛，而新股的承销券商也可以就自己承销的股票再定一个更高的门槛。在 2017 年底，沪深两个市场已普遍分别提高至 6000 万元，甚至更多，这样加起来就要有 1.2 亿元的股票市值才能网下参与沪深打新。这个“门票”还是挺贵的，一般人买不起。

门票越贵，买得起的人就越少，分配利益的人就越少，网下打新的收益也就越高。

2. 公募基金打新优势

参与网下打新的投资者有三类。

A 类投资者：公募基金、社保基金、养老金。发行人和保荐机构（主承销商）将优先安排不低于本次网下发行股票数量的 40% 向 A 类配售对象配售，而且这个比例有时候会到 50%-60%，对 A 类投资者是制度性优势。

B 类投资者：企业年金、保险。发行人和保荐机构（主承销商）将安排不低于本次网下发行股票数量的 10% 向年金保险类配售对象配售。

C 类投资者：个人、私募、各种资产管理计划等。新股剩下的份额由 C 类投资者分享。

所以看获配比例，一定是 A>B>C。

而获配数量 = 申报数量 × 获配比例。

再来看申报数量，这一点上合格的个人投资者、私募机构等，可按照新股的发售市值顶格进行申购（有打擦边球嫌疑），而公募基金，基金专户（C 类的一种）则要受制于产品规模，不能“超打”。

所以在 2016 年的大部分时间里，很多 C 类投资者收益率还是很不错的，因为可以“超打”，比如新股的单账户申购上限是 5 亿元，如果你是一个规模只有 1 亿元的私募产品，你也可以按照 5 亿元去申报，而如果你是一个规模 1 亿元的公募基金，你就只能按照 1 亿元去申报。这样一来，C 类非受限机构或个人在获配比例上的劣势，可以从申报数量上来弥补。

而 2016 年底，大部分券商都下调了新股的申购上限，比如下调到了几千万的水平，这样一来，1 个亿的私募产品和 1 个亿的公募产品，在资金使用效率上就一样了，大家都是满格申报，申报数量上没区别，而 C 类的获配比例还有所降低，所以收益跟 A 类比起来就一落千丈了。公募基金的打新优势也就体现出来了。

当然，打新的收益率是随着市场环境而不断变化的，新股发行制度，发行频率，新股涨幅等因素，都会影响打新收益率，不过从长期来看，这的确是一个不错的生意。

4.2.3 打新基金如何选

1. 散户产品

目前市面上的打新基金分为两类，一类是为普通投资者服务的打新基金，通常是通过银行等销售渠道发行，门槛很低，投资者众多。这类打新基金公司通常会在基金最优收益、底仓波动风险、基金规模之间做一个平衡，既能使基金本身的收益不错、波动性小、同时又尽可能多地扩大基金规模增加公司收入，通常这类打新基金的规模都是以 10 亿为目标。虽然打新收益会在一定程度上被稀释，但股票的底仓占比也较小，比较适合低风险的客户。如果底仓占比过高，遇上一次熔断式的急跌行情，产品是很有可能亏钱的。

这种产品的底仓通常会采用以蓝筹股为主的配置策略。这种策略在 2017 年大获成功，因为当时行情二八分化，大盘蓝筹股一路上涨，小盘股一路下跌，打新赚的钱竟还不如底仓股票带来的收益。

至于选择哪些基金公司的打新基金，个人认为还应当考虑这家机构的固定收益管理水平怎么样。毕竟打新基金除了配置一部分股票底仓之外，大部分的资产是要配置债券的，即“债券 + 打新”模式。近些年来债券市场波动加剧，固收能力就显得越发重要。

2. 机构定制

另外一类基本是机构定制产品，大部分的份额都来自于一家或几家机构，而基金公司为了提升各位金主的体验，可能让渡一些基金规模的利益，来提升产品本身的收益，一般这类产品并不对外宣传和公开发售，发行期很短甚至只有一两天，最优规模一般也就 2 亿 -5 亿。而底仓部分的风险，这些机构投资者有的会去做一些对冲，股指期货，期权，甚至收益互换这种场外衍生品，都有可能，而散户则不具备较好的对冲工具和专业性。

通过发行期的长短以及基金认购户数的多少，是能够比较容易辨识出来机构产品与散户产品的。如果一个基金产品在成立前发行期设置得非常短，成立后公告又只有 200 户多一点，就很可能是机构定制产品了。

3. 趣闻中的机会

2015 年股灾时期，出现了一则吸人眼球的新闻：2015 年 7 月 7 日，以打新为主要策略的鹏华弘锐混合 C 基金单日逆市大涨 71.79%。后来人们了解到，这主要因为股灾当中，IPO 暂停，鹏华弘锐 C 的一个主要持有人因自身因素提前离场，其持有份额在 C 类份额中占比非常高，因此导致该持有人赎回产生的赎回费用计入剩余 C 类份额基金资产，就出现了 C 类份额的净值暴涨。而这种事情在那段时间竟然发生了好几起。于是人们开始联想，是否有机会找到这种基金，提前埋伏呢？

笔者不建议普通投资者参与这种产品的投机，因为机构定制产品常常会因为单一投资者的行为变动引起净值异常变化，并且在运作信息上有非常大的劣势，不确定性太大。

4.3 量化基金

4.3.1 什么是量化投资

量化投资就是借助现代统计学、数学的方法，从海量历史数据中寻找能够带来股票上涨的各种策略和规律，并在此基础上，综合归纳成因子和模型程序，最终纪律严明地按照这些数量化模型组合来进行投资，力求取得稳定的、可持续的、高于平均的超额回报。

听起来好高端的样子，说通俗点就是你首先有了一个想法（策略），比如“追打开涨停板的新股能否带来不错的收益”；然后你去把所有新股上市后的数据找出来，样本尽可能多，时间尽可能久，并对数据进行深度加工，比如把一些不具备共性的“野值点”给剔除掉，加工成可以使用的样子；第三你要懂计算机编写程序，把这些数据输入程序中，跑一跑程序看看结论是否支持你最初的想法，如果支持，那就看看怎么修改程序使业绩更好（比如小盘股打开涨停有可能比大盘股打开涨停后的利润空间更大），如果不支持那就需要换一个策略；最后就是当策略验证有效成型后，在实操中严格执行该策略，比如当有小盘股打开涨停板后就“无脑”挂买单买入。

当然，一个策略在过去一段时间中有效，并不一定代表未来一定有效，因为市场环境的变化是不可预测的。特别是在策略参数的调整过程中，常常会出现过度优化的情形，即回测的数据越完美，最后实盘起来反而效果越差。可谓“回测美如画，实盘稀里哗”。

不过回测有效毕竟能说明一定问题，总是比无效要强很多。而且有一些策略是有内在逻辑在里面的，比如笔者测试过新股上市后在大股东解禁前后的表现，就发现这些股票在这个时间段是有明显超额收益的，其内在逻辑就是大股东的股票马上就可以减持了，他是有动力去做一些资本运作，发布一些利好消息来提升股价的，谁不想把自己的股票卖个好价钱呢。如果内在逻辑说得通，数据和程序测试也支持，那就有可能是一个有效的策略。

不过任何一个策略都是有一定容量的，当资金量过大或者使用这个策略的人过多，就有可能失去效果了。这时候就需要去寻找新的想法（策略）。

有的人甚至把几十上百个策略因子结合起来，不断地优胜劣汰，让自己的量化策略不断进化，争取立于市场的不败之地。近年来还有人将深度学习的方法应用到量化投资上，做了一些更新的尝试。

4.3.2 量化名词

这些玄妙的名词之间的含义是相互有所交叉的，我们不妨用通俗的语言来解读一下：

（1）阿尔法收益（α）：超额收益，指某个策略超过市场平均水平（比如沪深 300 指数）的收益。

（2）贝塔收益（β）：市场收益，也叫系统性收益，通常可以把沪深 300 指数的收益和波动理解成贝塔收益和贝塔风险。

（3）量化对冲：就是通过量化策略，获得更多的阿尔法收益，同时利用一些对冲手段（比如期货、期权等），把贝塔风险给剔除掉，这样组合的业绩就和大盘的涨跌无关了，只与自身量化策略的优劣有关。比如 2014 年上半年，很多量化对冲基金都是重仓小股票，然后用股指期货做空沪深 300 指数（大盘股），由于小票持续跑赢大盘，这些组合获得了非常丰厚的阿尔法收益。可是到了 2014 年底，大盘股突然暴涨，这些组合的股指期货空头纷纷爆仓，而小股票又“满仓踏空”，导致组合的回撤幅度非常大。

说白了，量化对冲策略的核心还在于你的多头策略部分，能否持续战胜你做空的市场指数。如果有一个组合在 2014 年底，或者 2017 年全年，做多大盘股，同时放空中证 500 股指期货（中小股票），那就能赢利不少。

（4）量化套利：量化套利和之前所说的传统策略无关。它主要关注市场上各种投资标的是否能出现好的套利机会，一旦出现，立马程序化自动操作，获得这部分无风险收益。比如说 ETF 套利，LOF 基金、分级基金套利等，就是当这些基金的交易价格和单位净值出现较大偏离时，通过快速的买卖和申赎操作，获取这部分价差收益，比如可转债套利，就是当可转债的转股价值和对应的正股价格出现偏离时，迅速买入可转债，次日转股并卖掉股票，获得价差收益。这些套利机会都是瞬间出现的，需要你有编写好的程序实时监控，甚至当这些机会出现的时候就可以自动化操作。

（5）算法交易：一般用在优化下单。因为市场冲击成本的存在，对于下单手数庞大的策略，需要通过算法优化下单策略，降低下单的总成本。常见方法比如 twap（时间加权均价），vwap（成交量加权均价）。

（6）高频交易：只要是交易频率很高的投资方法都可以这么叫，以前按分钟线来决策交易就叫高频，现在有可能是秒级别，tick 级别（每秒两条），但前提有两个：一是你的系统速度跟得上，二是频繁交易的成本你扛得起，通常高频交易策略的手续费佣金等比利润还高，当然，利润本身就有可能是非常惊人的。2015 年著名的“伊士顿高频交易案件”中，几个俄罗斯人，注册了一个皮包公司，以 700 万元的初始资金，通过高频交易，非法获利 20 多亿元，而据说其平均下单速度达每 0.03 秒一笔。

（7）程序化交易：字面意思就意味着你利用程序进行交易。具体的交易时机，交易仓位，止损止盈标准可能包含在程序本身，也可能独立于程序之外，程序本身只是执行的方式。与程序交易对应的是人工交易。一般利用程序交易有几大优势，比如说较快的速度，脱离了人为情绪的影响，执行力有保证等。

（8）统计套利：统计套利是套利交易的一种，意味着通过历史数据统计来发现套利机会并试图从中获利。比如历史上玉米与大豆的价格比率（玉米价格除以大豆价格）一直维持在某个区间，假设这个区间为 1 到 5。以往的历史数据显示至今为止只有两次玉米与大豆的价格比率突破了 5，而且在突破后迅速回落至正常的区间。现在市场上玉米与大豆的比率突然再次突破了 5 达到了 6，作为统计套利者，你很可能就会想要卖出这个比率（卖玉米买大豆），期待比率迅速回归正常区间。如果比率真的迅速回落到 4 或 3，这时你再平仓（买回玉米卖出大豆）就可以获得可观利润。

4.3.3　公募量化怎么玩

1. 指数基金投资

大部分的公募基金公司都会有量化投资部，但是做的事情可能很不一样。如果以主流公募基金来做参考，在早先几年，量化投资部做的主要工作是完成指数基金的投资，首要任务是跟踪好基金对应的标的指数，尽量减少跟踪误差。如果能在跟踪误差很小的情况下再创造一些交易量出来，那就是超额完成任务了。在这个阶段，实际上并不涉及以创造超额收益为目的的量化投资。

知识点 4.1　基金交易量

跟散户买卖股票时一样，基金公司的产品在投资交易的时候，也涉及使用券商席位并产生交易量佣金的事情。这些佣金是券商的收入，对散户来说这是成本，对基金公司来说，这些不可避免的成本却可以跟券商换取更多的服务，比如券商研究员更优质的股票推荐服务，比如证券公司对基金销量的支持等，所以基金交易量是基金公司非常重要的资源。

2. 指数增强投资

在最近几年的发展中，基金公司量化投资部门将越来越多的精力放在了创造超额收益这件事情上。有的基金公司成立了一些靠量化策略增强的指数基金。目标是标的指数收益 + 增强收益，比较早的像富国基金，最近几年脱颖而出的景顺长城、华泰柏瑞、建信、创合金信、长信等基金公司等，如表 4-2 所示。

表 4-2　优秀的量化增强指数基金（2017）

代码	简称	成立日	成立以来超越基准（%）
000311.OF	景顺长城沪深 300	2013-10-29	70.93
050002.OF	博时裕富沪深 300A	2003-08-26	155.59
100038.OF	富国沪深 300	2009-12-16	55.50
163407.OF	兴全沪深 300	2010-11-02	67.31
110030.OF	易方达沪深 300 量化	2012-07-05	79.32
161017.OF	富国中证 500	2011-10-12	51.08
000312.OF	华安沪深 300 量化 A	2013-09-27	25.66
003876.OF	华宝沪深 300	2016-12-09	13.12
002906.OF	南方中证 500 增强 A	2016-11-23	14.61
002315.OF	创金合信沪深 300C	2015-12-31	12.50
003646.OF	创金合信中证 1000A	2016-12-22	15.11

3. 主动量化

还有一类量化基金以量化选股、量化择时等策略为手段，进行主动的选股和投资。名字中通常带有“量化”“多因子”“大数据”等字眼，如表 4–3 所示。

表 4–3　优秀的主动量化基金（2017）

代码	简称	成立日	成立以来超越基准（%）
000172.OF	华泰柏瑞量化 A	2013–08–02	68.17
519983.OF	长信量化先锋 A	2010–11–18	99.84
460009.OF	华泰柏瑞量化先行	2010–06–22	56.95
000978.OF	景顺长城量化精选	2015–02–04	40.03
360001.OF	光大核心	2004–08–27	130.95
233009.OF	大摩多因子策略	2011–05–17	113.20
163110.OF	申万菱信量化小盘	2011–06–16	138.90
630005.OF	华商动态阿尔法	2009–11–24	59.06
229002.OF	泰达宏利逆向策略	2012–05–23	102.31

4. 量化对冲

2010 年 4 月，证监会发布《证券投资基金参与股指期货交易指引》，公募基金可以参与股指期货，这就为对冲提供了工具，虽然该工具的有效性跟股指期货升贴水水平息息相关，但至少是能做对冲这件事了，如表 4–4 所示。

表 4–4　优秀的量化对冲基金（2017）

代码	简称	成立日	成立以来超越基准（%）
000754.OF	华宝量化对冲 C	2014–09–17	16.988742
519062.OF	海富通阿尔法对冲	2014–11–20	23.947380
001073.OF	华泰柏瑞量化收益	2015–06–29	3.507000
000844.OF	南方绝对收益策略	2014–12–01	12.929742
000414.OF	嘉实绝对收益策略	2013–12–06	10.926090

整体来看，公募的量化对冲基金的效果并不好。一方面公募基金参与股指期货有限制：基金持有的买入股指期货合约价值不得超过基金净资产净值的 10%，基金持有的卖出期货合约价值不得超过基金持有的股票总市值 20%（个别基金有特批）。另一方面也与股指期货 2015–2016 年长期贴水有一定关系。如果股指期货的贴水能有大幅度改善，我相信这类基金还是有一定成长空间的。

另外有一些基金公司开发了量化对冲专户产品，由于业绩并不公开，对一般投资者门槛较高，比较神秘，此处就不多做介绍了。

4.4 定增基金

4.4.1 什么叫定向增发

定向增发是指上市公司向符合条件的少数特定投资者非公开发行股份的行为，规定要求发行对象不得超过 10 人，发行价不得低于定价基准日前 20 个交易日市价均价的 90%，发行股份 12 个月内（认购后变成控股股东或拥有实际控制权的 36 个月内）不得转让。

1. 市场主要融资手段

股票市场的基本职能之一是企业融资。其中，一种是首发融资：IPO 上市，另外一种是再融资：定向增发和配股。在这几种融资方式中，定向增发是运用最为普遍的，2016 年 A 股市场增发募集资金规模突破 17000 亿元，规模是相当之大的。但是 2017 年监管层对于定增的监管越来越严格，发行规模也在逐渐放缓，如图 4-3 所示。

●图 4-3　A 股增发 A 融资情况（2006-2017）

2. 折价率与锁定期

定向增发的价格一般都比市价要低，只看规定可能以为只是打 9 折就完事了。但问题就出在这个 9 折是在定价基准日的基础上往前去算出来的，而这个定价基准日可以是董事会决议公告日、股东大会决议公告日、发行期首日任意一天（这三个日子有前后顺序）。如果以董事会决议公告日为基准日（此类最多，假设当日股价 10 元）算出来定增价 9 元，但是定增方案公告出来一旦是利好事项，股价立即就会上涨，真到了发行日，有可能股价已经涨到了 12 元。这样一算，实际并不是 9 折，而是 75 折（折价率 25%，1−9/12）。

而定增项目一般都会有一年或者三年的锁定期。既然股价给你折扣了，如果没有锁定期，你直接到二级市场上卖掉不就可以瞬间套利，但这是不现实的。当然，如果定增价格比二级市场价格还高（不是没有这种可能），那么定增得到的股份是可以没有锁定期的（仅限创业板）。

3. 机构玩家的竞技场

定向增发是基本不对散户开放的，不是像打新股一样，随便谁都可以去碰碰运气。这主要有两个原因：

（1）《上市公司证券发行管理办法》规定，定向增发对象不得超过 10 名，基本在上市公司拿到批文以前，主要参与人基本都已经获知消息并准备报价了；

（2）定增报价是按份儿来的，一份儿的初始规模动辄上亿，估计散户是没有这个能力的。

参与机构基本是上市公司的股东公司、公募基金、私募基金、保险、信托、财务公司或者各种类型的资管产品。偶尔可以看到一些个人投资者，这主要是上市公司个人股东或者利益相关人，如果上市公司员工想参与进来，则会通过设立一个员工持股计划资管产品来参与。

如果普通投资者想参与定增，怎么办呢，这时候定增基金就应运而生了。

4.4.2 定增投资的收益来源

1. 折价收益

A 股市场定增折让均值在 15%−20% 之间。2010 年之前，定增的折价率通常在 25%–30% 之间；2010 年以后，折价率降低至 15% 左右。很多优质公司的定增折价不到 10%，所以需要对定增项目仔细甄别，如图 4–4 所示。而 2016 年之后出现了一些平价甚至溢价的定增项目，这让人摸不着头脑。探讨背后的原因，除了项目抢手之外，很有可能是上市公司大股东对定增收益进行了一定的承诺，一些参与机构把项目当成类固定收益去参与，也是有可能的。

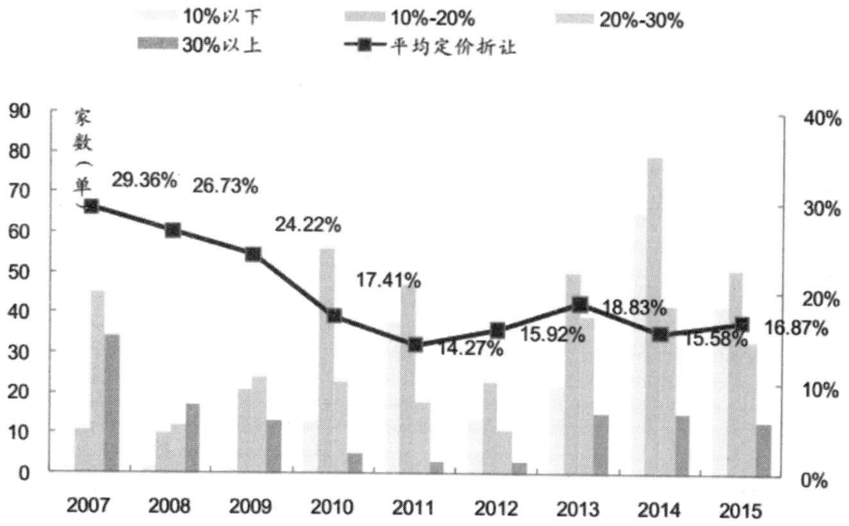

• 图 4–4　历年定增折价情况（2007–2015）

2. 成长收益

从历史统计当中我们可以看到，也并非任何行业、任何股票的定增都一定是赚钱的，破发也是常见的显现。根据统计，非银金融、传媒、计算机等高成长性行业定增收益率超 100%，而传统行业定增收益平均在 20% 左右，选股重要性便可凸显。

3. 择时收益

做过一个统计：3500 点定增平均收益 40% 左右，且项目正收益占比为 75%；4000 点平均收益不足 20%，项目正收益占比不足 50%；点位越低，获利越大。点位越高，当“接盘侠”的可能性就越大。

令人痛苦的是，2015 年牛市当中发行的一些定增项目，大多都在股灾之后跌破了增发价，把大股东，各类机构全部都埋了进去。在市场面前，“庄家”说了也不一定算。不过在定增破发危机的背后，也有人研究了掘金机会，那就是在定增项目背后的行为驱动机会。

4. 行为驱动收益

定向增发完成后，特别是大股东和管理层等参与的定增，上市公司会更加关注其股价与市值表现，通过与资本市场保持准确及时的信息沟通，更积极地进行市值管理。

所以，如果定增的股票跌破了增发价，且公司基本面没有恶化，上市公司是很有动力把股价“做”回去的。从历史数据来看，在定增个股股价首次跌破增发价格 20% 以后买入，6 个月可获得 5.6% 的超额收益；在定增个股股价跌破增发价格 30% 以后买入，安全边际更高，6 个月可获得 10.3% 的超额收益（中金公司 2016 年 3 月份报告）。

预案公告日也是一个刺激股价的时点。当上市公司发布定增预案后，市场常常会以股价上涨给予肯定，如图 4-5 所示。

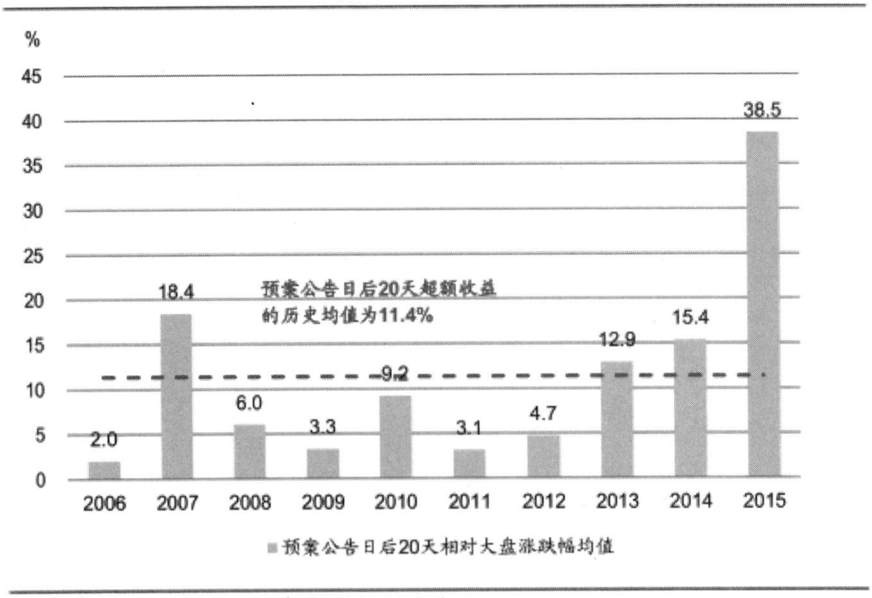

资料来源：万得资讯，中金公司研究部

• 图 4-5　定增预案公告日后的股价表现统计

再有就是解禁日效应。通过对 2011-2015 年的数据研究分析，发现每年上市公司定增解禁上市后均大幅跑赢对应时间区间内沪深 300 指数，而且在解禁后 60 日和 120 日均价卖出均取得正收益。要知道这五年可是一个完整的牛熊周期，这说明解禁日效应还是有效的。

4.4.3 定增基金的作用

（1）降低门槛。把投资者参与定增的门槛从上亿元变成了 1000 元甚至更低。

（2）组合投资。一个定增基金可以投很多项目，分散投资，降低产品波动率和风险暴露。这是原来以通道项目为主的定增资管产品所不具备的优势。

（3）专业管理。说实在的，定增这个市场难度很大，上市公司股东、上市公司、投行、机构投资者之间的关系错综复杂，各种关键信息也绝对不会进入普通投资者的耳中。特别是对于上市公司大股东动机的判断以及上市公司本身质地的考量，都非常重要，这就需要极其专业的团队进行管理。

4.4.4 封闭期与上市交易

由于定增项目都有一年或者三年的锁定期，对定增基金而言，也同样要有一定的封闭期才行，保证基金的期限能够覆盖股票的锁定期。

定增基金以 3-5 年的封闭期为主流，这样可以做 2-4 轮一年期定增（考虑到中间参与退出都需要时间），甚至参与 3 年期定增。也有一些封闭期为 18 个月或者 2 年，这样可以参与 1 轮定增。

而基金一旦封闭，上市交易便成为一个比较自然的需求。毕竟 3 年时间太长，上市交易可以为老投资者提供退出渠道，也能为后续投资者提供参与机会。

据不完全统计，定增基金的封闭运作周期从 18 个月、2 年、3 年、5 年均不在少数，如表 4-5 所示。

表 4-5　目前运作中的定增主题基金（截至 2016 年底）

基金代码	证券简称	基金成立日	份额 / 亿元	运作周期 / 月
501001.OF	财通多策略	2015-07-01	26.31	18
168101.OF	九泰锐智定增	2015-08-14	3.60	60
168102.OF	九泰锐富事件驱动	2016-02-04	6.26	60
501015.OF	财通多策略升级	2016-03-09	46.47	18
160518.OF	博时睿远定增	2016-04-15	22.96	18
165528.OF	信诚鼎利定增	2016-05-24	12.17	18
161232.OF	国投瑞银瑞盛	2016-05-25	15.85	18
501017.OF	国泰融丰定增	2016-05-26	11.16	18
160519.OF	博时睿利定增	2016-05-31	6.71	18
161727.OF	招商增荣	2016-06-03	12.11	18
167001.OF	平安大华鼎泰	2016-07-21	13.19	18
161834.OF	银华鑫锐定增	2016-08-01	16.22	36
168103.OF	九泰锐益定增	2016-08-11	22.44	60
160522.OF	博时睿益定增	2016-08-19	6.84	18
160921.OF	大成定增	2016-08-19	10.06	24
168104.OF	九泰锐丰定增	2016-08-30	8.84	24
160421.OF	华安智增精选	2016-09-13	13.08	18
501026.OF	财通多策略福享	2016-09-18	45.84	18
160642.OF	鹏华增瑞	2016-09-20	8.06	24
167002.OF	平安大华鼎越	2016-09-20	6.73	20
168105.OF	九泰泰富定增	2016-09-26	3.36	60
160722.OF	嘉实惠泽定增	2016-09-29	32.72	18
165317.OF	建信丰裕定增	2016-09-29	6.41	24
501022.OF	银华鑫盛定增	2016-10-14	11.06	24
501028.OF	财通多策略福瑞	2016-11-22	30.82	18
169201.OF	浙商汇金鼎盈定增	2016-12-07	2.27	18

封闭式基金一旦上市，就会涉及折溢价的问题，定增基金也不例外。仅从基金公司公布的净值和基金二级市场交易价格来看，大多数定增基金都是折价状态，这并不难理解，毕竟这是换取流动性所必须要付出的代价。从这一点来讲，与其参与定增基金的发行认购，不如在其上市以后通过二级市场买入。

4.4.5 特殊估值法与隐含折溢价

定增股票的估值有特殊规定，即如果定增股票市价低于定增价格，则按照市价估值；如果定增股票的市价高于定增价格，要按照市价进行一定的比例折算后进行估值，也就是将盈利在剩余锁定期内进行摊销，计算公式为：

用于净值计算的股价 = 定增价 +（市场价 − 定增价）×（锁定期总交易日数 − 剩余的交易日数）/ 锁定期总交易日数。

例如：假设某只定增基金以 10 元的定增价格拿到了 A 股票，项目期限为一年（250 个交易日），若第 10 个交易日该股票的市价为 15 元，那么这 5 元的利润不会全部体现在该日的基金净值中，用来估算基金净值的 A 股票价格为 10+（15−10）×（250−240）/250=10.2 元。

相反，如果第 10 个交易日 A 股票的市价为 8 元，则这 2 元的亏损则要计入当日的基金净值，用来估算基金净值的 A 股票价格就是 8 元，不用摊销。由于定增基金这种特殊的估值规则，所以投资者感觉市场上涨时定增基金涨得慢，下跌时却跌得快。

有一些比较有心的投资者发现了这一点，便自己动手计算定增基金如果完全按照市价去估值，计算出来的净值会怎么样，并把这个净值称之为隐含净值。那么二级市场价格和隐含净值的差别便是隐含折溢价。

显而易见，隐含净值一定是比基金公布的净值高的，特别是已经仓位很重，拿到很多票的定增基金，隐含净值和公布净值之间的差别会更高，与此同时，该类定增基金的二级市场价格也会更高。通常来讲，这类基金的普通折价水平会小，因为投资者会为它更高的隐含净值付出更多的二级市场价格，而如果一个基金的仓位很轻，那么它的二级市场价格就会很低，折价看起来就更大一点。

所以，定增基金的折溢价水平并不一定能够真正体现投资价值高低，要结合持仓去做估计。

至于如何计算定增基金的隐含净值，由于篇幅限制这里不再赘述，感兴趣的投资者可以搜索“定增基金隐含折价率”，会有很多投资发烧友的文章和数据供大家参考。

细心的投资者还会发现，有些定增基金并不守规矩，比如招商增荣和鹏华增瑞，投资者发现在它们2016年3季度的重仓股中竟然无一是定增股票，这个与发行时宣传的内容有相悖之处。所以投资者在研究定增基金的时候，每个季度公布的持仓一定要关注。

4.4.6 定增基金“老司机”

1. 财通基金

财通基金是整个行业公认的“定增王”。2011年成立后一直也没有特别明确的发展方向，从2013年开始专注于定增业务，从专户产品通道业务开始，一点一点做大，截至2016年，累计发行了1600余只产品，总规模近1800亿元，拥有近1400亿元的定增投资经验，经历了两轮完整投资周期，成为定增市场主动管理投资的领军者。

一开始传统的大基金公司都瞧不上财通做的通道业务，认为只是帮一些机构做通道报价拿项目，没有技术含量。但是当财通基金积累的客户越来越多，参与的上市公司项目越来越大，它慢慢地就变成了资金和定增项目的集散地，上市公司有项目会找它路演，资金方想投资会找它要项目，逐渐的它就从一个简单的通道方变成了有话语权的主动管理机构。所以财通发行的主动管理的定增基金，市场也是非常认可的。从中可以看出，财通系列的定增基金规模是市场最大的。

2. 九泰基金

九泰基金的全资股东是国内PE巨头——九鼎投资，密切跟踪逾10000家企业，其中已投300家，掌握了大量的并购资源。所投资企业中已上市和挂牌的超过60家，直接掌握大量并购运作平台资源。九泰基金与九鼎投资在定增市场协同作战，由九泰基金募资进行定增投资后，协同股东九鼎投资强大的资源优势和资本运作实力，积极推进上市公司并购重组、产业整合，为上市公司的中长期发展提供持续动力。

例如，在众信旅游的案例中，九鼎投资协助企业收购了一家地中海旅游俱乐部 Club Med 和竹园旅游，为企业外延扩张提供支持，促进了众信旅游股价大涨。2016 年 6 月，还成立了国内公募行业的首个定增投资中心，正好能匹配一二级市场的需求，带来明显的一二级市场联动效应。

从实际效果来看，九泰基金出品的九泰锐智恐怕是市场上业绩最出色的定增基金之一。成立两年多以来，收益率高达 14%（Wind 数据，2018 年 1 月 5 日），如图 4-6 所示。

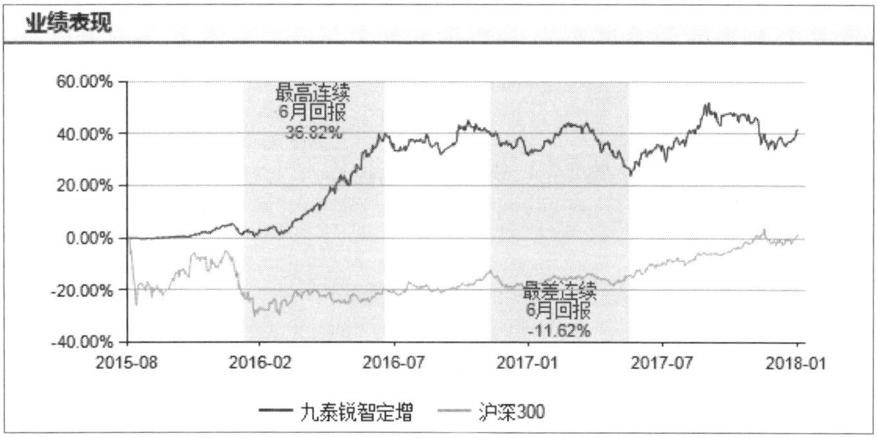

• 图 4-6　九泰睿智成立以来净值表现（截至 2018 年 1 月 15 日）

4.4.7　减持新规对定增基金的影响

2017 年 5 月 27 日，证监会发布了《上市公司股东、董监高减持股份的若干规定》，这一减持新规限制了 3 种人：持股 5% 以上的大股东、大股东之外持有 IPO 股份或非公开发行股份的特定股东、董监高（董事、监事、高管）。对于通过非公开发行股份即定增方式获得的股份，股东限售期解禁后通过集合竞价减持 12 个月内不得超过 50%。这就直接影响到了参与定增的公募基金。最直接的影响就是定增基金持有的股票还没来得及完成减持变现，产品却到期了，如何兑付将成为问题。是继续延长封闭期，还是等待证监会进一步的政策，这都具有不确定性。

定增股减持时间拉长的情况下，对定增基金的具体影响程度与基金定增仓位高低和封闭期长短有关。市场上 18 个月为主的封闭期较短的高仓位定增基金将受到较大影响，由于封闭期只有一年半，拿在手里的一年期定增项目很可能解禁以后无法全部完成减持从而造成流动性风险，如果封闭期进一步延长，其场内交易价格的折价水平也会相应扩大。对于 3 至 5 年封闭期较长的定增基金，基金经理减持股票的腾挪空间更大，到期后的赎回压力会更小，当前折价的压力也会更小。

但是无论如何，减持新规之下，基金公司发行管理新的专门以定增为策略的公募基金，难度仍在加大，所以如何从市面上现存的公募基金当中挖掘投资机会，成为广大投资者应该关注的事情。

4.5 保本（避险策略）基金的轮回

4.5.1 保本（避险策略）基金的辉煌历史

在 2015 年股灾后到 2016 年初这半年多的时间，保本基金在其生命历程中绽放出了最为绚烂的火花，发行规模屡次刷新纪录，而正当它席卷着市场上各路机构、大小散户的钱准备大干一场的时候，却被证监会一道令箭直扼喉咙，辉煌戛然而止，新产品很难再问世，老产品到期纷纷转型。

从统计中我们可以看出保本基金发行最为疯狂的那几个月，每个月都有 300 亿 –400 亿的保本基金发行成立，这还不算上老基金到期持续营销，股灾对投资者风险偏好的杀伤力可见一斑，如图 4-7 所示。

而监管机构当然也不傻，看到如此之大的发行量后对保本基金进行叫停，必然也是有原因的，这还要从保本基金的来龙去脉说起。

关于第一只保本基金，市面上普遍流传的版本是 2003 年发行成立的南方避险增值。这确实是中国基金历史上第一只使用 CPPI 保本策略的基金，而且创造了业绩的辉煌，成立以来回报超过 400%，年化收益超过 12%（截至 2017 年底），不仅远远跑赢沪深 300 指数，波动性也要好很多，堪称保本基金经典之作。

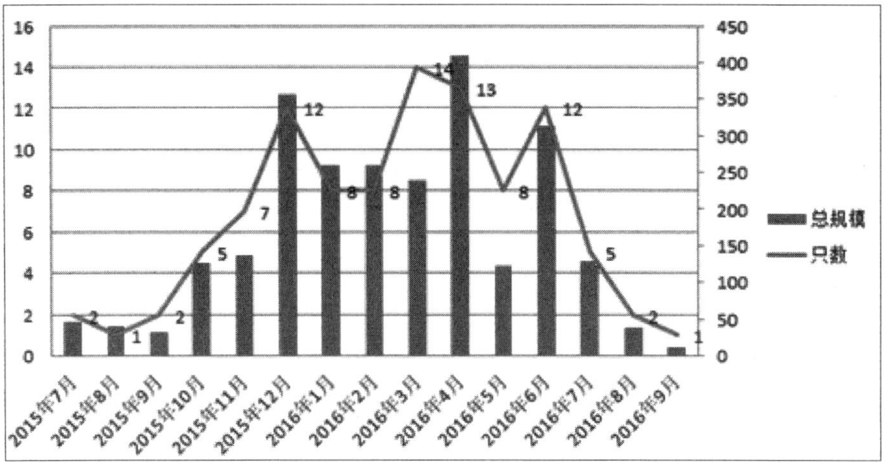

●图 4-7　保本基金发行密集期情况（2015.7—2016.9）

但这只基金的保本还只是属于策略保本，而且名字中也没有提到“保本”二字。市场中第一个使用“保本”二字的基金是 2004 年成立的银华保本增值，这只基金不仅使用了保本策略，而且引入了担保公司担保机制，为基金的保本承诺进行了双保险。自此以后，市面上的保本基金基本沿用了这种方法，如图 4-8 所示。

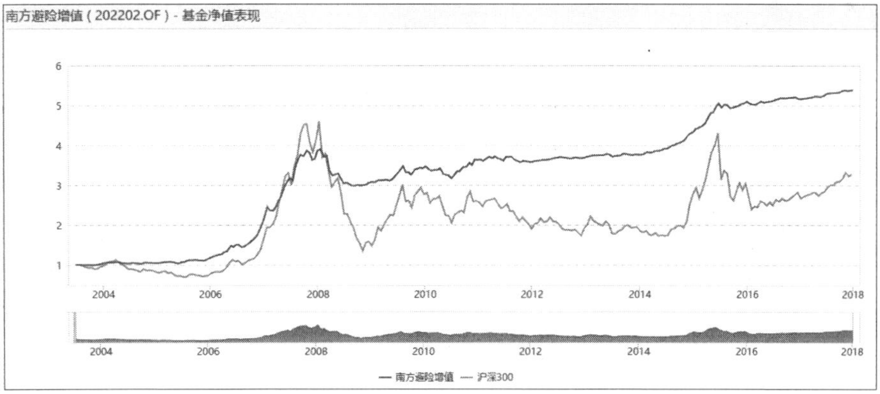

●图 4-8　南方避险增值净值 VS 沪深 300（截至 2017 年底）

不得不说，保本基金在双保险机制下，一直发展的比较顺利，业绩也相当不错，得到了投资者的广泛认可。如果按照年份去统计，那么保本基金基本达到了熊市保收益，牛市博反弹的目标，如图 4-9 所示。

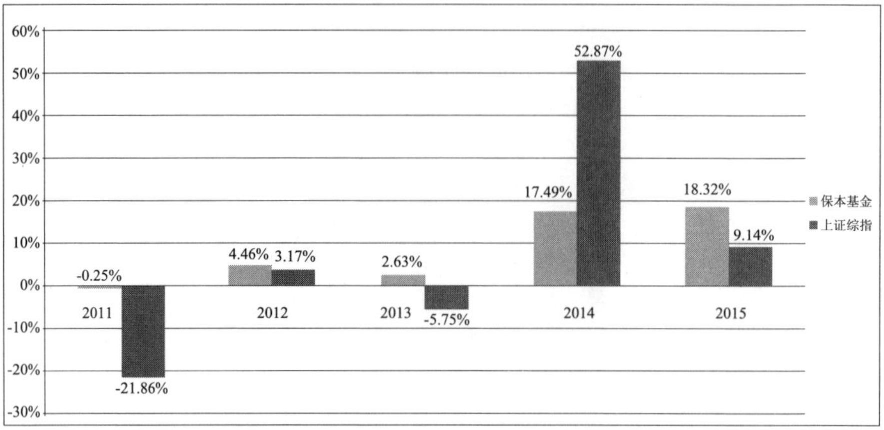

• 图 4-9　保本基金与上证指数收益率对比（2011-2015）

4.5.2　保本（避险策略）基金到底如何保本

那么监管机构为什么要紧急刹车呢。还得从保本基金到底如何保本说起。

第一层保本机制，策略保本。这里以最常用的 CPPI 策略为例，它的成功有两个前提，一是投资的债券必须到期还本付息，不得违约，这样才能保证基金到期以后是不亏钱的；二是投资的债券到期收益率应尽可能高，这样才会有更厚的安全垫留给股票仓位以期牛市来临时取得超额收益。记住这两个条件，我们后面会继续进行分析。

知识点 4.2　什么是 CPPI 策略?

CPPI 英文全称为 Constant Proportion Portfolio Insurance，直译过来就是恒定比例投资组着保险策略。举个例子，假设你手中有 100 元本金，希望到期保本，也就是至少要拿回开始的 100 元，按照 CPPI 策略，需要做如下操作。第一步：为保证本金安全，购买市场上一只国家背书的可靠债券，价格 95 元，两年后到期还本付息 95+5=100 元。这 95 元就是价值底线。第二步：剩下的 5 元用于投资股票，这 5 元是安全垫。

第一个保本期结束后，如果股票增值至 10 元，本金拿回 100 元，那么资产一共增至 110 元。进入第二个保本期时，如果债券市场利率不变，保证本金 100 元的情况下，投资股票的资产（即风险资产）可以达到 15 元。

这就是 CPPI 策略。而 TIPP 策略只是对 CPPI 策略的一个改进，就是第二期的时候，对本金的保障水平要高于 100 元，相当于把股票浮盈兑现一部分，这里就不展开论述了。

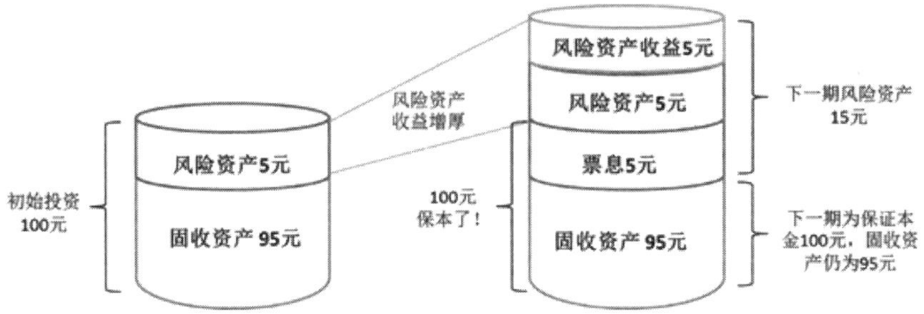

再说第二层保本机制，担保机构保本。保本基金在发行的时候都会宣传对应的担保机构，发行的额度多少也与基金公司和担保机构的净资产有关系。投资者的申购金额，申购费以及申购期间的利息，都被纳入保障范围，听起来确实不错。

4.5.3 保本（避险策略）基金背后的风险

如果保本基金规模没有疯狂扩张，这两项保本机制一直运行的还不错。但是 2015–2016 年保本基金规模扩张得实在是太快，导致累积的风险也在加大。

1. 针对策略保本机制

先说第一个条件：债券不违约。债券市场在 2015 年之前，几乎是不需要信用评级的，基本没有违约，全部刚性兑付。偶尔有几只股票出问题，但最后也都足额兑付了。但是到了 2015 年，这种局面开始被打破，特别是进入 2016 年，债券违约开始频繁，几乎每周都有出问题的债券，一时间原来不受待见的信评人员，薪资价位都水涨船高。

经济转型期，一些企业出现问题是不可避免的，即使你是国企，即使你曾经被评级为 AAA，说违约也就违约了。所以作为保本基金底仓的债券，风险也比原来大了许多，基金到期保本的风险也同样比原来大了，因此证监会的新规定要求保本基金要把绝大多数资金投资到存款和利率债上面，以保证到期时产品的安全性。

再看第二个条件，就是债券的到期收益率能否给基金产品提供足够大的安全垫。以保本基金成立最为密集的 2016 年上半年来看，由于经历了两年多的债券牛市，AAA 级的企业债收益率已经降到了 3.5% 左右的水平，利率债则更低。如果以一年 3% 的收益来计算，三年期的保本基金只能提供不到 10% 的股票增长空间，两年期的只有 6%。这点儿股票仓位能够给保本基金带来的预期超额收益是非常有限的。

不赚钱或者赚得少还是其次，更恐怖的是，一旦债券市场走熊，利率开始上升，债券部分的亏损将直接计入净值。不幸的是，这件事情就在 2016 年 12 月份真的发生了，债券市场在 2016 年底突然暴跌，导致很多保本基金损失惨重，2016 年 3 季度发行的保本基金几乎全盘皆没。

除了债券风险，2015 年成立的一些保本基金，在 2016 年初股市连续出现熔断的情况下，也出现了净值跌破 1 元的情况。这些净值跌破一元的保本基金，在它未来的运作过程中，想要再有特别出彩的表现，机会已经非常小了，因为安全垫一旦被侵蚀，想要做回来是非常困难的。从历史情况看，一些刚成立安全垫就受损的保本基金，在到期时大概率净值也就是在 1 元出头的样子。

2. 针对担保机制

担保机构真的担得起吗？这个问题是存疑的，这一风险证监会、基金公司、担保机构心里都明白，只有投资者不清楚。虽然保本基金到期亏损会有担保机构出资补偿的情况，历史上从未出现过，但在 2016 年前后保本基金规模暴涨以后，这一机制累积的风险却是越来越大了。

根据证监会的说法，保本基金的担保机制分为两种，一种是买断式担保，就是基金公司实实在在付给担保公司一个保费，基金到期一旦亏钱，担保公司要自己掏钱赔付；另一种是连带责任式担保，说白了就是担保公司为基金产品进行担保，而基金公司对担保公司再做一个反担保，如果到时候真要赔钱，最终是由基金公司自己出。

在这个过程中，担保公司只是当了一个通道，为基金产品做了一个增信而已，当然收费也便宜一些，而所有的风险还在基金公司自己身上。现实情况是，几乎所有的保本基金，用得都是连带责任式担保，一旦保本基金亏损导致基金公司进行巨额赔偿，从而引发连锁风险，后果也很严重。

正是由于上述原因，证监会目前已经暂停了使用连带责任担保机制保本基金的注册工作，并且发布指导意见，对保本基金的发行条件、投资策略进行了严格的限制，比如保本基金新规中“明确基金管理人管理的保本基金，合同约定的保本金额乘以相应风险系数后的总金额，不得超过基金管理人最近一年经审计的净资产的 5 倍”。这比原有规定的 30 倍规模限制大幅缩水。

如果按照修订后的保本基金规定，已经有不少基金公司存续保本基金规模超百亿，远远超过了 2015 年底净资产的 5 倍，意味着保本基金新规一旦实施，这些基金公司将不能再发新的保本基金，而且到期的保本基金将无法继续运作，不得不转型为非保本型基金，或者清盘。从实际情况来看，保本基金的申报和发行基本停止了。

4.5.4 避险策略基金新规

2017 年 2 月 10 日，证监会发布了一份《关于避险策略基金的指导意见》，规定保本基金要更名为“避险策略基金”，并提出了以下要求。

（1）取消“连带责任担保机制”，在基金到期时，若份额净值低于基金合同约定的投资本金，保障义务人负责向基金份额持有人补足差额。保障义务人（俗称担保机构）在向基金份额持有人补足差额后，无权利向基金管理人追偿。

（2）担保机构必须是规定符合条件的商业银行、保险公司，其注册资本不低于 5 亿元，最近 1 年经审计的净资产不低于 20 亿元；其为避险策略基金承担差额补足责任的金额，和对外提供的担保资产规模合计限定为不得超过上一年度经审计的净资产的 10 倍。这一条一出，基本上就不会再有担保机构为保本基金提供担保了。

（3）相关存续保本基金到期后，应当调整基金名称、转换保本保障方式，估计很多保本基金可能选择不存续。

（4）投资策略中的“稳健资产”被更加细化，包括信用等级在 AAA

（含）以上的债券、信用等级在AAA（含）以上的非金融企业债务融资工具等，并且稳健资产投资比例不得低于基金资产净值的80%。风险资产中，投资于权益类资产的，投资金额不得超过安全垫的3倍。

在新规之下，原先传统的保本基金将不会再有，取而代之的则是“避险策略基金”，从投资策略上还是原来的策略，只不过其“保证”的含义要被弱化，担保机构也很少会有了。

4.5.5 避险策略基金投资技巧

虽然保本基金经历过野蛮生长后，存在一些问题，即将退出历史舞台，但是它作为一种避险策略，其巨大的投资价值仍旧是低风险偏好投资者需要关注的。不排除后续基金公司会在避险策略基金上再次发力。

1. 再无保本，只有避险策略

以前的保本基金，只有在新基金发行期，老基金到期后转换下一期的过渡期购买，而且是必须持有到期才可以保本，中间进出是不保本的。保本周期一般在2-3年，个别会有1-1.5年期产品。

在保本基金新规发布以后，无论什么时候购买这类基金，投资者都无法得到保本的承诺了。但是CPPI、PPPI等保本策略依旧可以正常使用。预计老的保本基金到期以后，一部分基金公司会选择清盘，一部分会选择转型为其他类型的基金，一部分会继续使用避险策略来运作基金。投资者需要关注公告。

2. 推荐几家“老司机”

市场上保本（避险策略）基金运作经验丰富，业绩优良的公司有很多，这里简单列出几家，仅代表个人观点。南方基金、银华基金、华安基金、建信基金、招商基金、国泰基金、金鹰基金、兴全基金、长盛基金等，这些公司要么是在保本（避险策略）基金运作上颇有建树，要么是在固定收益领域相当出彩，都可以作为投资者的选择。

3. 运作期间申购赎回会怎样

老的保本基金运作期间赎回，和普通基金赎回是一样的，按照赎回日的净值来计算。但是，保本基金的赎回费可是高得惊人，最高赎回费一般都在 1.5%–2% 之间，虽然随着持有期限变长会递减，但投资者一定要看清楚基金费率结构。

新的避险策略基金估计会沿用这种“惩罚式”赎回费的设计。

4. 跌破面值后买入是否会有套利空间

市场下跌，保本基金也可能跌破面值。部分投资者认为保本基金在周期运作结束后净值会回到 1 元面值以上，那么此时申购将会获得一部分无风险收益。

理论上，在保本基金净值跌破 0.95 元之后，已经接近“僵尸基金”，本身安全线的跌破将会使其需要卖出所有股票仓位，仅用持有的债券票息收益一点点垒回 1 元净值。想获取无风险收益，还至少要扣除 2% 赎回费后计算，相对来说，套利不如直接买入纯债基金。更何况以后的避险策略基金，将不会再有到期净值一定在 1 元以上的承诺了。

5. 投资三部曲

首先，尽量选择在债券收益率比较高的时间去参与。粗暴一点，当你发现银行理财收益率往上走了、网上出现债券市场下跌新闻、债券基金净值大幅下跌的时候，就可以考虑了。

因为避险策略基金投资债券主要是持有到期，买的时候收益率越高，留给股票投资的安全垫也就越高。未来上涨的空间也就越大。按照历史经验，2011 年、2013 年、2016 年的债市调整期，都是不错的介入时点。

其次，介入时也要同时看一看股票市场的点位，虽然股票市场的可预测性非常低，涨了很高可以再涨，跌了很多还会再跌，但是作为避险基金的参与者，一般风险偏好都是比较低的，如果能在股票市场低点介入，终归还是好的。就好比 2016 年初股市连续发生熔断，很多保本基金也不能幸免，直接跌破了净值，以后想翻身就非常难了。

最后，尽量选择大公司。比如管理规模排名前 30，老保本基金运作历史长，固定收益部名气大等。这一点可以参考上面推荐的“老司机”。

4.6 "绝对收益"基金

最后再用比较小的篇幅介绍一下所谓的"绝对收益"基金。

这种基金是近年来才出现的一个品种，尤其是股灾以后，这类基金也就有了发展空间。其实上面讲的量化对冲基金、打新基金，其实都是以绝对收益为目标。只不过这里说的"绝对收益"基金是以主动管理为主，以获得长期稳健收益为目标，并附带业绩提成的产品。

业绩提成？不是私募产品才有的东西吗？没错，这种基金就是公募中的私募。这种基金是一般基金公司和基金经理自己会认购，和投资者利益绑定在一起（发起式基金），同时优秀的基金经理可以从业绩提成（浮动管理费）中获得更大的激励，而不用整天想着"奔私"，而投资者可以以非常低的门槛参与到"私募"产品中，获得长期稳健的收益预期。

这里有一些不完全统计，但从实际效果看，这类基金的业绩仍有待考察，如表 4-6 所示。

表 4-6　部分绝对收益主题基金

基金代码	证券简称	基金成立日
000278.OF	融通通泽	2013/8/30
000414.OF	嘉实绝对收益策略	2013/12/6
000585.OF	嘉实对冲套利	2014/5/16
000619.OF	东方红产业升级	2014/6/6
000970.OF	东方红睿元三年定期	2015/1/21
000992.OF	广发对冲套利	2015/2/6
001117.OF	中欧精选 A	2015/3/18
001298.OF	金鹰民族新兴	2015/6/2
001511.OF	兴全新视野	2015/7/1
001890.OF	中欧精选 E	2015/9/22
002269.OF	银华大数据	2016/4/7
002655.OF	南方卓享绝对收益策略	2016/5/9
001728.OF	银华战略新兴	2015/8/27
001729.OF	银华逆向投资	2015/11/16
000904.OF	银华回报	2014/12/12

第5章

债券基金：王的逆袭

本章主要内容包括：

- 散户眼中的小众投资
- 债券基金分类
- 债券基金的收益来源
- 如何挑选债券基金
- 债基“踩雷”案例分析

5.1 散户眼中的小众投资

债券投资，也称为固定收益投资，在 1998-2001 年基金行业初创时期，是没有人对它感兴趣的，大家都只玩股票，像债券那种慢吞吞的东西，完全刺激不了投资者的神经。但实际上，债券作为一种低风险的固定收益投资工具，是必不可少的。

2002 年 9 月，南方基金发行成立了第一只债券型基金，南方宝元。它是以债券为主要投资方向，同时也有最高 30% 的比例可以投资股票。从收益率走势图看，股票仓位确实也贡献了很多的收益，但是债券投资对整个收益曲线的平滑作用还是相当明显的，避免了大起大落。从图 5-1 来看，这是一只非常成功的基金。成立至今总回报已经超过 458%（截至 2017 年底）。

• 图 5-1　南方宝元债券基金与沪深 300 对比（截至 2017 年底）

严格意义上讲，南方宝元只是债券基金的雏形，投资经理还是很难割舍股票投资的收益和情怀，它更像一个股债平衡的基金，有时候人们管它们叫偏债混合，还有一些债券基金加入了打新股的策略，则被称为一级债。从血统上来讲，这些债券基金的血统并不纯正。然而市场上风险偏好极低的投资者还是有的，特别是一些以配置需求为主要目标的机构投资者，更希望能有血统纯正的债基，于是在 2012-2013 年前后，市场上出现了很多纯债型基金，银行的自营资金和理财资金很喜欢投资此类产品，各类机构定制的也很多。

关于债基这里要多说几句，在 2014 年之前，债券基金并不是市场主流，虽然 2012 年债券小牛市刺激了一下债券基金的发行，但整个基金行业还是以权益类投资为主。债券基金真正起家是从 2013 年“钱荒”之后，债券市场迎来了 2014-2015 两年的超级大牛市，有基金经理称为“整个职业生涯都难以见到的行情”，债券基金的业绩和规模都飞速发展。特别是以银行为代表的低风险投资者，它们把大量的资金投给了包括基金公司在内的各类资产管理机构，让它们去做固定收益投资，也就是传说中的“委外”。

于是这两年诞生了大量的定制型公募债券基金（工银瑞信丰淳债基 2017 年曾创下首发 909.5 亿的基金发行纪录）以及债券类基金专户，从规模上把传统的股票基金远远抛在了后面。现在去问任何一家排名前 20 的基金公司，哪个部门管理的资产规模最大，大概率是固定收益部。这在几年前是不可想象的。风水轮流转，债券基金经理就这样低调而华丽的完成了“王的逆袭”。

散户直接参与债券市场几乎是不可能的，首先体量最大的债券交易市场“银行间市场”，别说散户了，一般小机构都不一定有资格成为交易主体。散户以前只能在沪深交易所买一些公司债，但是现在门槛大大提高了，根据 2017 年 7 月 1 日开始施行的《债券市场投资者适当性管理办法》，只有合格投资者才能参与，散户要想成为合格投资者，要具备相当的财力和投资经验，而且对于可投资的债券品种有严格的要求。

知识点 5.1　普通投资者投资债券的范围

个人投资者成为合格投资者的认定资格如下：

（1）申请资格认定前 20 个交易日名下金融资产日均不低于 500 万元，或者最近 3 年个人年均收入不低于 50 万元；

（2）具有 2 年以上证券、基金、期货、黄金、外汇等投资经历，或者具有 2 年以上金融产品设计、投资、风险管理及相关工作经历，或者属于合格机构投资者的高级管理人员、获得职业资格认证的、从事金融相关业务的注册会计师和律师。

对应的投资范围如下：

项目	合格投资者		社会公众投资者
	合格投资者中的机构投资者	合格投资者中的个人投资者	
可以认购及交易的债券品种	（1）国债； （2）地方政府债； （3）政策性银行金融债； （4）公开发行的可转换公司债券； （5）公募公司债（含大公募公司债、小公募公司债、企业债）； （6）私募公司债； （7）资产支持证券； （8）提供转让服务的暂停上市债券； （9）质押式协议回购的融资交易及融券交易； （10）质押式回购的融资交易及融券交易	（1）国债； （2）地方政府债； （3）政策性银行金融债； （4）公开发行的可转换公司债券； （5）债项评级AAA的大公募公司债、企业债； （6）债项评级AAA的小公募公司债、企业债； （7）质押式回购的融券交易	（1）国债； （2）地方政府债； （3）政策性银行金融债； （4）公开发行的可转换公司债券； （5）债项评级AAA的大公募公司债、企业债； （6）质押式回购的融券交易

5.2 债券基金分类

5.2.1 债券投资的范围

一般公募基金投资的债券包括：国债、中央银行票据、中期票据、金融债、企业债、公司债、可分离交易可转债的纯债部分、短期融资券、回购、次级债、资产支持证券、银行存款以及法律法规或监管部门允许基金投资的其他固定收益类金融工具。

其中的国债、中央银行票据、金融债、银行存款都可以认为是风险极低的，而企业债、公司债则是债券基金主要的研究和投资标的，因为它们对业绩的贡献是最大的，风险也相对最大。

还有一类介于债券和股票之间的品种：可转债和可交换债。这类品种由于比普通债券风险大，一般不会纳入纯债基金的投资范围。

5.2.2 基本分类

（1）纯债基金：投资范围中只有债券，任何含权益类性质的资产都没有，连可转债都不投。这种基金保障了债券基金的债券属性，它的业绩和债券市场的走势紧密相关。

（2）一级债基：投资范围中有 80% 以上的资产是债券（可以加入可转债），但是可以有不超过 20% 以上的资产可以投资股票。顾名思义，这一类型的债券基金可以参与一级市场新股申购，但是不参与二级市场股票投资。曾经这类基金是市场的重要类型，可惜后来 2012 年证券业协会取消了一级债基的打新资格，又在 2014 年取消了所有债券基金的网下打新资格，所谓“一级债基”也就名存实亡了。

（3）二级债基：投资范围中有 80% 以上的资产是债券（一般会加入可转债），但是可以有不超过 20% 以上的资产可以投资股票。顾名思义，这一类型的基金将会用一定的仓位参与股票市场投资（当然，打新是不要想了）。如果你看到一款债券基金的名称中含有“增强”“强债”“双利”等字眼，则很有可能是这种类型。

5.2.3 细化分类

1. 利率债基金

这类基金主要以国债、中央银行票据、金融债为主，也就是上面所说的由国家信用背书的无风险债券。无风险的债券那不是和存款一样吗？有什么可研究的。其实不然，这类债券的期限通常都很长，5 年、10 年甚至更长，而债券投资者们并不是人人都打算持有到期的。这类债券虽然本息无忧，但是在债券存续期间，它们的价格会随着利率市场的波动而波动，市场利率涨得越高，它们的价格就会越低，市场利率越往下走，它们的价格就会越高。

从另一个角度讲，这类债券的价格其实是对市场无风险利率水平的一种度量，所以它们也叫利率债。专门投资这类债券的基金就是利率债基金，比如广发中债金融债基金、国泰5年期国债ETF、易方达10年国开债基金等，不过这类基金属于小众产品，投资者以机构为主。

2. 信用债基金

这类基金以信用债为主要投资标的，在债券基金当中属于风险收益相对高一点的。什么是信用债呢，顾名思义，没有国家信用背书，主要依靠相关主体的信用来发行的债券，包括企业债、公司债、中期票据、短期融资券等。这类债券通常都会有评级机构对其进行主体信用评级（发债人质地）和债项信用评级（债券质地），评级从高到低一般为AAA，AA+，AA，AA-。国内的信用评级一般都只到AA-，更低的评级基本属于垃圾债，比较少见，也不能进入公募基金的投资范围。

信用债除了会受到市场利率的影响之外，还会受到发行人和债券本身信用风险的影响，如果发行人经营状况恶化、信用评级被下调，那么相应的债券市场价格就会暴跌。所以基金公司的信用评价部门就非常重要，它们要对市面上的债券进行严格审查，以防基金经理踩雷买到信用恶化，出现兑付风险的债券。2016年曾经出现过AAA评级的央企信用债“中铁物资”险些违约的事件，多家基金公司牵涉其中，一时间市场风声鹤唳。

这类信用债基金中，还会独立出来一些更加细分的品种，比如专投企业债（最有名的如城投债）、中期票据或者短融的，这几类信用债的比较如表5-1所示。

表5-1　各种类型信用债对比

<table>
<tr><th></th><th>短期融资券</th><th>中期票据</th><th>企业债</th><th>公司债</th></tr>
<tr><td>管理部门</td><td colspan="2">人民银行、中国银行间市场交易商协会</td><td>发改委</td><td>证监会</td></tr>
<tr><td>发行主体</td><td colspan="2">具有法人资格的非金融企业</td><td>境内注册登记的具有法人资格的企业，一般中央政府部门所属机构、国有独资企业或国有控股企业</td><td>沪深两市上市公司及发行境外上市外资股的境内股份有限公司</td></tr>
<tr><td>发行期限</td><td>不超过一年</td><td>一般2-10年，以5年为主</td><td>一般3-20年，以10年为主</td><td>一般3-10年，以5年为主</td></tr>
<tr><td>交易场所</td><td colspan="2">全国银行间债券市场</td><td>全国银行间债券市场、证券交易所</td><td>证券交易所</td></tr>
</table>

3. 可转债基金

可转债基金的主要投资标的是可转债和可交换债。

可转债（Convertible Bond），指的是在上市公司在发行公司债券的基础上，附加了一份期权，并允许持债者在规定的时间范围内（通常是债券发行半年以后）将其购买的债券按照一定的比例转换成该上市公司的股票。也就是说在可转债转股以前，它是一个债券，发行人要履行还本付息的义务，当可转债转股了，债就不存在了，相当于上市公司增发了股票。

对上市公司而言，一方面低息融资（可转债的票面利率都比普通债券低），另一方面一旦转股，连后面的本息都不用还了。而对投资者而言，如果能在 100 面值元左右买到可转债，最差的情况就是发行人还本付息，持有期间一旦遇上一波牛市，可转债的价格就会一飞冲天，最后完成转股，投资人获得一个与股票媲美的收益。可谓下有保底，上不封顶，居家投资，必备良品。

可交换债和可转债的特征基本相同，唯一的区别就是可交换债的发行人和用来转换的股票不是同一家公司。通常是 A 发行人手中有一些 B 公司股票，A 发行人以 B 股票为抵押来发行可交换债，最后换股时是 A 发行人把 B 股票以一定的价格转让给了可交换债的投资人，在这个过程中，B 公司本身并不参与， B 公司股票也没有增加。当然，在很多情况下 A 发行人可能是 B 公司的大股东，只有他有足够多的股票拿来换。

关于可转债和可交换债的细节还有很多，这里就不一一赘述。投资者要明确知道，它们的风险是介于债券和股票之间的，当熊市的时候，它们像债券，而牛市的时候，表现又和股票相近。在非熊非牛的市场中，它们的价格也会随着股市而波动。这一类基金的风险收益特征应该属于中高水平，低于股票型基金，但远远高于债券型基金。

5.3 债券基金的收益来源

5.3.1 票息的收益

债券票息是债券基金首要的也是最为确定的收益来源。假设一张债券面值 100 元，3 年期，票息每年 5%，三年还本付息以后获得的收益就是 15 元，如果对应一只基金净值就是 1.15 元。如何获得更高的票息呢，一是信用下沉，也就是买信用评级低一点的债券，票息就会更高；二是买期限更长的债券，一般期限越久，票息也会越高，这和五年期定存利率比一年期定存利率高是一个道理。

但同时，无论是降低信用评级，还是增加债券期限，都会带来风险的增加，这是毫无疑问的。

5.3.2 价格波动的收益

如果投资债券只是 100 元面值买入，持有到期获得收益，那就很简单了。然而债券市场是有波动的，有时候波动还不小，如何从波动中赚取收益，也是门技术活儿。

债券价格波动主要取决于市场利率和信用的变化。如果资金面宽松，利率水平降低，那么债券价格将会上升，如果市场资金紧张，利率抬升，债券价格将会同时下跌，是一个典型的反比关系，所有人都可以从债券价格的定价公式中看到这一点。

另外，近年来受到关注越来越多的就是信用情况。在过去相当长的一段时间里，债券市场是没有人违约的，大家都刚性兑付，评级与否，意义也就不大，但是最近几年，经济转型、增速放缓，监管层也有意打破刚性兑付这一不正常的情况，越来越多的企业发行的债券开始违约或者爆出有可能违约（包括国企也不例外），信用状况一旦恶化，债券价格就会应声下跌。而当企业拿出办法，顺利渡过难关，相应的债券价格就会回升。所以也有人愿意火中取栗，从中寻找机会。

好的基金经理，可以更好地把握市场利率的变化周期，可以从信用的角度从垃圾中寻找金子，把握债券价格上涨带来的资本利得收益。比如，2011 年 9 月份出现的城投债信用危机以及 2013 年下半年出现的“钱荒”危机，很多基金经理在那时敢于重仓出手，在后来警报解除以后，不仅取得了票息收入，还取得了价格上涨的利润。

如果用一个简单的公式来描述债券价格，如下：

债券价格 = 未来的本息收入 / 市场利率

信用恶化意味着未来的本息收入有可能减少，债券价格自然会下跌；市场利率上升意味着投资债券的机会成本增大，同样会使得债券价格下跌，反之亦然。

5.3.3 杠杆收益

债券基金和其他类型的基金不一样的地方之一，就是它可以加杠杆，所以如果查阅债券基金的财务报告就会发现，它的资产总值往往大于它的资产净值，也就是说它借钱进行了投资。

债券基金加杠杆是什么原理呢？它主要是通过进行债券回购实现借钱的。

第一步：买一张债券。假设你花了 100 万元，买了一张全价 98 元的债券，期限 5 年，票息 6.08%，折算率 0.9。那么你获得的债券有 10200 张，剩余现金 400 元。

第二步：把所有债券质押入库换成标准券，不同资质的债券折算率会有所不同，这张债券折算率 0.9，那就可以换 9180 张标准券。

第三步：根据要求，标准券使用不得超过 90%，那么我们可以用 9180×0.9=8262 张标准券。由于回购交易 10 万元一个单位，即 1000 张一个单位，那么我们可以使用 8000 张标准券，把这些券质押出去借到 80 万元。假设融资利率 3%。

第四步：拿着借到的 80 万元以及剩余的 400 元现金，重复第一到第三步。第一次重复可以得到 60 万元，第二次得到 50 万元，第三次得到 10 万元。三轮之后，实际上融得了 200 万元，共计买入了 300 万元的债券。

就这样，通过回购融资，100 万元的本金，买了 300 万元的债券，加了两倍的杠杆。假设 100 万元的资金收益是 6 万（100×6%），另外 200 完全的资金收益是 6 万（200 万 ×（6%−3%）），综合在一起就是 12 万，理论的年化收益就从 6% 提升到了 12%。

风险点就在于，由于回购交易需要每天重复操作，如果回购融资利率突然提高超过你的票面收入，那就有可能导致借来的这 200 万元是亏损的。杠杆永远是一把双刃剑。

对于债券型公募基金而言，开放式基金的杠杆比例不得超过 140%，定开型基金的杠杆比例不得超过 200%，即最多加一倍杠杆。

5.4 如何挑选债券基金

5.4.1 优秀的债券基金经理

债券基金经理要想获得良好的投资业绩，是需要深厚功力的。大到宏观经济周期、通胀和利率变化，小到企业经营状况、财务报表优劣，都必须了然于心。如果说股票基金经理需要披坚执锐、征战沙场，那么债券基金经理更需要运筹帷幄、决胜千里。明星股票基金经理常常像流星一样，光芒闪耀一两年便泯然众人，而优秀的债券基金经理却可以穿越牛熊，常胜不败。

当然我们这里推荐几位非常厉害的债券基金经理供读者参考，如图 5-2 所示。

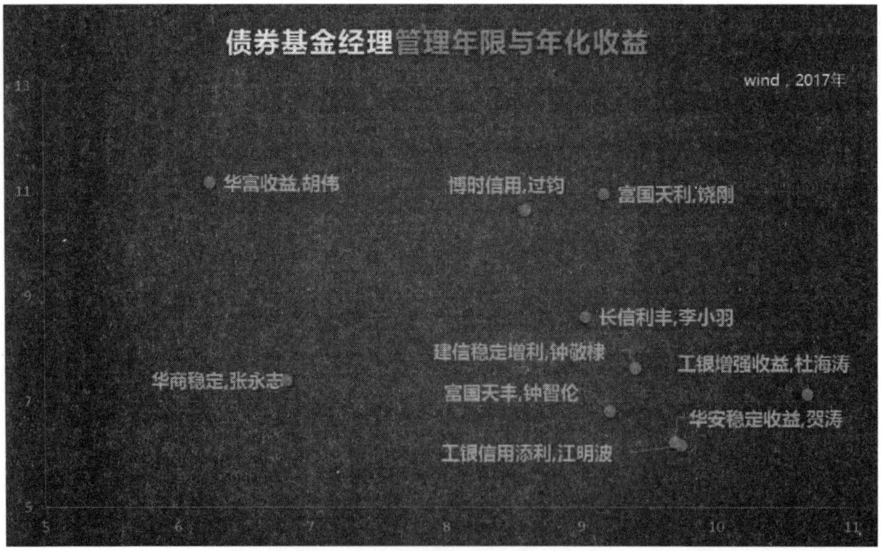

• 图 5-2　优秀债券基金经理的任职年化收益散点图（截至 2017 年底）

（1）饶刚和富国天利在图中的位置就像王亚伟在股票基金中的位置一样，高悬在右上方无人能够近身。在他任职的 9 年时间里（2006-2015），年化回报约为 11%。他在富国基金 12 年的时间里，管过多只基金，大部分业绩优异，创立了富国在固收领域的良好品牌。

2015 年他加入了最近几年在权益投资领域炙手可热的东方资管，并从 2016 年起管理东方红债券系列公募基金。虽然债市整体不佳，但其相对排名仍旧一直不错。

多提一句，另一只牛基富国天丰也一直是饶刚和钟智伦在管理，前者离开后，目前一直由钟在管理，业绩同样不俗。

（2）任职超过 10 年的只有工银增强的杜海涛，超过 7% 的年化收益也相当不错。其本人堪称公募基金元老。不仅一级债，他管理的二级债基工银瑞信添颐 A、添福 A 同样是混合债基中的翘楚。

（3）除上面介绍的三位以外，任职接近 10 年的只有工银添利的江明波（任职约 9 年，年化超过 6%）和华安稳定的贺涛（任职 9 年，年化 6.4%）。而且随着时间的拉长，债券基金持续高收益的难度也在增大。

（4）年化收益最高（超过 6 年，年化超过 11%）的是胡伟的华富收益，他于 2011 年 10 月开始管理这只基金，当时正值 2011 年 9·30 债灾，是本轮债券大牛市的第一个重要起点。当然，基金经理本身也比较厉害，大幅度超越基准。这只基金的第一位基金经理曾刚也是能人，从华富去到汇添富以后，也继续有着优秀的表现，也可以关注此投资人。

（5）混合债券基金里面的顶级人物当属博时信用的过钧。任职超过 8 年，年化回报超过 10%。除了业绩牛以外，过钧最值得称道的是他的定期报告，跟其他基金经理模板式的分析不同，他每次都洋洋洒洒、充满诚意的进行分析解读，各位可以搜索他的报告领略其斐然文采。

（6）李小羽的长信利丰是市场关注度较高的二级债券基金，多次获得金牛基金奖。他管理的另外一只长信转债也很有名，其特点是敢于重仓，看好转债的投资人可以把它当作犀利的工具。

如表 5-2 所示为以上这些债券基金经理任职的年化收益：

表 5-2 优秀债券基金经理任职年化收益（截至 2017 年底）

证券代码	证券简称	基金经理	任职年数	任职年化回报（%）
485105.OF	工银瑞信增强收益 A	杜海涛	10.67	7.15
485107.OF	工银瑞信信用添利 A	江明波	9.74	6.17
040009.OF	华安稳定收益 A	贺涛	9.70	6.24
530008.OF	建信稳定增利 C	钟敬棣	9.40	7.65
519989.OF	长信利丰 C	李小羽	9.03	8.62
050011.OF	博时信用债券 A	过钧	8.58	10.65
630009.OF	华商稳定增利 A	张永志	6.82	7.42
161010.OF	富国天丰强化收益	钟智伦	9.21	6.82
410004.OF	华富收益增强 A	胡伟	6.25	11.17
100018.OF	富国天利增长债券	饶刚	9.17	10.96

5.4.2 机构持有比例高

在基金公司的机构客户中，持有债券基金的比例远远超过持有股票基金。无论是银行资金、保险资金或者券商自营资金，它们都非常喜欢买债券基金，而且它们都是非常专业的投资者，它们买某只基金一定是对其基金经理以及基金公司的认可，散户投资者可以采用跟随战略。机构占比情况可以参考第 10 章“读懂公告”。

但是普通投资者要特别注意，对于那些机构定制的债券基金要进行规避。比如，机构占比 99%，持有人 200 多人，这些都是机构定制基金的特点。

5.4.3 公司实力强

债券投资涉及研究、信用、交易等各个环节。一个强大的团队是业绩突出的保障。投资者除了参考以往的业绩以及市场口碑以外，还可以关注社保优秀评级的机构，养老金委托投资入围的基金，中债登交易获奖的机构等。传统做债比较强的机构有富国、易方达、银华、招商、建信、南方、工银瑞信等基金公司。

另外一点就是当债券市场出现极端情况时，大公司的抗风险能力，处置挤兑的能力更强，能够更好地保护投资者的利益，特别是“踩雷”的时候能拿出真金白银来保护投资者利益。固定收益做到好的公司还是比较多的，这里我们可以参考社保基金理事会 2016 年 12 月 6 日评出的 21 家养老保险管理机构，其中基金公司包括：博时、大成、富国、工银瑞信、广发、海富通、华夏、汇添富、嘉实、南方、鹏华、易方达、银华、招商。

5.4.4 申赎费率低

债券基金本身一年的收益基本都是在个位数，如果申赎费用过高，对收益的侵蚀将会非常明显。投资者可关注债券基金 C 类份额，申赎费率较低甚至没有，适合短期持有。另外有些债券基金会设置惩罚性的高赎回费，投资者在申购的时候必须看清楚，免得进去了就出不来。

5.4.5 投资期限要匹配

开放式的债券基金流动性不用担心，但是现在有越来越多的定期开放债基，它们一般三个月、半年甚至一年才开放一次，中间不能申购赎回。这样做当然是为了规模稳定，更好地提升业绩，但投资者一定要注意开放期要和自己的投资期限匹配，不要出现中途着急用钱取不出来的情况。

个人建议债券基金的持有期最好在一年以上，因为债券涨得慢，是适合长期配置的稳健品种，相对于净值涨幅，申赎费用不可小觑，所以不宜频繁进出。一般债券基金持有期超过半年或一年，赎回费会有较大幅度的降低。

5.4.6 投资时机把握

虽然债券基金适合长期持有，但如果能更好地把握投资时机，收益将会更加明显。与股票不同，债券市场的波动是有非常明显的周期。可以观察企债指数（000013）和企债指数（399481）。前者是一个全价指数，体现了该指数中债券组合的真实收益，我们看到虽然有波动，但是整体还是稳步向上走的，如图 5-3 所示。

后者是一个净价指数，也就是剔除了债券票息的影响，只体现债券不含票息价格波动的指数。我们看到该指数有着非常明显的波动周期，如图 5-4

所示，在 2013 年、2016 年都曾经有过比较大幅度的波动。如果能在这时候买入并持有债券基金，收益将会非常漂亮。

●图 5-3　上证企债指数(000013)历史走势图(2007-2017)

●图 5-4　企债指数(399481)历史走势图(2007-2017)

但通常这些低点都是债券市场出现危机的时刻，恐慌情绪使很多人不敢出手。其实大可不必担心，投资者只要看债券收益率就好了，只要债券收益率上涨到一定水平（对应价格跌到一定水平），就可以果断出手，通过投资债券基金获得一个长期稳健的收益。

知识点 5.2　如何查看债券收益率水平

对于市场利率的变动，有很多方法可以捕捉。简单一点可以观察我们身边银行理财的收益水平，不过它的变化比较滞后。最为敏感的是债券回购的价格，查看起来也很方便，在股票软件上输入 204001 就可以查看 1 天回购的价格，它代表了期限最短的隔夜拆解的利率水平，输入 204007 就可以查看 7 天回购的价格，它代表了一周期限的资金价格水平。

如果要看某个类型的债券收益率水平，就需要到专业的网站上找。比如和讯网 - 债券板块，就可以查到不同评级，不同期限债券的到期收益率情况。

代码↓	简称	全价	年利率（%）	期限（年）	剩余期限	计息日	到期日	付息方式	税前到期收益率	税后到期收益率	信用级别	修正久期	凸性	行情
127479	16瀚瑞01	104.01	4.63	7	6.14	04.15	2023-04-15	年付	4.63%	3.55%	AAA	NaN	NaN	
127465	16德清债	101.05	3.60	7	6.72	11.11	2023-11-11	年付	3.60%	2.84%	AAA	NaN	NaN	
127464	16京投01	100.94	2.99	5	4.69	11.02	2021-11-02	年付	2.99%	2.35%	AAA	NaN	NaN	
127463	16溧经开	101.01	3.41	7	6.71	11.09	2023-11-09	年付	3.41%	2.69%	AAA	NaN	NaN	
127462	G16国网2	96.25	2.99	5	4.65	10.20	2021-10-20	年付	4.14%	3.48%	AAA	NaN	NaN	
127461	G16国网1	100.98	2.80	3	2.65	10.20	2019-10-20	年付	2.80%	2.16%	AAA	NaN	NaN	

5.4.7　查阅投资详情

任何一个债券投资组合，最核心的要素有三个：信用、久期和杠杆。关于信用和杠杆，前面已经解释过了。久期是一个稍微有点技术性的概念，它是一个债权组合把所持有债券的剩余期限，按照现金流现值进行加权，得到的一个时间概念。这个概念有点难懂可以不去深究，你只要知道久期衡量的是债券的利率风险即可。一个债券基金的久期越长，当利率变化时，债券组合的敏感度就会越高，市值变化就会越大。

所以一个激进的债券基金，一定是信用低、久期长、杠杆高；一个保守的债券基金一定是信用高、久期短、杠杆低。而大部分的债券基金通常是在这三者之间寻找最佳平衡点，从而获得最高的风险收益。

要看透一个债券基金的这三个核心要素，就需要打开基金的定期公告。一般在季报中，可以观察到债券组合的净资产和总资产，后者除以前者就可以得到杠杆水平。例如，这只债券基金的债券类资产占基金资产的比例达到了 127%，如图 5-5 所示。这就说明该基金放了一定的杠杆。在半年报和年报中，也可以看到基金经理对于持仓债券信用评级的描述，以及久期长短的描述。通过这些可以判断一只基金整体的风格。

金额单位：人民币元

序号	债券品种	公允价值	占基金资产净值比例（%）
1	国家债券	99,700,686.80	4.46
2	央行票据	-	-
3	金融债券	40,020,000.00	1.79
	其中：政策性金融债	40,020,000.00	1.79
4	企业债券	2,388,949,142.50	106.79
5	企业短期融资券	190,659,000.00	8.52
6	中期票据	142,493,000.00	6.37
7	可转债（可交换债）	-	-
8	同业存单	-	-
9	其他	-	-
10	合计	2,861,821,829.30	127.93

• 图 5-5　某债券基金的持仓报告

5.5　债基“踩雷”案例分析

在普通投资者的印象中，股票一天都有好几个点的波动，债券一年才几个点的收益，每天波动千分之几就是相当大的幅度了，名副其实的低风险投资品种。

但如果你去问公募基金的投资、风控和运营专家，他们一定会告诉你，债券的风险要大得多，为什么会这样呢?

早年间可谓岁月静好现世安稳，债券基本没有违约的，发行人就算再难，都不愿意做第一个撕破脸的人。但是这两年开始有企业抗不住了，一开始是民企还不上债，后来蔓延到地方国企甚至央企，于是那些投了这些问题债的公募基金就彻底慌了，处置这种“踩雷”风险的过程，也是险象环生。最直接的结果就是：赔钱。

5.5.1 大连机床：引发通道业务全面监管

2017 年 6 月 2 日，证监会发布公告称：2016 年 12 月 20 日，新沃基金管理有限公司（以下简称新沃基金）管理的乾元 2 号特定客户资产管理计划受持有的信用债券违约及高杠杆操作相互叠加的影响，发生大额质押回购到期无法偿付的情况。我会一再强调，证券基金经营机构从事资管业务应坚持资管业务本源，谨慎勤勉履行管理人职责，不得从事让渡管理责任的所谓“通道业务”。

这一公告也被媒体广泛解读为“全面禁止通道业务”，是否有那么严重尚未可知，但这一风险事件的发生，背后却是一只违约的烂债：大连机床。

中融基金在 2017 年 1 季报中披露：“中融现金增利货币基金与新沃基金乾元 2 号达成了债券质押式逆回购业务，乾元 2 号未履行回购义务。经托管人同意，中融基金已于 2017 年 2 月 8 日使用自有资金垫付该笔逆回购业务到期本息，保障了投资人利益不受损失。”

也就是说，中融基金接受新沃基金乾元 2 号产品以某个债作为抵押，向其借了 5000 万元，而到期以后对方不还钱了，中融基金没办法，自掏腰包先把这笔钱垫上，以避免货币基金投资者受损。

据媒体报道，这只作为抵押品的债，就是大连机床的债，而在这期间大连机床出现一连串债券违约事件，于是新沃基金就不还钱了，这相当于我用房子抵押向你借了一笔钱，后来房子着火了，我干脆不还钱了，是极其恶劣的行为。

但新沃基金是一家公募基金，正规的金融持牌机构，怎么会做出这种背信弃义的事。媒体进一步挖掘，发现新沃基金这只产品并非公募基金，而是一个专户产品，而且是一个通道型的专户产品，该产品的委托人则是一名自然人。

在这一事件中，新沃基金被证监会重罚，中融基金自掏腰包赔钱，连带使得整个行业的通道业务受到牵连，真可谓警钟长鸣。

5.5.2 山水水泥：首家短融违约

2015 年 11 月 11 日山水水泥发布公告称，11 月 12 日到期的 20 亿境内债肯定会逾期违约，并向开曼群岛大法院提交了公司清盘呈请及申请委任临时清算人。这成为中国首例超短期融资券违约案例。

山东山水水泥集团是国内最早从事新型干法水泥生产的企业之一，也是国家重点支持的全国性大型水泥企业。

在本次债券宣布违约之前，山水水泥就因为内部股权斗争闹得不可开交，再加上经济大环境的影响，企业已经周转乏力，甚至已经就企业存在现金困境的问题进行过公告。但毕竟超短融违约，史上并无先例，这的确是很多人都没想到的（超短融即超级短期融资券，由具有法人资格、信用评级较高的非金融企业在银行间债券市场发行，期限在 270 天以内）。

据当时的媒体报道："本次山水水泥的超短融违约涉及 4 家基金公司。刚刚公布的基金三季报显示，在 20 亿规模的 15 山水 SCP001 中，公募基金至少持有近四分之一。知情人士透露，山水水泥后续待偿还的 51 亿元债务还波及 10 余家基金公司。"

这时候基金公司的麻烦就来了。像这种违约事件，一旦发生，中债登直接将债券的估值进行腰斩，如果某只基金重仓持有，那影响将会非常大，一天跌四五个点都是有可能的。

如果遇上更极端的情况，有客户在估值下调的前一天进行了大规模的赎回，那么基金要按照原来的价格向客户支付对价，但是第二天到市场上要用腰斩的价格才能把违约的债卖出去（更多的可能是卖不出去），那这之间的差价由谁来承担？根据基金运营的相关法规，是由剩下的持有人承担，那更完了，剩下的持有人不仅要承担自己那部分的损失，还要承担前面持有人本应承担的损失，亏损直接翻倍，有可能一天亏掉十几个点。

面对这样的情况，基金公司怎么办？得罪机构客户，以后永远别想从人家手里拿钱了，得罪散户，那就更要命了。

这时候基金公司只有一种选择：硬撑。比如，富国基金旗下富国新回报基金于 6 月底和 9 月底均持有 190 万张“15 山水 SCP001”，很可能是发行时申购获得，投资成本为 1.9 亿元，应该属于该超短融主要持有人。截至三季度末，该超短融市值占到富国新回报基金净值的 9.09%，达到重仓级别。

富国基金在山水水泥违约后的第二天发布了一条公告，如图 5-6 所示。

富国基金管理有限公司关于调整旗下基金所持 15 山水 SCP001 估值方法的公告

因发行主体相关公告，2015 年 11 月 11 日 15 山水 SCP001 中债估值、中证估值与清算所估值发生明显差异。经我公司对山水水泥相关行业公司的综合分析和研究，认为当前企业的资质对该债券的清偿保障程度较高，因此，根据中国证券监督管理委员会《关于进一步规范证券投资基金估值业务的指导意见》的相关原则和要求，经与托管银行协商一致，决定对该债券继续沿用前一日中债估值定价。我公司将对上述事宜保持高度关注，并对债券价值进行持续跟踪分析。

特此公告

富国基金管理有限公司

二〇一五年十一月十二日

• 图 5-6　富国基金发布的公告

“认为当前企业的资质对该债券的清偿保障程度较高”——我反正不信富国基金会真的这么认为，“决定对该债券继续沿用前一日中债估值定价”——也就是说基金净值不会暴跌，会很平稳。

此公告一出，立即引起市场哗然，本来已经处在绝望中的投资者纷纷跑路，早赎回一天，就是早上岸一天。不要说机构投资者，连普通散户都知道这只债券完了，要赶紧跑路。

富国基金有良心不假，但其实也非其所愿，实属无奈。于是这只基金的规模迅速从 2015 年 3 季度的 7 亿份暴跌至 4 季度的 1.37 亿份。

这么多赎回怎么办，当然是卖债变现了，其他的债好说，山水水泥这只怎么办（卖是肯定卖不掉的）？而在 2015 年的四季报中，这只债又不见了，如图 5-7 所示。

2015 年报

品种代码	品种简称	持仓市值(元)	占基金资产净值比例(%)
011546002	15中车SCP002	10,035,000.00	5.51
011513003	15招商局SCP003	10,032,000.00	5.51
011517013	15华电SCP013	10,032,000.00	5.51
011519008	15国电SCP008	10,030,000.00	5.50
011599735	15澜沧江SCP004	10,029,000.00	5.50
合计		50,158,000.00	27.52

2015 三季报

品种代码	品种简称	持仓市值(元)	占基金资产净值比例(%)
011599179	15山水SCP001	191,235,000.00	9.09
041554026	15国电集CP002	100,770,000.00	4.79
011503004	15中石化SCP004	100,020,000.00	4.75
150403	15农发03	90,378,000.00	4.29
011599692	15陕延油SCP003	89,973,000.00	4.28
合计		572,376,000.00	27.20

● 图 5-7　2015 年四季报

山水水泥债去哪了？答案大概只有一种可能性，那就是基金公司拿自有资金接走了，而且是以原价接走的。这样对于基金持有人就没有影响了，一只烂债就落到了基金公司自己手里，而以后的追偿，也就成为基金公司必须要做的事了。从当时的新闻看，富国基金的确走上了告状之路。

其实，基金公司用自有资金去接旗下产品“踩雷”的债是屡见不鲜的，不过这属于关联方交易，是要公告的。但是却很少看见有基金公司公告，毕竟这是一件很丢脸的事情，而且容易引起更大范围的赎回。

所以基金公司大概会去找一家资管机构，成立一只产品绕道去接从而来规避此事。好在富国基金除了有良心以外，还比较有钱，2015 年牛市从分级基金上可是赚得盆满钵满，如果真拿出一两个亿接个烂债，应该不成问题。

5.5.3　东北特钢：首家国企违约

山水水泥毕竟是民企，真正打破投资者信念的是东北特钢的违约，它开创全国首例地方国企违约纪录。

2016 年 3 月 24 日，东北特钢官网发布消息：3 月 24 日 13 时 20 分，大连市公安局接到报警，发现东北特殊钢集团有限责任公司董事长杨华（男，53 岁）在其居所上吊死亡。目前，有关部门正在开展调查工作。

2016 年 3 月 25 日，东北特钢发布公告称，由于流动性紧张，15 东特钢 CP001 本息偿付存在不确定性，2016 年 27 日到期的 8 亿元债券或面临违约。

2016 年 3 月 25 日当天，中债登对 CP001 的估值大幅度下调，各家持有该只债券的基金，净值均大幅度下跌。

2016 年 3 月 27 日（周日），15 东特钢 CP001 实质违约，中债登对其停止估值。

2016 年 3 月 28 日怎么办呢？如果对比仍在存续的 15 东特钢 CP002，这些基金手里的 CP001 估值还要大幅度下调，这时候不同的基金公司就有可能采取不同的做法。

比如，财大气粗的华安基金，2016 年 3 月 25 日，在 15 东特钢 CP001 估值下调当日，华安安心收益债基净值应声回落 2.49%。随后的 2016 年 3 月 28 日，华安基金发布公告称，基于东北特钢债券违约事实，评级机构联合资信评估有限公司将发行人的主体长期信用等级由 AA 下调为 C。

为保护基金份额持有人的利益，维持基金平稳运作，华安基金决定以公司固有资金购买基金所涉及的风险资产。同日，在华安基金宣布暂停华安安心收益债基当日申购业务后，此债基净值回升了 2.94%。又是业界良心。

而据媒体报道，另一家华润元大稳健债基也持有 15 东特钢 CP001 短期融资券。基金净值显示，此债基在 2016 年 3 月 25 及 3 月 28 日分别下跌 2.17% 和 2.32%。2016 年 3 月 31 日，华润元大稳健债基宣布关闭基金申购业务。2016 年 4 月 5 日，基金净值暴涨 4.75%，2016 年 4 月 7 日，华润元大再发公告表示此债基恢复申购。很显然，基金净值再暴跌两天后，基金公司扛不住压力了，赶紧筹措资金用合理的方式把这只债原价接走了，基金净值又暴涨回去，这期间禁止申购则是为了防止有人套利。

5.5.4 中城建：央企变民企

中城建全称中国城市建设控股集团，评级机构联合资信在评级报告中称中城建的实际控制人是住建部，给予的评级是 AA+。AA+ 是资质稍弱的央企通常能够获得的评级。但毕竟也是央企，能有多大风险？

2016 年 4 月 25 日，中国城市建设控股集团突然一纸公告，宣布实际控制人变更，由一家“投资人眼中的央企”变为一个由多家银行所控股基金的持股公司。公告称原控股股东中城院持股比例由 100% 降至 1%，剩余 99% 由北京惠农基金持有，在未经债券持有人会议通过的情况下突然丧失“央企”身份。

而中债登并没有因为中城建股东性质的变化而调整估值，这样一来，持有中城建债券的基金尴尬了。

基金公司根据实际情况调整估值，基金净值肯定会暴跌，势必会得罪客户。如果不调整，那客户如果知道基金持有该债券，肯定会第一时间选择赎回（如果是机构资金为主的基金，客户大概是知道的）。

最后的结果可想而知：作为唯一一只持有中城建债券的基金——国联安信心增益也出现断崖式暴跌，其近两个月单位净值下跌将近 18%。数据显示，国联安信心增益持有 15 中城建 MTN001，持有数量 100 万张，市值 1.06 亿元，占基金净值的 10.9%，也是唯一一只持有该债券的基金。

据媒体报道，这只基金正是由于客户大规模赎回，导致基金被动卖债而出现了严重的亏损。而基金规模也从一季度的 7 个多亿变成了二季度的 1 个多亿，当然，二季报中，中城建这只债也不在持仓中了。

第 6 章

精通指数基金

本章主要内容包括:

- 主动还是被动，这是个问题
- 指数基金初探
- 指数的分类体系
- 规模指数及相关基金
- 行业指数及相关基金
- 主题指数及指数基金
- 另类指数及指数基金
- 债券指数及指数基金
- 指数增强基金
- 指数基金运作形式
- 如何挑选指数基金

6.1 主动还是被动，这是个问题

6.1.1 如何理解被动投资

所谓被动投资，主要是和主动投资相对而言的。在主动投资中，最重要的两个环节分别是择时和选股（或债券）。基金经理绞尽脑汁进行宏观判断和市场分析，用尽各种办法来决定什么时候轻仓过冬，什么时候加仓甚至加杠杆，同时他们还需要深入调研，看报告走企业来决定买什么样的股票或者债券。如果他们在正确的时间投资了正确的企业，那么收益就会一鸣惊人，其中有一个弄错了，则很有可能鸡飞蛋打。

而被动投资则是放弃了主动的择时和选股，也就是说它在投资过程中，择时和选股都是遵循一定的规则来进行的，尽量避免掺杂人为主观判断的因素。

比如，指数基金投资，它是最为常见的一类被动投资（有时候二者甚至可以画等号）。以华夏上证 50ETF 为例，它的择时策略就是不择时，永远满仓，它的选股策略就是根据上交所发布的上证 50 指数的成分股构成来投资，其中每一只股票买多少，都是有明确比例的，一般不会变动。而当上交所对上证 50 的成分股按照某种规则进行调整的时候，该基金也会进行相应调整。在这只基金的运作过程中，基本是没有人为因素在里面的，这就是一个典型的被动投资。

指数基金通常都是满仓的，而有一些基金的仓位会变化，但变化的规则也是根据纪律来的而非人为判断，这也可以被称作被动投资。比如，某些定投基金或者动态平衡基金，它规定了市场跌多少仓位加多少，市场涨多少仓位减多少，并将规则公之于众，从而自动取得一个高抛低吸的效果。

那么被动投资到底有没有效果呢？下面来进行相关讨论。

6.1.2 成熟市场的百年经验

1. 美国：主动 VS 被动

在资产管理领域，关于主动投资和被动投资哪个可靠，是长久不衰的问题。美国上百年的数据以及汗牛充栋的论文已经对成熟市场下了定论，那就是主动投资想战胜被动投资（即指数投资）是极其困难的，只有巴菲特、彼得·林奇少数“股神”级别的人可以长期做到，大部分的主动管理股票型基金是跑不赢指数的。

华尔街著名投资大师波顿·麦基尔（Burton Malkiel）曾经在多篇论文中使用数据来证明这一点。如图 6-1 所示，截至 2001 年底，无论是近 1 年，还是近 5 年、10 年，普通股票型基金的业绩都跑输标普 500 指数（该指数通常被认为是市场业绩标准），而且对比时间周期越长，跑输指数的现象就越明显。而图 6-2 则表明，即使是挑选晨星评级较高的优质基金，长期下来同样大幅跑输威尔逊 5000 指数（该指数被称为总市场指数），因为在某一阶段表现优异的基金，其业绩持续性通常并不明显，在下一个阶段很有可能泯然众人。

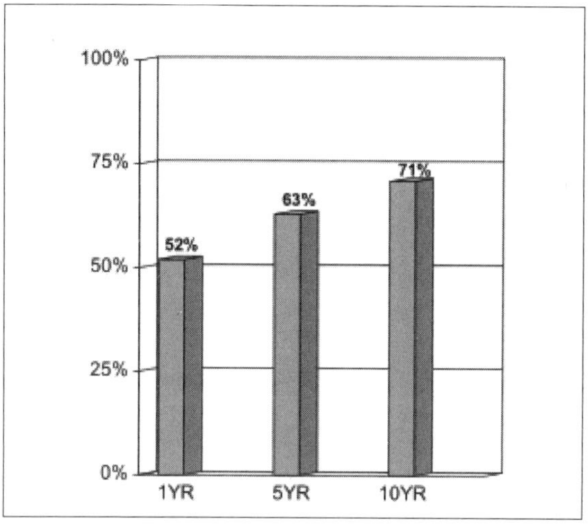

• 图 6-1　普通股票型基金跑输标普 500 指数的比例（截至 2001 年底）

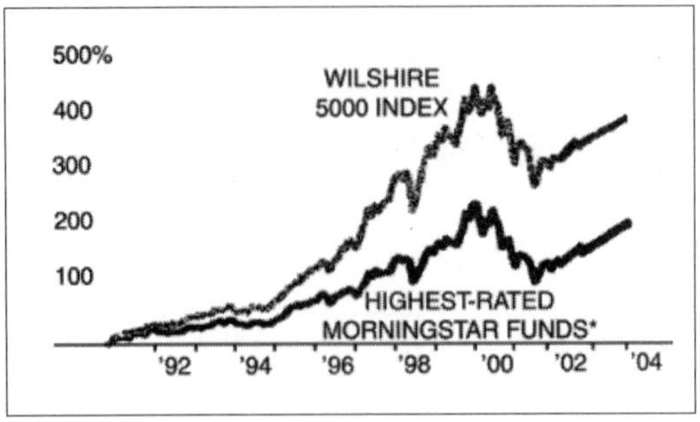

• 图 6-2　晨星四星和五星基金与威尔逊 5000 指数的比较（1991—2003）

同样的情形在欧洲等成熟市场也一样存在，在此就不一一列举了。

2. 为什么跑不赢指数

为什么会出现主动管理基金跑不赢指数基金这一现象呢？常见的原因有如下几点：

（1）被动投资能够战胜主动投资的理论基础在于：有效市场假说。所谓市场是有效的，就是说市场的各种信息已经完全体现在股票价格上。这里的投资者都是理性的，稍有什么风吹草动，就会立刻做出反应。这里的信息都是公开的，没有内幕交易，大家都是公平的。所以在这种环境下，极少有人能获得超越市场的表现。这听起来很理想化，但是在欧美成熟市场，真的就是接近于这样的环境。它们的投资者以机构为主，证券市场的监管经过长时间的洗礼也较为完善，很多论文都证明，美国市场的确是有效性比较强的。

（2）费率是关键。费率是投资者常常忽略的一个要素，但实际上它却是被动投资长盛不衰的秘诀。如果市场是有效的，大家水平都差不多，那么我的费率比你低，长期下来我就一定比你强，要知道，即使一年高出一两个百分点，经过复利滚动很多年以后，高出的很可能是几十个点。再退一步讲，就算市场不是有效的，相对于市场整体平均表现而言，所有投资者是在进行零和博弈。如果有人跑赢市场，其对应的必定是有人跑输市场，那么在这种情况下，长期下来，费用消耗低的投资者一定赢面更大。这里的费用一般指基金管理费和交易成本。由于被动基金的管理费比主动基金要低很多，而且交易也不频繁，所以在这一项上的支出，被动基金优势非常明显。

（3）现金拖累。因为主动管理者总是在寻找下一个赚钱目标，他们往往持有更多现金，以便在下一个（想象中）绝佳投资机会浮现时迅速出手买入。由于短期现金投资的回报率通常远低于股票等风险更大的资产类别，持有过多现金最终可能会降低主动管理者的回报。被动管理者的资金更充分地用于投资，这意味着更多的资金时时刻刻在为其赚取回报。

也正是基于这些原因，当 2008 年一位年轻的投资者在伯克希尔的股东大会上向巴菲特提问时，“股神”说了很有名的一句话：“如果能再年轻一次，一定会把所有钱都用来买指数基金，然后继续努力工作”。实际上，巴菲特虽然自己是主动投资之王，但他却是指数基金的超级粉丝，曾经在多个场合推荐指数基金，如图 6-3 所示。

巴菲特：16年8次推荐指数基金——个人投资者的最佳选择（且超过专业机构投资者）	
1993年	如果投资人对任何行业和企业都一无所知，但对美国整体经济前景有信心，愿意长期投资，这种情况下这类投资人应该进行广泛的分散投资。这类投资人应该分散持有大量不同行业的公司股份，并且分期分批购买。例如，通过定期投资指数基金，一个什么都不懂的业余投资者竟然往往也能战胜大部分专业投资者。
1996年	对于各位的个人投资，我可以提供一点心得供大家参考。大部分投资者，包括机构投资者和个人投资者，早晚会发现，最好的投资股票方法是购买管理费很低的指数基金。通过投资指数基金，在扣除管理费和其他费用后，所获得的净投资收益率，肯定能够超过绝大多数投资专家。
1999年	对先锋基金（最大指数基金发行者）创始人博格1999年《共同基金必胜法则》评价：“令人信服，非常中肯且切中时弊。这是个投资者必读的书籍，通过持续不断地改革，博格为美国的投资者提供了更好的服务。”
2003年	那些收费非常低廉的指数基金（比如先锋基金公司旗下的指数基金），在产品设计上非常适合投资者。我认为，对于大多数想要投资股票的人来说，认购成本很低的指数基金是最理想的选择。
2004年	通过投资指数基金本来就可以让他们轻松分享美国企业创造的优异业绩。但绝大多数投资者很少投资指数基金，结果他们的股票投资业绩大多只是平平而已甚至亏得惨不忍睹。
2007年	我个人认为，个人投资者的最佳选择就是买入一只低成本的指数基金，并在一段时间保持持续定期买入。
2008年5月	巴菲特被问：“如果你只有30岁，没有什么其他经济依靠。你攒的第一个100万将会如何投资。麻烦你告诉我们具体投资的资产种类和配置比例。”巴菲特哈哈一笑回答：“我会把所有的钱都投资到一个低成本的追踪标准普尔500指数的指数基金，然后继续努力工作。”
2008年6月	巴菲特和管理350亿美元主要投资于对冲基金的普罗蒂杰公司立下一个“十年之赌”，巴菲特断言一只先锋标准普尔500指数基金未来十年内的收益将跑赢普罗蒂杰公司精心选择的5只对冲基金。其赌局2015年5月提前结束，以后者提前认输告终。
整理自智信理财研究院	

• 图 6-3　巴菲特历次对指数基金的评价

美国的基金公司领航（Vanguard，又译先锋），管理规模将近 3 万亿美元，是仅次于贝莱德（BlackRock）的全球第二大公募基金公司，靠的就是指数基金，它的创始人约翰博格也被称为指数基金教父。中国如果有一家基金公司也专门致力于被动投资，我相信一定会非常有前途。

6.1.3 指数投资在中国

1. 中国：主动 VS 被动

在国外，主动投资跑不赢被动投资，但是在国内情形却不大一样。根据晨星中国 2012 年底的数据，国外市场和国内市场，主动型基金对指数的战胜率大相径庭，如图 6–4 所示。国外市场，大部分主动基金对指数的战胜率都在 50% 以下甚至更低，但是在国内，主动型基金跑赢指数的概率还是非常大的。

	过去一年	过去三年	过去五年
全球股票基金指数战胜率	36.2%	33.7%	38.4%
国际股票基金指数战胜率	55.8%	43.7%	26.3%
新兴市场基金指数战胜率	53.8%	42.4%	24.5%
美国股市基金指数战胜率	33.9%	25.7%	31.4%
美国大盘股基金指数战胜率	36.8%	13.5%	24.6%
美国中盘股基金指数战胜率	19.6%	9.8%	10.0%
美国小盘股基金指数战胜率	33.5%	17.0%	17.2%
沪深 300 指数战胜率	32.0%	88.15%	92.98%
中证 500 指数战胜率	77.7%	82.59%	52.05%

资料来源：晨星(中国)、美国标普公司(全球股票与国际股票的区别在于，后者不包括美国股票)

• 图 6–4　全球主要类别指数战胜率（2012 年底）

这是为什么呢？原因其实也比较简单：国内市场的有效性不高。白话的意思就是：

（1）中国股市的投资者以散户为主，喜欢追涨杀跌，容易情绪化，做出非理性的操作，而欧美市场的投资者以机构为主，大家的行为是比较趋同的，操作也是比较理性的；

（2）中国股市毕竟发展时间短，监管还不够成熟，信息披露制度还不够完善，导致市场的有效性不高；

（3）国内的投资者教育水平仍旧比较低，很多投资者最喜欢的就是告诉我股票代码以及什么时间买卖，很少人有专业能力或者有兴趣去做深入研究，但是又喜欢在股海搏杀。而国外的投资者知道自己能力不行就干脆交给专业机构。这几点都使得国内的散户在机构面前的确是处在弱势，所以被当作“韭菜”收割也就不奇怪了。这就是为什么国内的主动型基金常常能够战胜指数(市场平均水平)，那是因为太多的“韭菜”总是跑输指数。

2. 推荐指数基金的四大理由

即便如此，还是会向普通投资者推荐指数基金，而不是去和明星基金经理“拼杀”，理由如下：

(1) 指数失真问题。主动型基金的业绩比较标准一般是沪深 300 指数。说实在的，由于沪深 300 指数中常年不动的大盘蓝筹股占比过高，其实并不能反映整个市场的情况。让主动型基金去“欺负”上证指数沪深 300 这种大蓝筹似乎有点不仁道。如果跟中证 800、中证全指这种全市场指数相比，主动型基金的优势其实并不明显，再考虑指数的收益剔除了分红，实际上主动管理基金和全市场平均水平相差并不大。

只要投资者能在一个相对低估的时点进入，长期持有指数基金的收益将是相当可观的。从表 6-1 中可以看出，不算分红，代表全市场水平的中证 800 指数在 2006-2017 年的 12 年间达到了 20% 的年化收益，可与巴菲特媲美了。

表 6-1　A 股主要指数历年、累计、年化收益率(2006-2017)

年度	沪深 300	中证 500	中证 800	中证 1000
2006	121%	101%	117%	76%
2007	162%	187%	167%	203%
2008	-66%	-61%	-65%	-59%
2009	97%	131%	104%	140%
2010	-13%	10%	-7%	17%
2011	-25%	-34%	-27%	-33%
2012	8%	0%	6%	-1%
2013	-8%	17%	-2%	32%
2014	52%	39%	48%	34%
2015	6%	43%	15%	76%
2016	-11%	-18%	-13%	-20%
2017	22%	-1%	15%	-17%
累计收益	336%	621%	389%	736%
年化收益	13%	18%	14%	19%

（2）业绩持续性问题。主动型基金对投资者来说最困难的地方是如何挑选，市场上有那么多基金公司，每个基金公司有那么多基金和基金经理，到底该怎么选？最简单的办法就是去买那些明星基金经理和五星基金。但是这个办法就一定有效吗？在介绍美国市场的时候，就已经说明明星基金的业绩表现持续性并不高，甚至连市场都跑不过，在中国，这一现象也是存在的。

前几年业绩很好的基金，后面几年很可能泯然众人。由于投资者喜欢追逐业绩翻倍的大牛基金，而这些基金业绩之所以牛通常是因为在牛市当中采取了激进的投资策略才可以一鸣惊人，而这正是市场亢奋，基金公司和销售机构借机大力宣传之时，投资者这个时候入场相当于在牛市高点买了一只激进的基金，风险是远远超过收益的。在 2007 年和 2015 年中，很多投资者就是因为追逐明星基金而损失惨重。

（3）透明度问题。别说大部分人对基金研究不深，即使身边有懂一点的人在帮我们查看了历史业绩，十大重仓股等一系列要素之后，为我们选择了心仪的基金，结果过两天基金经理换了，基金的仓位进行了大幅度调整，重仓股也换了，当初选它的理由还站得住脚吗？要知道，基金是每个季度才公布一次运作情况的，在平时，它的运作对我们来说其实是一个“暗箱”，投资风格一旦发生较大变化，对投资而言就是很麻烦的事。

比如，我本来想通过买基金来配置 30% 的股票资产，结果这个基金的仓位只有 50%，那实际是我只配置了 15% 的股票资产，这就是不透明带来的问题。想要提高透明度，只有一个办法，那就是指数化投资，剔除人为的因素，完全被动化。

（4）分散投资更适合。中国不仅散户喜欢集中持股，很多主动型基金也喜欢集中持股。虽然对个股有双十规定的限制，但基金经理可以通过对某几个关联度相当大的股票进行重仓来达到超配某个行业或者概念的效果，这就导致风险也随之加大。这么多年来，基金“踩雷”事件屡屡发生，重庆啤酒疫苗、白酒塑化剂等事件，至今还让人心有余悸。而指数基金的投资通常比较分散，不会说基金经理青睐哪个股票就超额配置，一切按照规则来。即使是近年来层出不穷的行业指数、主题指数基金，其投向也是比较明确的，投资者可以根据自己的判断进行事前风控。

（5）指数基金的费率真的便宜。以华夏基金最有名的主动型基金华夏大盘和最有名的指数基金华夏上证 50ETF 为例，后者的管理费率和托管费率比前者要低很多，再加上基金投资中产生的交易费用，总费率占有不少的优势。而有的基金还会设置有销售服务费，这项费用上指数基金同样更低，如表 6-2 所示。

表 6-2　华夏大盘基金与华夏上证 50ETF 费率对比

	华夏大盘精选	华夏上证 50ETF
管理费	1.50%	0.50%
托管费	0.25%	0.10%
销售服务费	无	无
交易费用	高	低

3. 中国指数基金发展简史

早在封闭式基金时期（1999 年），就有指数化投资的尝试，基金兴和、景福跟踪上证 A 股综合指数，基金普丰跟踪深圳 A 股综合指数，但这种跟踪只是号称而已，因为封闭式基金的股票仓位上限最多只有 80%，而且这几只基金又增加了一定比例的主动投资，最后净值的走势和指数的走势发生了比较大的误差，如果再拿二级市场的交易价格去比较，那误差就更大了，投资者根本无法通过投资这只基金达到跟踪指数的效果。

准确地说，第一只开放式指数基金是 2002 年成立的华安上证 180 指数增强基金，从名字就能看出，除了跟踪上证 180 指数以外，还是有一部分主动增强的投资，可见当时的基金公司依旧放不下主动管理这个情节。不过三年之后，华安基金就想通了，它先是在 2005 年 10 月把这只规模 20 多亿的上证 180 指数增强基金改造成了 MSCI 中国 A 股指数基金（没错，就是 2017 年刚刚纳入 A 股的 MSCI 明晟），紧接着 2006 年 4 月发行成立了华安上证 180ETF。ETF 是 100% 完全跟踪指数并在交易所上市交易的指数基金，完全摒弃了人为的因素。这才是指数基金的真正内涵。

说到 ETF，市场上第一只 ETF 是 2004 年的华夏上证 50，这只基金也成为现在期权市场的唯一对应标的。在这之后，所有的 ETF 都是在两个交易所隔离存在的，比如在上交所上市的 ETF 就只能跟踪上交所的指数（上证 50、上证 180、上证红利等），而在深交所上市的 ETF 就只能跟踪深交所的指数（深成指、深证 100 等），直到 2012 年 5 月，才出现了跨市场的 ETF，那就是华泰柏瑞沪深 300ETF 和嘉实沪深 300ETF，前者在上交所上市，后者在深交所上市。

两个交易所当时也有点竞争的意思，分别为合作的两家基金公司摇旗呐喊，麾下的各大机构也纷纷认购，最后还是上交所占据上风，华泰柏瑞的首募规模为 329.69 亿元，嘉实则为 193.33 亿元。要知道 2012 年是熊市最煎熬的阶段，整个市场如一潭死水，这两只带有一些行政色彩的基金在当时是万众瞩目。

但嘉实毕竟家大业大，在发行 300ETF 之前，手里面就有一只当时份额 400 多亿的嘉实沪深 300LOF 基金（LOF 基金既可以上市交易，又可以场外申赎），号称是亚太地区最大的指数基金，这只基金在 2012 年 8 月转型成为嘉实 300ETF 的联接基金，联接基金把它的份额全部注入嘉实 300ETF 当中，这样一来，嘉实沪深 300ETF 的份额在 2012 年底就反超了华泰柏瑞。直到今天，嘉实、华泰柏瑞再加上华夏的 300ETF，成为市场上最主流的沪深 300 指数基金，2015 年“国家队”救市，很多资金也都是通过申购这三只产品入市的。

在指数基金的发展史上，不得不提的是分级基金。分级只是通过优先劣后的形式把份额分成两种，一种固定收益（分级 A），一种带杠杆（分级 B），但是在发展的过程中，从银华深 100 指数分级基金起（2010 年），分级这种形式和指数基金开始紧密挂钩，并且逐渐经历了一波从高峰到谷底的过程。

在最近几年，二级市场上交易最活跃，品种最丰富的指数基金全部在分级基金这个领域。但是从 2015 年股灾开始，监管层并不太喜欢这种带杠杆的产品，2016 年发布的 FOF 指引中，专门剔除了本应该是 FOF 配置主力的分级基金，随后又通过各种法规、指引限制分级基金的发展。个人希望分级基金可以逐渐转型成为 ETF 或者 LOF，继续为指数基金大家庭做出贡献。

最后再提一个小插曲，那就是曾经的天同基金，它 2002 年成立时就确立了以指数化投资为主的经营战略，并在后续的业内竞争中努力成为中国专业指数化投资的先行者。而且它在 2003 年还发行了国内第一只标准的开放式指数基金天同上证 180 指数基金（华安的 180 是增强型），可惜的是，天同基金的大股东天同证券在 2016 年因为挪用客户资金被关闭，股权随后转给齐鲁证券，天同基金也更名为万家基金。在这之后，指数投资再也不是这家公司的主要战略。

在大部分情况下，被动投资可以和指数基金画等号，但是严格意义上讲，指数基金只是被动投资策略的一个实践而已。指数基金的做法是找来一些有共性的股票给各自分配权重编成一个指数，基金就严格按照这个菜单配置即可。而被动投资还有可能是其他策略，比如再平衡策略、均线跟踪策略、量化策略等，只要你的投资过程中没有人为干扰，都可以认为是被动投资，目前来看这类基金并不多，但是将来 FOF 基金大量出现以后，我相信一定会有很多的。

6.2 指数基金初探

6.2.1 通过名称了解指数基金

在所有的基金类型的名称中，指数基金的特点还是比较鲜明的。一般都在全称中体现“指数证券投资基金”几个字，有时候在简称中会省略这几个字，但也可以通过一些特点来判断，比如带有数字、行业名称等。下面就用几个例子来进行说明。

1. 全称：融通深证 100 指数证券投资基金 A

简称：融通深证 100A、融通深 100

代码：161604

解读：

（1）融通：运作管理该基金的基金公司名称，冠在最前面。

（2）深证 100：深圳证券交易所旗下的深证信息公司发布的一只指数基

金，它是由深交所规模最大的 100 只股票根据一定的规则编制而成。看到这个基本就可以确定是指数基金。

（3）证券投资基金：所有公募基金都有这几个字。

（4）A：说明这只基金还有别的份额。一查询，果然发现还有 H 份额。H 是“HongKong”的简称，这只基金通过中港基金互认机制在中国香港发售，名称为融通深证 100H，代码 F161604。

2. 全称：上证 50 交易型开放式指数证券投资基金

简称：华夏上证 50ETF、50ETF

代码：510050

解读：

（1）华夏：运作管理该基金的基金公司名称，一般在基金全称中都会放在最前面，但由于该基金是唯一一只 50ETF，名气较大，在文字材料中一般都会把华夏省略掉，偶尔在简称中提起。

（2）上证 50：是由上交所发布的一个指数，它由上证交易所规模最大的 50 只股票按照一定的权重组合而成。

（3）交易型开放式基金（ETF）：ETF 是这只基金的运作形式，它的英文全称是 Exchange Traded Funds，翻译过来就是交易所上市交易的基金。看到 ETF 这几个字，99.99% 的概率它是指数基金。

3. 全称：富国中证军工指数分级证券投资基金（LOF）

简称：富国中证军工

代码：161024

中证军工：中证是指中证指数公司，这家公司专门编制各种的指数，所以由“中证军工”这四个字便知这只基金一定是指数基金，而且是跟踪中证公司编制的“中证军工”指数。

分级：是指这只基金的运作形式为分级基金，这种基金除了本身是一只普通的跟踪指数的基金以外，它还有两个子份额（有各自的代码），一个是稳定收益的分级 A 份额，一个是带有杠杆性质的分级 B 份额。所以投资者在买带有“分级”字眼基金的时候要看清楚自己买的到底是普通的母基金份额，还是风险低的分级 A 份额（例如军工 A，代码 150181）或者风险大的分级

B 份额（例如军工 B，代码 150182）。这个后面会有详细解读。

LOF：这也是对基金运作形式的描述。LOF 英文全称是 Listed Open-Ended Fund，翻译过来是：上市型开放式基金。这种基金本身是开放式基金，投资者可以每天申购赎回，同时这只基金又在交易所挂牌交易，投资者可以直接在股票账户中买卖这些基金。LOF 基金可以是很多种基金的运作形式，比如银华信用债券基金，也是 LOF 基金，只不过指数基金使用 LOF 作为运作形式的更多而已。

知识点 6.1　基金 TA 和基金代码背后的含义

在这一部分举例介绍指数基金的时候，细心的读者可能会发现，有的基金代码以 15 开头、有的以 16 开头，有的以 50 开头，隐隐之中似乎暗含着什么道理。下面就来讲一讲。

我们常常听说基金 TA 账户（Transaction Account），它是指注册登记人为投资人建立的用于管理和记录投资人交易该注册登记人所注册登记的基金种类、数量变化情况的账户。说白了，任何一只基金都会有一个注册登记服务机构，这个机构要么是基金公司自己（自建 TA），要么是中国证券结算登记公司（又分为中登上海 TA 和中登深圳 TA），投资者买了这只基金，该机构就会为投资者建立一个基金账户。

举个例子，投资者在南方基金买了三只基金，它们分别使用自建 TA、中登上海 TA 和中登深圳 TA 的基金，又在博时基金买了三只基金，也是同样的情况，那么这个投资者会得到 4 个基金账户：南方基金自建 TA 账户、博时基金自建 TA 账户、中登上海 TA 账户和中登深圳 TA 账户。

搞清楚了什么是 TA，就可以来讲解基金代码了。基金代码的前两位一般是根据 TA 所在地而定的。比如早期没有中登公司（2001 年成立）的时候，各家基金都是自建 TA，比如 04 是华安，05 是博时，18 是银华，从 TA 排序上也大致能看出一家基金公司的历史。后来慢慢各家公司开始使用中登公司来提供 TA 服务，中登深圳是 15 和 16，中登上海是 50 和 51，这几年各家公司的自建 TA 和中登 TA 又开始流行使用 00 作为开头，这种类型就不太好辨别了。基本总结规律如下：

以 15 开头的基金，基本都是中登深圳 TA，而且是上市交易型基金，要么是 ETF，要么是分级基金子份额，而且 ETF 和分级基金大概率使用的是深证公司发布的指数。

以 16 开头的基金，基本都是中登深圳 TA，这里面有普通的开放式基金，也有上市交易的封闭式基金和 LOF 基金（包括分级基金母份额）。特别提示，融通基金公司的一些基金之前也使用过 16 作为自建 TA（例如融通深证 100），这是个例外。

以 50、51 开头的基金，基本都是中登上海 TA，各种基金类型都包括，其中 ETF 基金大多用 51，封闭式基金、分级基金母基金及子份额大多用 50。

以 00 开头的基金，则使用自建 TA、中登 TA 的可能性都有。

以其他数字开头的基金，则大部分是使用自建 TA，比如老基金公司华安使用 04，新基金公司长安基金则使用 73，一些更新的基金公司，基本上都是使用 00 开头了。

6.2.2 指数发布公司有哪些

1. 中证指数公司

中证指数有限公司由上海证券交易所和深圳证券交易所共同出资于 2005 年成立，是一家从事指数编制、运营和服务的专业性公司。

中证指数公司以编制发布跨市场指数为主，比如，著名的沪深 300 指数，中证 500 指数的标的股票都是跨沪深两地交易所的，近年来港股通开通以后，它编制发布了横跨沪港深三地的指数。同时它还编制发布中证债券系列指数、新三板指数等。很多基金公司在设计定制指数的时候，都会找中证指数公司。

2. 上交所指数发布机构

从 1990 年至 2016 年，上交所从最初的 8 只股票、22 只债券，发展为拥有 1159 家上市公司、1203 只股票、29.8 万亿股票市值的股票市场，拥有 7855 只债券现货，总托管市值 5.92 万亿元的债券市场，拥有 ETF、LOF 等多品种共 158 只产品的基金市场以及拥有上证 50ETF 期权的衍生品的综合性交易所。

上交所建立了以上证综指、上证 50、上证 180、上证 380 指数以及上证国债、企业债和上证基金指数为核心的上证指数体系，科学表征了上海证券市场层次丰富、行业广泛的市场结构，提高了市场流动性和有效性。上证指数体系以大盘蓝筹股为主要对象，能够进入上证 50 指数或者上证 180 指数，是对上市公司发展成果的认可。

3. 深圳证券信息有限公司

深圳证券信息有限公司为深交所下属企业，经深交所授权，负责“深证”系列指数的规划设计、日常运维和市场营销等业务。指数事业部为国内最早开展指数业务的专业化运营机构，是中国内地交易所直属指数机构之一。

旗下管理的“深证”系列单市场指数最早于 1991 年开始计算，自 2002 年以来率先推出跨深沪两市场的“国证”系列指数（原为巨潮系列）。该公司编制和发布了广为人知的深证成分指数、中小板指数和创业板指数等市场代表性指数，成功推出了深证 100 等产品化成功的投资型指数，不断发展完善“深证”及“国证”两大指数系列，全方位、多层次服务资本市场发展。

截至 2015 年 12 月底，已发布的“深证”及“国证”指数超过 350 条；相关指数基金产品超过 70 只，管理资产总计超过 800 亿元人民币。

6.2.3 指数编制规则

指数的编制看似枯燥，却也是个很有意思的事情，有时候还会因为编制规则的问题引起市场的波动和讨论。下面以几个较为著名的指数为例，来说明一下我们需要关注的要素。

1. 沪深 300 指数

发布机构：中证公司

概况：沪深 300 指数是由沪深 A 股中规模大、流动性好的最具代表性的 300 只股票组成，于 2005 年 4 月 8 日正式发布，以综合反映沪深 A 股市场的整体表现。

基日与基期：以 2004 年 12 月 31 日为基日，基点为 1000 点。

样本空间：

（1）非创业板股票：上市超过 1 个季度（除非日均市值排在前 30 位）；

（2）创业板股票：上市超过三年；非 ST、*ST 股票，非暂停上市股票。

选样方法：

（1）计算样本空间内股票最近一年的 A 股日均成交金额与 A 股日均总市值；

（2）对样本空间股票在最近一年的 A 股日均成交金额由高到低排名，剔除排名后 50% 的股票；

（3）对剩余股票按照最近一年 A 股日均总市值由高到低排名，选取前 300 名股票作为指数样本。

加权方法：派许加权法，以调整股本数作为权数计算调整总市值。

股本调整方法：以自由流通股为基础进行分级靠档，这里排除了各种类型的限售股和特殊举牌股东的股份（持股超过 5%）。

指数修正方法：除息不修正，即成分股分红的时候，任其自然回落。除权要进行修正。除息不修正这一条也使得对应的沪深 300 股指期货的 4-6 月合约受到影响。其中长期停牌股（3 个月）要剔除。

指数调整周期：半年一次，每年 6 月和 12 月。

知识点 6.2　指数编制为什么要分级靠档?

上市公司自由流通量可能会随着时间的变化而频繁变化，为了适度保持指数的稳定性，中证指数有限公司在计算沪深 300 指数时，采用分级靠档的方法。

以此自由流通比例和分级靠档表为基础获得加权比例，再以加权比例获得每只股票的调整股本数。再以调整股本数为基础，对指数进行加权编制。

自由流通比例 = 自由流通量 /A 股总股本

调整股本数 =A 股总股本 × 加权比例

沪深 300 指数的分级靠档方法如下表所示：

自由流通比例(%)	≤ 10	(10，20]	(20，30]	(30，40]	(40，50]	(50，60]	(60，70]	(70，80]	>80
加权比例（%）	自由流通比例	20	30	40	50	60	70	80	100

分级靠档实例：

股票	股票 A	股票 B	股票 C
A 股总股本	100000	8000	5000
非自由流通股本	91000	4500	900
自由流通量 = A 股总股本 - 非自由流通股本	9000	3500	4100
自由流通比例 = 自由流通量 /A 股总股本	9.0%	43.8%	82.0%
加权比例	9.0%	50%	100%

分级靠档技术的采用确保了样本公司的股本发生微小变动时用于指数计算的股本数相对稳定，可以有效降低股本频繁变动带来的跟踪成本。

2. 上证综合指数

发布机构：上交所

概况：上证综合指数的样本股是上交所的全部上市股票，包括 A 股和 B 股，从总体上反映了上海证券交易所上市股票价格的变动情况，自 1991 年 7 月 15 日起正式发布。

基日与基期：以 1990 年 12 月 19 日为基准日，基点 100 点。

样本空间：上交所的全部上市股票。

选样方法：不再遴选，所有股票全覆盖。

加权方法：派许加权法 ，以发行总股本数作为权数计算总市值。

股本调整方法：不用调整，权数为总股本，而非流通股本。这也是人们诟病上证指数失真的原因之一。假如有一只股票总股本很大，但是流通股很少，那么这少部分流通股的价格变化就会因总股本的杠杆效应而对指数产生较大影响。

指数修正方法：除息不修正，即成分股分红的时候，任其自然回落。除权要进行修正。长期停牌股（3 个月）要剔除。

指数调整周期：半年一次，每年 6 月和 12 月。

知识点 6.3　什么是派许加权法

派许，又译为帕舍（Hermann Paasche），1851–1925 年，德国著名经济统计学家。在 1874 年，年仅 23 岁的帕舍提出了“报告期加权综合指数”编制方法，人们将这种方法称为“帕氏指数”。

采用计算期发行量或成交量作为权数。其适用性较强，使用广泛，很多著名股价指数，如标准普尔指数等都采用这一方法。计算公式如下：

报告期指数＝报告期成分股的调整市值／基期×1000。其中，调整市值＝Σ（市价×调整股数）。

调整股本数采用分级靠档的方法对成分股股本进行调整。

3. 深圳成分指数

发布机构：深交所

概况：深证成分指数由深交所于1995年1月23日正式发布，是中国证券市场中历史最悠久、数据最完整、影响最广泛的成分股指数。深证成指定位兼具价值尺度与投资标的功能。作为价值尺度，深证成指相对于综合指数能更敏锐、准确地反映出市场波动趋势，具有“先行指标”特性。作为投资标的，深证成指的收益性和流动性指标表现皆较为突出。

基日与基期：以1994年7月20日为基准日，基点100点。

样本空间：深交所的全部上市股票，要求：

（1）非ST，*ST股票；

（2）上市超过6个月（除非市值排名前10）；

（3）近一年无重大违规、财务报告无重大问题；

（4）最近一年经营无异常、无重大亏损；

（5）考察期内股价无异常波动。

选样方法：根据平均市值市场占比，平均流通市值市场占比和平均成交金额市场占比，三者按1∶1∶1的权重加权进行排名，取前500位。原先深成指一直是40只股票，2015年5月20日期扩容到了500只，扩容后的市值覆盖率从原来的18%大幅提高至61%。

加权方法：派许加权法，以自由流通股数作为权数计算自由流通市值。

股本调整方法：不调整，直接以自由流通股为基础，不进行分级靠档，这里排除了各种类型的限售股和特殊举牌股东的股份（持股超过5%）。

指数修正方法：除息不修正，即成分股分红的时候，任其自然回落。除权要进行修正。

指数调整周期：半年一次，每年 1 月和 7 月。

6.3 指数的分类体系

指数的分类体系从大类上划分主要是股票指数和债券指数。其中股票指数根据分类方法又可划分为规模指数、行业指数和概念主题类指数。债券指数根据投资标的的不同可以划分为信用债指数、利率债指数、可转债指数等。另外还有个别另类指数，甚至海外的指数系统，那就更庞大了，我们在海外投资的章节中会以产品为基础进行详细介绍，这里不再赘述。

国内的指数分类情况如表 6-3 所示。

表 6-3 国内指数分类系统概览

<table>
<tr><td rowspan="3">股票类</td><td>规模</td><td>沪深 300、中证 500、创业板、中证 800 等</td><td rowspan="3">中证、上证、国证</td></tr>
<tr><td>行业</td><td>金融、医药、军工、有色等</td></tr>
<tr><td>概念主题</td><td>一带一路、国企改革、红利、定增等</td></tr>
<tr><td rowspan="4">债券类</td><td>全债</td><td>综合性债券指数</td><td>中证</td></tr>
<tr><td>信用债</td><td>企业债、中票、短融、城投债等</td><td>中证、上证、国证、深证、上清所</td></tr>
<tr><td>利率债</td><td>国债、国开债等</td><td>中证、上证、国证</td></tr>
<tr><td>可转债</td><td>可转债</td><td>中证、中信标普</td></tr>
<tr><td rowspan="2">另类</td><td rowspan="2">贵金属</td><td>黄金</td><td>上金所</td></tr>
<tr><td>白银</td><td>上期所</td></tr>
</table>

6.4 规模指数及相关基金

规模指数主要反映沪深 A 股市场不同市值规模特征股票的整体表现，比如上证 50 指数对应超级大盘股、沪深 300 指数对应大盘蓝筹股、中证 500 指数对应中小市值股票等。这类指数的好处是投资者可以通过规模指数基金把握大中盘与小盘风格股票的轮动效应，缺点是这类规模指数的风格可能会随资本市场发展而出现漂移。

另外我们常听到“宽基指数”或“窄基指数”这一说法，这种称谓的指数其实也可以归为规模指数，所谓宽就是覆盖面广，成分股整体表现基本代表市场平均水平，所谓窄就是覆盖面窄，成分股整体表现仅代表这一类股票的特点。

例如中证 800 指数，就是按照股票市值从大到小排序，由前 800 只股票加权组合而成，虽然股票只数占沪深两市不到一半，但这 800 只股票的市值占沪深两市八九成，基本可以代表市场的整体表现，这就是一个典型的宽基指数。另外包括像沪深 300 指数，中证 500 指数，如果你认为它足够“宽”，那也可以理解为宽基指数。

6.4.1 超大市值指数

1. 上证 50

上证 50 指数是根据科学客观的方法，挑选上海证券市场规模大、流动性好的最具代表性的 50 只股票组成样本股，以便综合反映上海证券市场最具市场影响力的一批龙头企业的整体状况，主要是以金融股（银行、券商、保险）、能源股（中石油、中石化等）为主。它是最重要、最具标志性的大盘股指数。上证 50 指数自 2004 年 1 月 2 日起正式发布。其目标是建立一个成交活跃、规模较大、主要作为衍生金融工具基础的投资指数，如表 6–4 所示。目前唯一的标准化期权合约就是以华夏上证 50ETF 作为标的。

表 6–4　上证 50 指数对应的基金产品

对应指数	基金代码	证券简称	基金成立日	跟踪指数代码	上市地	运作形式
上证 50	510050.OF	华夏上证 50ETF	2004/12/30	000016.SH	上海	ETF
上证 50	001051.OF	华夏上证 50ETF 联接	2015/3/17	000016.SH	无	ETF 联接
上证 50	502048.OF	易方达上证 50 分级	2015/4/15	000016.SH	上海	分级母基金
上证 50	510710.OF	博时上证 50ETF	2015/5/27	000016.SH	上海	ETF
上证 50	110003.OF	易方达上证 50	2004/3/22	000016.SH	无	指数增强
上证 50	501050.OF	华夏沪港通上证 50AH	2016/10/27	950090.SH	上海	开放式指数

其中值得注意的是，华夏上证 50ETF 是最具代表性的大盘股指数基金，它本身是规模最大的 ETF 之一，有非常活跃的场内交易，投资者买卖起来非常方便。易方达上证 50 分级基金除了本身既可申赎又在上交所交易之外，它还有两个子份额上证 50A（代码：502049）和上证 50B（代码：502050），上证 50B 具有两倍的初始杠杆，在投资者看好大盘股的时候可以用其增加弹性。

而易方达另一只跟踪上证 50 指数的基金易方达上证 50 则是一只规模较大的指数增强产品，长期跑下来比单纯跟踪指数要好。华夏基金则利用沪港深制度开发了华夏沪港通上证 50AH 基金，把上证 50 指数中一些相对较贵的公司股票，用其对应的相对较便宜的 H 股来替代，已达到整体增强的效果。

知识点 6.4　中国股票分哪几种？A 股、B 股、H 股、N 股、S 股都是什么？

A 股的正式名称是人民币普通股票。它是由我国境内的公司发行，供境内机构、组织或个人以人民币认购和交易的普通股股票。

B 股的正式名称是人民币特种股票。它是以人民币标明面值以外币认购和买卖，在境内（上海、深圳）证券交易所上市交易的。B 股公司的注册地和上市地都在境内，只不过投资者在境外。

H 股，即注册地在内地，上市地在中国香港的外资股。中国香港的英文是 HongKong，取其字首，在港上市外资股就叫作 H 股。

依此类推，纽约的第一个英文字母是 N，新加坡的第一个英文字母是 S，纽约和新加坡上市的股票就分别叫作 N 股和 S 股。

2. 超大盘指数

上证超级大盘指数由在上海证券交易所上市的具备一定规模和流动性的 20 家超大型上市公司组成，于 2009 年 4 月 23 日正式发布，以综合反映上海证券交易所超级大型上市公司股票的整体表现，如表 6-5 所示。这一指数主要是“四大行”“两桶油”这种超级蓝筹股，所以表现常年不给力，但是在 2014 年四季度的蓝筹股暴动行情中，也曾经出过一次风头。

表 6-5　超大盘指数对应的基金产品

对应指数	基金代码	证券简称	基金成立日	跟踪指数代码	上市地	运作形式
超大盘	510020.OF	博时超大盘 ETF	2009-12-29	000043.SH	上海	ETF
	050013.OF	博时超大盘 ETF 联接	2009-12-29	000043.SH	无	ETF 联接

6.4.2　大市值指数

1. 沪深 300 指数

沪深 300 指数是由上海和深圳证券市场中选取 300 只市值较大的 A 股作为样本编制而成的成分股指数。该指数样本覆盖了沪深市场六成左右的市值，具有良好的市场代表性。沪深 300 指数是沪深证券交易所第一次联合发布的反映 A 股市场整体走势的指数。这一指数也是市面上跟踪基金最多的指数，也是被当作业绩基准最多的指数，如表 6-6 所示。

表 6-6　沪深 300 指数对应的基金产品

对应指数	基金代码	证券简称	基金成立日	跟踪指数代码	上市地	运作形式
沪深 300	510300.OF	华泰柏瑞沪深 300ETF	2012/5/4	000300.SH	上海	ETF
沪深 300	460300.OF	华泰柏瑞沪深 300ETF 联接	2012/5/29	000300.SH	不上市	ETF 联接
沪深 300	510330.OF	华夏沪深 300ETF	2012/12/25	000300.SH	上海	ETF
沪深 300	000051.OF	华夏沪深 300ETF 联接	2009/7/10	000300.SH	不上市	ETF 联接
沪深 300	159919.OF	嘉实沪深 300ETF	2012/5/7	000300.SH	深圳	ETF
沪深 300	160706.OF	嘉实沪深 300ETF 联接	2005/8/29	000300.SH	深圳	ETF 联接
沪深 300	050002.OF	博时裕富沪深 300A	2003/8/26	000300.SH	不上市	开放式指数
沪深 300	519300.OF	大成沪深 300	2006/4/6	000300.SH	不上市	开放式指数
沪深 300	481009.OF	工银瑞信沪深 300	2009/3/5	000300.SH	不上市	开放式指数
沪深 300	000613.OF	国寿安保沪深 300	2014/6/5	000300.SH	不上市	开放式指数
沪深 300	020011.OF	国泰沪深 300	2007/11/11	000300.SH	不上市	开放式指数
沪深 300	165515.OF	信诚沪深 300 分级	2012/2/1	000300.SH	不上市	分级母基金

续表

对应指数	基金代码	证券简称	基金成立日	跟踪指数代码	上市地	运作形式
沪深 300	161811.OF	银华沪深 300 分级	2014/1/7	000300.SH	不上市	分级母基金
沪深 300	002310.OF	创金合信沪深 300A	2015/12/31	000300.SH	不上市	指数增强
沪深 300	100038.OF	富国沪深 300	2009/12/16	000300.SH	不上市	指数增强
沪深 300	000311.OF	景顺长城沪深 300	2013/10/29	000300.SH	不上市	指数增强
沪深 300	310318.OF	申万菱信沪深 300	2004/11/29	000300.SH	不上市	指数增强
沪深 300	163407.OF	兴全沪深 300	2010/11/2	000300.SH	深圳	指数增强
沪深 300	110030.OF	易方达沪深 300 量化	2012/7/5	000300.SH	不上市	指数增强

其中，华泰柏瑞、嘉实和华夏基金的沪深 300ETF 是投资该指数的最佳标的，规模大、流动性好、交易便捷。其中前两只基金是上交所和深交所在 2012 年同时推出的首批跨市场 ETF，当时的市场影响力非常大。而嘉实基金是跟踪沪深 300 指数的老手，其中嘉实沪深 300ETF 联接基金的前身嘉实沪深 300LOF 曾经是亚洲最大规模的指数基金。在指数增强型沪深 300 指数基金中，富国沪深 300 最为有名，其基金经理李笑薇是国内著名的量化投资人之一，而近年来创合金信、兴全、景顺长城、华泰柏瑞、易方达等基金公司的量化增强做得也非常不错，如果是长期投资沪深 300 指数，增强型基金会是非常不错的选择。

2. 上证 180 指数

上证成分指数（简称上证 180 指数）是上海证券交易所对原上证 30 指数进行调整并更名而成的，其样本股是在所有上交所 A 股股票中，根据市值和交易量，抽取最具市场代表性的 180 种样本股票，自 2002 年 7 月 1 日起正式发布。作为上证指数系列核心的上证 180 指数的编制方案，目的在于建立一个反映上海证券市场的概貌和运行状况、具有可操作性和投资性、能够作为投资评价尺度及金融衍生产品基础的基准指数。简单理解，它集合了上交所规模最大、流动性最好、最具行业代表性的 180 只股票，如表 6-7 所示。

表 6-7　上证 180 指数对应的基金产品

对应指数	基金代码	证券简称	成立日	跟踪指数代码	规模 / 亿元	上市地	运作形式
上证 180	263001.OF	景顺长城 180 等权 ETF 联接	2012/6/25	000051.SH	0.5246	不上市	ETF 联接
上证 180	510420.OF	景顺长城 180 等权 ETF	2012/6/12	000051.SH	1.0622	上海	ETF
上证 180	040180.OF	华安上证 180ETF 联接	2009/9/29	000010.SH	4.3622	不上市	ETF 联接
上证 180	510180.OF	华安上证 180ETF	2006/4/13	000010.SH	171.336	上海	ETF
上证 180	519180.OF	万家上证 180	2003/3/15	000010.SH	15.8036	不上市	开放式指数

毫无疑问，跟踪上证 180 指数的最佳选择是华安上证 180ETF，成立最早、规模最大、流动性最好。景顺基金则对上证 180 指数进行了等权处理，以提高相对市值较小股票的比重，长期对指数有增强效果。而万家上证 180 则是由原来的天同 180 改造而来。

3. 中证 100 指数

中证 100 指数是从沪深 300 指数样本股中挑选规模最大的 100 只股票组成样本股，以综合反映沪深证券市场中最具市场影响力的一批大市值公司的整体状况。中证 100 相当于是沪深 300 中的前 100 位，而还有一个指数叫作中证 200，相当于是沪深 300 中的后 200 位，属于中等市值，如表 6-8 所示。

表 6-8　中证 100 指数对应的基金产品

对应指数	基金代码	证券简称	成立日	跟踪指数代码	上市地	运作形式
中证 100	163808.OF	中银中证 100	2009/9/4	000903.SH	不上市	指数增强
中证 100	162509.OF	国联安双禧中证 100	2010/4/16	000903.SH	不上市	分级母基金
中证 100	240014.OF	华宝兴业中证 100	2009/9/29	000903.SH	不上市	开放式指数
中证 100	519100.OF	长盛中证 100	2006/11/22	000903.SH	不上市	开放式指数

4. 其他大盘类

除了以上较为主流的指数及指数基金外，还有一些跟踪大盘股的指数和指数基金，如表 6-9 所示。

表 6-9　其他大盘指数对应的基金产品

对应指数	基金代码	证券简称	基金成立日	跟踪指数代码	上市地	运作形式
上证综指	510210.OF	富国上证综指 ETF	2011-01-30	000001.SH	上海	ETF
上证综指	100053.OF	富国上证综指 ETF 联接	2011-01-30	000001.SH	不上市	ETF 联接
上证综指	470007.OF	汇添富上证综指	2009-07-01	000001.SH	不上市	开放式指数
中证 800	160806.OF	长盛同庆中证 800	2015-05-22	000906.SH	深圳	开放式指数
上证龙头	510190.OF	华安上证龙头 ETF	2010-11-18	000065.SH	上海	ETF
上证龙头	040190.OF	华安上证龙头 ETF 联接	2010-11-18	000065.SH	不上市	ETF 联接
MSCI 中国	040002.OF	华安 MSCI 中国 A 股	2002-11-08	133333.CSI	不上市	指数增强
MSCI 中国	512990.OF	华夏 MSCI 中国 A 股 ETF	2015-02-12	133333.CSI	上海	ETF
MSCI 中国	000975.OF	华夏 MSCI 中国 A 股 ETF 联接	2015-02-12	133333.CSI	不上市	ETF 联接
央视 50	165312.OF	建信央视财经 50	2013-03-28	399550.SZ	不上市	分级母基金
巨潮 100	161607.OF	融通巨潮 100	2005-05-12	399313.SZ	深圳	指数增强
道琼斯 88	180003.OF	银华道琼斯 88 精选	2004-08-11	TJCN88.GI	不上市	指数增强
中证 90	161816.OF	银华中证等权重 90	2011-03-17	000971.SH	不上市	分级母基金

其中，上证综合指数是 A 股市场的标准指数，也是投资者关注最多的，但真正以其作为标的的基金投资者并不是很多。中证 800 指数是典型的宽基指数，代表了市场的整体水平。华安基金的 MSCI 中国指数是由国内第一只指数基金华安上证 180 指数增强基金在 2005 年转型而来。另外，华安还就这一指数发行了 ETF。

MSCI 英文全称为 Morgan Stanley Capital International，是美国著名的指数编制公司，中文译为摩根士丹利资本国际公司（MSCI，又译明晟），MSCI 中国指数是该公司为中国 A 股市场编制的第一个指数，于 2005 年 5 月正式向全球投资者发布，该指数以自由流通量为权重，覆盖上海证券交易所和深圳证券交易所的500 多只 A 股(2016 年)，基本代表了市场的整体水平，而 2017 年 A 股纳入 MSCI 成功，其中主要的成分股也来自于这个 MSCI 中国指数。

央视 50 指数是由央视财经频道和深证信息公司共同发布的指数，从“成长、创新、回报、公司治理、社会责任”5 个维度对上市公司进行评价，每个维度选出 10 家、合计 50 家 A 股公司构成样本股，但基本上也是以大盘的金融蓝筹股（中国平安、兴业银行等）和白马消费股（贵州茅台、伊利股份等）为主。

巨潮 100 指数则是深证信息公司最早编制的巨潮系列指数（后来大部分转型为国证指数）中的大盘股指数，类似于中证 100 指数。

道琼斯 88 指数是道·琼斯公司于 1996 年 5 月底正式推出的中国股票指数，它以市值大小、交易额及换手率等指标对市场个股进行积分排序，选取排序靠前又能反映各行业的股票作为成分股，其流通市值约占总流通市值的 50% 多。

上述两个指数都是在 2006–2007 年那波牛市中发展壮大的，曾经很有名，但最近几年关注度不高。

中证 90 指数则基本是由上证 50 指数和原先的深证成分指数（改制前只有 40 只股票）组合而成，跟踪这一指数的银华中证等权重 90 基金曾经是市场上规模最大的分级指数基金，也是第一只下折的分级基金，当时曾在市场上引起轩然大波。

知识点 6.5　指数服务公司是用来做什么的?

我们平常所熟知的各类指数，都有其制定和发布者。比如沪深 300 指数是由中证指数公司发布的，深证 100 指数是由深交所发布的，标普 500 指数是由标准普尔公司创立的。这些指数发布者大致可分为三类：

（1）交易所旗下机构。比如深交所和上交所都有自己专门的指数研发部门或机构，二者又在证监会的指导下一同成立了中证指数公司，用来发布一系列的跨市场指数，比如沪深 300，中证 500 等。

（2）投资机构旗下的指数研发机构。比如恒生指数公司就是恒生银行旗下的，MSCI 公司最早就是摩根士丹利旗下的，我们熟知的申万指数系列就是申银万国证券旗下的研究所发布的。

（3）专门的金融信息服务公司。比如英国富时集团，由金融时报和伦敦交易所共同成立，富时 100 指数的前身就伦敦金融时报指数。比如标准普尔公司，就推出了以标普 500 为代表的一系列指数。

全球两大指数公司分别是英国富时集团（FTSE）和美国摩根士丹利资本国际公司（MSCI，又译明晟），全球很多机构投资者都使用这两家公司发布的指数来进行投资配置。富时集团已于 2015 年 5 月 26 日宣布启动将中国 A 股纳入其全球性股票基准指数的过渡计划后，MSCI 在 2017 年 6 月宣布将中国 A 股纳入其新兴市场指数（该指数是其主流产品），这是 A 股迈向国际化的重要一步。

6.4.3 中市值指数

1. 上证中盘和中证 200 指数

上证中盘指数由上证 180 指数成分股中剔除 50 只上证 50 指数成分股后剩余的 130 家成分股构成，以综合反映沪市中盘公司的整体状况。中证 200 指数是由沪深 300 指数成分股中非中证 100 指数样本股的 200 家公司股票构成。这两个指数是中小市值指数中公司市值较大的一类，有时候也被称作中盘指数，如表 6-10 所示。

表 6-10　中盘指数对应的基金产品

对应指数	基金代码	证券简称	基金成立日	跟踪指数代码	上市地	运作形式
上证中盘	110021.OF	易方达上证中盘 ETF 联接	2010-03-31	000044.SH	不上市	ETF 联接
上证中盘	510130.OF	易方达上证中盘 ETF	2010-03-29	000044.SH	上海	ETF
中证 200	160808.OF	长盛同瑞中证 200	2011-12-06	000904.SH	不上市	分级母基金
中证 200	290010.OF	泰信中证 200	2011-06-09	000904.SH	不上市	开放式指数

2. 深证 100 指数

深证 100 指数是由在深圳证券交易所上市股票中，根据平均流通市值和平均成交金额这两个指标（按照 2 ∶ 1 的权重加权）排序，选择前 100 名的股票得来。在深交所上市的股票多以中小盘为主，而深证 100 指数体现的则是它们当中的相对较大的一类，股票市值范围从 100 多亿到 500 亿之间的居多，但深市当中盘子最大的几只股票均包含在内，例如万科 A、美的集团等市值都在1000亿以上。该指数在深市的地位与上证180指数在沪市的地位类似，二者合在一起基本组成了沪深 300 指数的大部分成分股，如表 6-11 所示。

表 6-11　深证 100 指数对应的基金产品

对应指数	基金代码	证券简称	基金成立日	跟踪指数代码	上市地	运作形式
深证 100	110019.OF	易方达深证 100ETF 联接	2009-12-01	399330.SZ	不上市	ETF 联接
深证 100	159901.OF	易方达深证 100ETF	2006-03-24	399330.SZ	深圳	ETF
深证 100	161227.OF	国投瑞银瑞福深证 100	2015-08-14	399330.SZ	深圳	开放式指数
深证 100	161604.OF	融通深证 100A	2003-09-30	399004.SZ	不上市	开放式指数
深证 100	161812.OF	银华深证 100	2010-05-07	399330.SZ	不上市	分级母基金

跟踪深证 100 指数的基金十分丰富，可以满足投资者的各种需求。场内交易最为方便的是易方达深证 100ETF，从银行等场外渠道投资可以选择除了 ETF 之外的另外四只，规模都很大，其中历史最悠久、名气最大的是融通和银华的产品。如果想要加杠杆，可以选择银华深证 100 指数分级基金对应的杠杆份额银华锐进（150019），这是名气最大、交易量最活跃的分级基金之一。

3. 深圳成分指数

深成指前面已经介绍过，改制以后，该指数的成分股扩大到了 500 只，已经成为深市最为典型的宽基指数，为深市股票的重要代言人，如表6-12所示。

表 6-12　深圳成分指数对应的基金产品

对应指数	基金代码	证券简称	基金成立日	跟踪指数代码	规模 / 亿元	上市地	运作形式
深成指	159943.OF	大成深证成分 ETF	2015-06-05	399001.SZ	4.3515	深圳	ETF
深成指	161612.OF	融通深证成指	2010-11-15	399001.SZ	1.5871	不上市	开放式指数
深成指	163109.OF	申万菱信深证成指分级	2010-10-22	399001.SZ	37.2653	不上市	分级母基金
深成指	202017.OF	南方深成 ETF 联接 A	2009-12-09	399001.SZ	3.1374	不上市	ETF 联接
深成指	159903.OF	南方深成 ETF	2009-12-04	399001.SZ	4.9608	深圳	ETF

4. 上证 380 指数

上证 380 指数是由 380 家规模适中、成长性好、盈利能力强的公司组成，以综合反映上交所一批新兴蓝筹公司的整体表现。它不仅仅是根据市值大小选取沪市前 380 家那么简单，而是综合营业收入增长率、净资产收益率、成交金额和总市值等因素排序，如表 6-13 所示。

表 6-13　上证 380 指数对应的基金产品

对应指数	基金代码	证券简称	基金成立日	跟踪指数代码	上市地	运作形式
上证 380	590007.OF	中邮上证 380	2011-11-22	000009.SH	不上市	指数增强
上证 380	202025.OF	南方上证 380ETF 联接	2011-09-20	000009.SH	不上市	ETF 联接
上证 380	510290.OF	南方上证 380ETF	2011-09-16	000009.SH	上海	ETF

6.4.4　中小市值指数

中小市值的公司是 A 股当中的希望之星，它们已经摆脱了小公司的初级发展阶段，进入日臻成熟的中级发展阶段，一不留神就有可能成长为行业龙头。在这个过程中，以中小市值公司为主要标的的中小指数，凭借其多年的优异表现，获得了非常高的认可度。

1. 中小板指数及中小板 300 指数

中小板市场汇聚了中国众多优秀、具有活力的中小企业，这一板块已经发展成为中国多层次资本市场体系中特色鲜明、不可替代的独立组成部分，共有 800 多只股票（截至 2016 年底）。中小板指数作为中小板市场的核心指数，根据总市值、流通市值、成交金额综合排序，选出中小板中排名前 100 的股票。而中小板 300 指数则把选取标准放宽到了前 300 位，如表 6-14 所示。

表 6-14　中小指数对应的基金产品

对应指数	基金代码	证券简称	基金成立日	跟踪指数代码	上市地	运作形式
中小板	159902.OF	华夏中小板 ETF	2006-06-08	399005.SZ	深圳	ETF
中小板	161118.OF	易方达中小板指数	2012-09-20	399005.SZ	不上市	分级母基金
中小板	163111.OF	申万菱信中小板	2012-05-08	399005.SZ	不上市	分级母基金
中小板	159907.OF	广发中小板 300ETF	2011-06-03	399008.SZ	深圳	ETF
中小板	270026.OF	广发中小板 300ETF 联接	2011-06-09	399008.SZ	不上市	ETF 联接

华夏中小板ETF是投资该指数最为方便的基金，申万菱信和易方达的中小板指数分级基金是加杠杆的有力工具。

2. 中证500指数

中证500指数是非常重要的一个指数。它是在扣除沪深300样本股及最近一年日均总市值排名前300股票的基础上，综合考虑最近一年日均成交金额和日均总市值因素，选取排名在前500名的股票作为样本股。中证500指数综合反映沪深证券市场内中小市值公司的整体状况，是小公司成长为大公司的必由之路。而且该指数多年以来表现优异，很多基金经理也都拿该指数作为衡量自己投资水平的标杆，如表6-15所示。

表6-15　中证500指数对应的基金产品

对应指数	基金代码	证券简称	基金成立日	跟踪指数代码	上市地	运作形式
中证500	161017.OF	富国中证500	2011-10-12	000905.SH	深圳	指数增强
中证500	510510.OF	广发中证500ETF	2013-04-11	000905.SH	上海	ETF
中证500	162711.OF	广发中证500ETF联接A	2009-11-26	000905.SH	深圳	ETF联接
中证500	512510.OF	华泰柏瑞中证500ETF	2015-05-13	000905.SH	上海	ETF
中证500	512500.OF	华夏中证500ETF	2015-05-05	000905.SH	上海	ETF
中证500	001052.OF	华夏中证500ETF联接	2015-05-05	000905.SH	不上市	ETF联接
中证500	159922.OF	嘉实中证500ETF	2013-02-06	000905.SH	深圳	ETF
中证500	000008.OF	嘉实中证500ETF联接	2013-03-22	000905.SH	不上市	ETF联接
中证500	000478.OF	建信中证500	2014-01-27	000905.SH	不上市	指数增强
中证500	510500.OF	南方中证500ETF	2013-02-06	000905.SH	上海	ETF
中证500	160119.OF	南方中证500ETF联接	2009-09-25	000905.SH	深圳	ETF联接
中证500	003986.OF	申万菱信中证500优选	2017-01-10	000905.SH	不上市	指数增强
中证500	000962.OF	天弘中证500	2015-01-20	000905.SH	不上市	开放式指数
中证500	162216.OF	泰达宏利中证500	2011-12-01	000905.SH	不上市	分级母基金
中证500	165511.OF	信诚中证500分级	2011-02-11	000905.SH	不上市	分级母基金

在众多跟踪中证500的基金中，南方中证500ETF无疑是最佳选择，规模大，场内流动性好，相对应的联接基金也可供场外投资者参与。在指数增强产品中，建信中证500、富国中证500都做得非常不错，准备长期或者定投持有该指数的投资者，可以选择指数增强产品。泰达宏利和信诚各有一只跟踪该指数的分级基金，供喜好杠杆的投资者选择。

知识点 6.6　主板、中小板、创业板、新三板

首先，通常意义上所说的主板是指沪深交易所的主板。而中小板、创业板是深交所的范畴。新三板是独立于沪深交易所之外全国中小企业股份转让系统。主板、中小板和创业板的上市对象都是公开发行股票的股份公司，区别就在于各自对于上市公司的要求不一样。比如主板、中小板对于盈利指标、净资产指标等要求就比创业板要更加严格。而新三板的上市对象都是公开转让股票的非上市公司，各项指标的要求更宽松一点，但是投资者的要求也会更加严格，一般的散户是无法直接参与的。

6.4.5　小市值指数

1. 创业板指数

创业板指数是深交所多层次资本市场的核心指数之一，由最具代表性的100 家创业板上市企业股票组成，反映创业板市场层次的运行情况。创业板指数新兴产业、高新技术企业占比高，成长性突出，兼具价值尺度与投资标的的功能。创业板上市公司有将近 600 只（截至 2016 年底），前 100 只的市值大小不一，最大的温氏股份有将近 1200 亿（2017 年 6 月），属于“野值点”，其他较大的是东方财富等公司，有大几百亿的市值，大部分公司在几十亿到一两百亿之间的规模。创业板指数的弹性极大，涨跌都比其他指数快，适合高风险偏好的投资者，如表 6-16 所示。

表 6-16　创业板指数对应的基金产品

对应指数	基金代码	证券简称	基金成立日	跟踪指数代码	规模 / 亿元	上市地	运作形式
创业板指	161613.OF	融通创业板	2012-04-06	399006.SZ	4.6560	不上市	指数增强
创业板指	110026.OF	易方达创业板 ETF 联接	2011-09-20	399006.SZ	10.7695	不上市	ETF 联接
创业板指	159915.OF	易方达创业板 ETF	2011-09-20	399006.SZ	52.6623	深圳	ETF
创业板指	160637.OF	鹏华创业板	2015-06-09	399006.SZ	13.1466	不上市	分级母基金
创业板指	161022.OF	富国创业板指数分级	2013-09-12	399006.SZ	97.9969	不上市	分级母基金

易方达创业板 ETF 是场内投资者最便捷的投资工具，加杠杆则毫无疑问选择富国基金的创业板分级。

2. 创业板的衍生指数

创业板 50 指数是从创业板指数的 100 只样本股中选取考察期内流动性指标最优的 50 只股票组成样本股。创业板 50 指数侧重样本股流动性、市值集中度和资产配置效率，样本股公司集中了创业板市场内知名度高、市值规模大、流动性好的企业，为投资者提供了分享创业板市场高成长的良好工具。

中证创业成长指数样本由在创业板、中小板以及部分主板市场上市的具备创业和高成长特征的 100 只股票组成，旨在刻画沪深两市创业和成长特征较为明显的中小型上市股票群体的整体表现。

中创 100 指数反映中小企业板和创业板重点企业的运行状况，进一步凸显深交所多层次资本市场的特色，满足投资者对中小创业型企业进行指数化投资的需要，推进 ETF 等指数基金产品的开发。中创 400 则是把覆盖范围扩大到 400 只，如表 6-17 所示。

表 6-17　创业板衍生指数对应的基金产品

对应指数	基金代码	证券简称	基金成立日	跟踪指数代码	上市地	运作形式
创业板 50	159949.OF	华安创业板 50ETF	2016-06-30	399673.SZ	深圳	ETF
创业板 50	160420.OF	华安创业板 50	2015-07-06	399673.SZ	不上市	分级母基金
中创 400	070030.OF	嘉实中创 400ETF 联接	2012-03-22	399624.SZ	不上市	ETF 联接
中创 400	159918.OF	嘉实中创 400ETF	2012-03-22	399624.SZ	深圳	ETF

3. 中证 1000 指数

中证 1000 指数简单理解就是排在中证 800 后面的 1000 只股票，全部以小票为主，呈现激进成长风格的特征。涵盖股票行业剔除金融地产后，具有较好的行业弹性。牛市中弹性较大，冲击较猛；熊市中弹性也较大，跌幅相对略深。成分股市值绝大部分在几十亿到两百亿之间，流通市值则基本都在几十亿规模，如表 6-18 所示。

表 6-18 中证 1000 指数对应的基金产品

对应指数	基金代码	证券简称	基金成立日	跟踪指数代码	是否分级	规模 / 亿元	上市地	运作形式
中证 1000	512100.OF	南方中证 1000ETF	2016-09-29	000852.SH	否	1.5881	上海	ETF
中证 1000	162413.OF	华宝兴业中证 1000	2015-06-04	000852.SH	是	0.8554	不上市	分级母基金

6.5 行业指数及相关基金

规模指数主要根据上市公司市值和流动性编制，行业指数的编制主要取决于上市公司所处行业的分类情况，同时兼顾市值和流动性因素。行业指数的编制体系有很多，一般都需要横跨沪深两个市场，比较有名的有中证系列和国证系列。而行业的分类也大多有好几个层级，比如中国银行这只股票，它的第一层分类是金融行业，第二层分类则是银行业，行业指数也可根据不同的分类层级编制。

从 2002 年第一只指数基金成立以来，在相当长的时间内，基金公司都是着力于发展规模指数，什么上证50、沪深300、中证500，能上的基本都上全了。直到 2010 年才开始有基金公司把目光投向行业指数产品，不过在这段时间，开发的品种大多是大宗商品、自然资源、大消费、金融等含义比较广的行业指数。

到了 2013 年，以医药行业指数为先锋，细分行业指数基金层出不穷，特别是到了 2014 年底和 2015 年上半年的牛市阶段，指数分级基金大爆发，细分行业指数借势呈井喷式发展，形成了现在比较齐全的行业指数基金大家庭。

6.5.1 金融行业指数

金融行业的上市公司一般包括银行、券商、保险公司、信托公司四类。涵盖范围最大的是金融指数，由于金融行业和地产行业相关性极高（某种意义上房子也是金融资产），金融地产指数也是一类主流指数，在 2014 年底的大盘股行情中表现也非常抢眼。再细分就是银行指数、非银指数，非银指数再细分就是证券指数、证券保险指数、保险指数，而信托类的上市公司数量少、市值也不大，一般都归在非银指数中体现，如表6-19所示。

表6-19 金融行业指数对应的基金产品

对应指数	基金代码	证券简称	基金成立日	跟踪指数代码	上市地	运作形式
金融	020021.OF	国泰上证180金融ETF联接	2011-03-31	000018.SH	不上市	ETF联接
金融	510230.OF	国泰上证180金融ETF	2011-03-31	000018.SH	上海	ETF
金融	165521.OF	信诚中证800金融	2013-12-20	000974.SH	不上市	分级母基金
金融地产	159933.OF	国投瑞银沪深300金融地产ETF	2013-09-17	000914.SH	深圳	ETF
金融地产	161211.OF	国投瑞银沪深300金融地产ETF联接	2013-11-05	000914.SH	不上市	ETF联接
银行	501025.OF	鹏华港股通香港银行	2016-11-10	930793.CSI	上海	开放式指数
银行	160631.OF	鹏华中证银行	2015-04-17	399986.SZ	不上市	分级母基金
银行	161029.OF	富国中证银行	2015-04-30	399986.SZ	不上市	分级母基金
银行	161723.OF	招商中证银行指数分级	2015-05-20	399986.SZ	不上市	分级母基金
银行	160418.OF	华安中证银行	2015-06-09	399986.SZ	不上市	分级母基金
非银	512070.OF	易方达沪深300非银ETF	2014-06-26	h30035.CSI	上海	ETF
非银	000950.OF	易方达沪深300非银ETF联接	2015-01-22	h30035.CSI	不上市	ETF联接
证券	512880.OF	国泰中证全指证券公司ETF	2016-07-26	399975.SZ	上海	ETF
证券	512000.OF	华宝兴业中证全指证券	2016-08-30	399975.SZ	上海	ETF
证券	163113.OF	申万菱信中证申万证券	2014-03-13	399707.SZ	不上市	分级母基金
证券	161720.OF	招商中证证券公司	2014-11-13	399975.SZ	不上市	分级母基金
证券	161027.OF	富国证券分级	2015-03-27	399975.SZ	不上市	分级母基金
证券	160633.OF	鹏华中证证券	2015-05-06	399975.SZ	不上市	分级母基金
证券	160419.OF	华安中证全指证券	2015-06-09	399975.SZ	不上市	分级母基金

续表

对应指数	基金代码	证券简称	基金成立日	跟踪指数代码	上市地	运作形式
证券	502010.OF	易方达证券公司	2015-07-08	399975.SZ	上海	分级母基金
证券	502053.OF	长盛中证全指证券	2015-08-13	399975.SZ	上海	分级母基金
证券保险	160625.OF	鹏华中证 800 证券保险	2014-05-05	399966.SZ	不上市	分级母基金
证券保险	160516.OF	博时中证 800 证券保险	2015-05-19	399966.SZ	不上市	分级母基金
保险	167301.OF	方正富邦中证保险	2015-07-31	399809.SZ	不上市	分级母基金

跟踪金融行业的指数基金非常多，其中比较值得关注的有国泰上证 180 金融 ETF、国投瑞银沪深 300 金融地产 ETF、鹏华中证银行及其分级 B 份额（银行 B，150228）、易方达沪深 300 非银 ETF、申万菱信中证申万证券及其分级 B 份额（证券 B，150172）、鹏华中证 800 证券保险及其分级 B 份额（证保 B、150178）。

另外鹏华基金还发行了鹏华港股通香港银行指数，通过港股通投资中国香港上市的银行股，估值更低。方正富邦中证保险基金则是唯一一只跟踪保险指数的基金，由于保险股只有四只（中国平安、中国太保、新华保险、中国人寿，指数权重合计超过 50%），该指数还加入了一些涉及互联网保险、参股保险公司相关的上市公司，凑了 20 只成分股。

6.5.2 大宗商品行业指数

大宗商品主要包括钢铁、煤炭、有色金属、石油、黄金、农产品等，其中跟踪石油价格的基金多为 QDII，在第 7 章中有专门介绍，跟踪黄金白银价格的基金会在本章另类指数章节中专门介绍。

大宗商品指数、上游指数、资源指数的含义极其类似，成分股也十分接近，基本是以油气能源、有色金属、黄金、煤炭为主，涵盖面比较广。而细分行业指数中，钢铁、有色金属、煤炭、能源、农业都有相关基金专门跟踪，如表 6-20 所示。

表 6-20 大宗商品指数对应的基金产品

对应指数	基金代码	证券简称	基金成立日	跟踪指数代码	上市地	运作形式
大宗商品	510170.OF	国联安上证商品 ETF	2010-11-26	000066.SH	上海	ETF
大宗商品	257060.OF	国联安上证商品 ETF 联接	2010-12-01	000066.SH	不上市	ETF 联接
资源	161217.OF	国投瑞银中证上游	2011-07-21	000961.SH	深圳	开放式指数
资源	161819.OF	银华中证内地资源主题	2011-12-08	000944.SH	不上市	分级母基金
资源	160620.OF	鹏华中证 A 股资源产业	2012-09-27	000805.SH	不上市	分级母基金
钢铁	168203.OF	中融国证钢铁	2015-06-19	399440.SZ	不上市	分级母基金
煤炭	161724.OF	招商中证煤炭	2015-05-20	399990.SZ	不上市	分级母基金
煤炭	161032.OF	富国中证煤炭	2015-06-19	399998.SZ	不上市	分级母基金
煤炭	168204.OF	中融中证煤炭	2015-06-25	399998.SZ	不上市	分级母基金
有色	165520.OF	信诚中证 800 有色	2013-08-30	000823.SH	不上市	分级母基金
有色	160221.OF	国泰国证有色金属行业	2015-03-30	399395.SZ	不上市	分级母基金
能源	159945.OF	广发中证全指能源 ETF	2015-06-25	000986.SH	深圳	ETF
农业	001027.OF	前海开源中证大农业	2015-02-13	399814.SZ	不上市	指数增强

6.5.3 消费行业指数

消费行业是 A 股市场中持续表现比较优异的行业，其中也诞生了很多大家耳熟能详的白马股。这一行业的上市公司主要集中在酒类（贵州茅台、五粮液）、食品（伊利股份、双汇发展）、农副产品（新希望、大北农）、家电（美的集团、格力电器）、汽车（上汽集团、长安汽车）、零售（永辉超市、海澜之家）等，不同的指数各有侧重，如表 6-21 所示。

上证消费 80 指数主要集中在生物医药（恒瑞医药、康美药业）、食品饮料（贵州茅台、伊利股份）、汽车（上汽集团、福耀玻璃）。

上证主要消费指数和中证主要消费指数则是以酒类、食品、农副产品为主。

中证全指可选消费指数则是以汽车（上汽集团、长安汽车）、家电（美的集团、格力电器）、零售（苏宁云商）和传媒（万达院线等）为主，显得比较“上档次”。可选消费本来就是有些许奢侈品的味道。

食品饮料指数同样是以酒类、食品、农副产品为主，但比上证和中证主要消费指数更为集中。

而中证酒类指数比中证白酒指数多了一些啤酒（青岛啤酒）、红酒（中葡股份）、黄酒（古越龙山）、饮料（维维股份、海南椰岛）。

智能家居指数则是家电股（长城电脑、老板电器）和电子股（中航电子、海康威视）的结合。

表 6-21 消费行业指数对应的基金产品

对应指数	基金代码	证券简称	基金成立日	跟踪指数代码	上市地	运作形式
消费	217017.OF	招商上证消费 80ETF 联接	2010-12-08	000069.SH	不上市	ETF 联接
消费	510150.OF	招商上证消费 80ETF	2010-12-08	000069.SH	上海	ETF
消费	510630.OF	华夏上证主要消费 ETF	2013-03-28	000036.SH	上海	ETF
消费	159928.OF	汇添富中证主要消费 ETF	2013-08-23	399932.SZ	深圳	ETF
消费	159936.OF	广发中证全指可选消费 ETF	2014-06-03	000989.SH	深圳	ETF
消费	000248.OF	汇添富中证主要消费 ETF 联接	2015-03-24	399932.SZ	不上市	ETF 联接
消费	001133.OF	广发中证全指可选消费 ETF 联接 A	2015-04-15	000989.SH	不上市	ETF 联接
食品饮料	160222.OF	国泰国证食品饮料	2014-10-23	399396.SZ	不上市	分级母基
酒	160632.OF	鹏华中证酒	2015-04-29	399987.SZ	不上市	分级母基
酒	161725.OF	招商中证白酒	2015-05-27	399997.SZ	不上市	分级母基

相关 ETF 基金的成交量并不活跃，通过场内参与比较困难，一般通过场外申购 ETF 联接基金或者分级母基金较为合适，本身消费类基金也适合长期持有。在场内交易一般是投资相关基金的分级 B 份额。

6.5.4 TMT 行业指数

TMT（Technology，MeTia，Telecom）是科技、媒体和通信三个英文单词第一个字母的缩写，包含的行业主要为互联网、信息技术、传媒、电子行业，这几个行业的关联度极高，股票弹性也极大，大多集中在创业板。

中证 TMT 产业主题指数从电信业务、信息技术、媒体、消费电子产品等行业与 TMT 产业相关的股票中挑选规模和流动性较好的 100 只公司股票组成样本股。中证 TMT150 则是把范围扩大到 150 只。深证 TMT50 则是以深市的相关股票为主。这三个指数都是涵盖较为广泛的。

中证传媒指数和申万传媒指数的区别并不大，主要包括广播与有线电视、出版、广告、电影与娱乐、互联网与售货目录零售、互联网软件与服务、家庭娱乐软件、数据处理与外包服务等行业的股票。大家比较耳熟能详的有东方财富、万达电影、华谊兄弟等。

互联网是时代的宠儿，有移动互联网、有互联网 + 、互联网金融，涵盖范围非常广泛。需要注意的是，中证互联网指数（南方基金跟踪）的前五大重仓股竟然是中国平安、兴业银行、海康威视、平安银行、京东方 A、中国联通，确实让人摸不着头脑。而中证移动互联网指数则比较纯粹的是以互联网公司为主。

互联网金融指数则是金融股和信息股兼而有之，而并非大众理解的 P2P 行业。信息、电子相关类的各指数区别并不是很大，与互联网行业的很多股票业都有重合，如表 6-22 所示。

表 6-22　TMT 行业指数对应的基金产品

对应指数	基金代码	证券简称	基金成立日	跟踪指数代码	上市地	运作形式
TMT	512220.OF	景顺长城中证 TMT150ETF	2014-07-18	h30318.CSI	上海	ETF
TMT	001361.OF	景顺长城中证 TMT150ETF 联接	2015-06-15	h30318.CSI	不上市	ETF 联接
TMT	165522.OF	信诚中证 TMT 产业	2014-11-28	000998.SH	不上市	分级母基金
TMT	160224.OF	国泰深证 TMT50	2015-03-26	399610.SZ	不上市	分级母基金
传媒	160629.OF	鹏华中证传媒	2014-12-11	399971.SZ	不上市	分级母基金
传媒	164818.OF	工银瑞信中证传媒	2015-05-21	399971.SZ	不上市	分级母基金
传媒	163117.OF	申万菱信传媒行业	2015-05-29	399810.SZ	不上市	分级母基金
互联网	161025.OF	富国中证移动互联网	2014-09-02	399970.SZ	不上市	分级母基金

续表

对应指数	基金代码	证券简称	基金成立日	跟踪指数代码	上市地	运作形式
互联网	160137.OF	南方中证互联网	2015-07-01	h30535.CSI	不上市	分级母基金
互联网金融	164907.OF	交银互联网金融	2015-06-26	399805.SZ	不上市	分级母基金
互联网金融	165315.OF	建信中证互联网金融	2015-07-31	399805.SZ	不上市	分级母基金
信息安全	165523.OF	信诚中证信息安全	2015-06-26	399994.SZ	不上市	分级母基金
信息技术	159939.OF	广发中证全指信息技术 ETF	2015-01-08	000993.SH	深圳	ETF
信息技术	000942.OF	广发中证全指信息技术 ETF 联接 A	2015-01-29	000993.SH	不上市	ETF 联接
信息技术	512330.OF	南方中证 500 信息技术 ETF	2015-06-29	h30257.CSI	上海	ETF
信息技术	002900.OF	南方中证 500 信息技术 ETF 联接	2016-08-17	h30257.CSI	不上市	ETF 联接
信息技术	160626.OF	鹏华中证信息技术	2014-05-05	399935.SZ	不上市	分级母基金
电子	163116.OF	申万菱信电子行业	2015-05-14	399811.SZ	不上市	分级母基金

以上基金的关联度极大，可以互为替代。特别是喜好分级基金的投资者，在投资相关分级 B 的时候，可以根据折溢价进行相互间的套利。

6.5.5 医药健康行业指数

医疗是医药的一个细分行业，医药偏向于“药”，而医疗更偏向于“医”。比如：中证医疗指数选取的就是医药行业里的医疗器械、医疗服务两个子行业，不包含药品概念，而医药行业则是以药品为主、医疗为辅，涵盖范围较广。更加细分的领域有中药行业指数（云南白药、东阿阿胶、同仁堂）、生物医药指数（上海莱士、华兰生物、达安基因）。而健康产业则是医药行业和环保行业、消费行业的结合，如表 6-23 所示。

表 6-23　健康产业指数对应的基金产品

对应指数	基金代码	证券简称	基金成立日	跟踪指数代码	上市地	运作形式
医药	000059.OF	国联安中证医药 100	2013-08-21	000978.SH	不上市	开放式指数
医药	159938.OF	广发中证全指医药卫生 ETF	2014-12-01	000991.SH	深圳	ETF
医药	001180.OF	广发中证全指医药卫生 ETF 联接 A	2015-05-06	000991.SH	不上市	ETF 联接
医药	161035.OF	富国中证医药主题	2016-11-11	930791.CSI	深圳	指数增强
医药	165519.OF	信诚中证 800 医药	2013-08-16	000841.SH	不上市	分级母基金
医药	160219.OF	国泰国证医药卫生	2013-08-29	399394.SZ	不上市	分级母基金
医药	501011.OF	汇添富中证中药 A	2016-12-29	930641.CSI	上海	开放式指数
医药	501012.OF	汇添富中证中药 C	2016-12-29	930641.CSI	不上市	开放式指数
医药	161726.OF	招商国证生物医药	2015-05-27	399441.SZ	不上市	分级母基金
医药	163118.OF	申万菱信医药生物	2015-06-19	000808.SH	不上市	分级母基金
医药	161122.OF	易方达生物科技	42158	399993.SZ	不上市	分级母基金
医药	501009.OF	汇添富中证生物科技 A	42726	930743.CSI	上海	开放式指数
医疗	501005.OF	汇添富中证精准医疗 A	42390	930719.CSI	上海	开放式指数
医疗	501006.OF	汇添富中证精准医疗 C	42390	930719.CSI	不上市	开放式指数
医疗	162412.OF	华宝兴业中证医疗	42145	399989.SZ	不上市	分级母基金
健康	163119.OF	申万菱信新兴健康	42653	h20629.CSI	深圳	开放式指数
健康	164401.OF	前海开源中证健康	42110	h30344.CSI	不上市	分级母基金

跟踪健康产业的基金品种非常多，ETF 及其联接基金、普通开放式基金、分级基金及其 B 类份额，各有所专。其中有一个广发中证养老产业基金，规模太小无法投资，但养老产业也是近年来的热点，在介绍股票型基金的章节中会有相关基金的介绍。

6.5.6　环保新能源行业指数

近年来由于雾霾的持续侵扰，环保产业的股票也得到越来越多的关注，新能源及新能源汽车行业也时常上新闻头条。

国证新能：成分股最少，有 70 个，权重集中度适中，大部分成分股在其他指数中均有收录，以电力设备、光伏、风电、电池为主，是比较纯正的新能源指数。

中证新能：80 个成分股，权重及重叠度较高，与国证新能有较大比例的重叠，最突出的特点是第一大权重股是核电概念的中国一重，而国证新能指数中，核电概念较少。

新能源汽车：有 80 个成分股，权重集中度较高。主要以新能源汽车企业、电池为主，几乎没有光伏、风电等涉及能源初始端的企业。

中证环保：有 100 个成分股，权重集中度较分散。该指数主要由后端环保处理公司以及新能源电力设备公司组成，而且前者的比重较大，和其他指数重复的成分股最少。而环境治理指数与之区别不大，如表 6-24 所示。

表 6-24　环保产业指数对应的基金产品

对应指数	基金代码	证券简称	基金成立日	跟踪指数代码	上市地	运作形式
环保	163114.OF	申万菱信中证环保产业	2014-05-30	000827.SH	不上市	分级母基金
环保	164304.OF	新华中证环保产业	2014-09-11	000827.SH	不上市	分级母基金
环保	160634.OF	鹏华中证环保产业	2015-06-16	000827.SH	不上市	分级母基金
环保	001064.OF	广发中证环保产业 A	2015-03-25	000827.SH	不上市	开放式指数
环保	164908.OF	交银中证环境治理	2016-07-19	399806.SZ	深圳	开放式指数
环保	501030.OF	汇添富中证环境治理 A	2016-12-29	399806.SZ	上海	开放式指数
新能源	160225.OF	国泰国证新能源汽车	2016-07-01	399417.SZ	深圳	开放式指数
新能源	161028.OF	富国中证新能源汽车	2015-03-30	399976.SZ	不上市	分级母基金
新能源汽车	164905.OF	交银国证新能源	2015-03-26	399412.SZ	不上市	分级母基金

6.5.7　军工及高端装备行业指数

军工行业一直因高弹性，高市盈率和神秘感被人关注，尤其是近年来全球风险事件不断，地缘政治不稳定，军工行业炒作的机会也非常多。

中证军工指数以十大军工集团控股且主营业务与军工行业相关的上市公司作为成分股，指数中国防军工行业权重占比一半，其他主要行业还包括计算机、电子、机械设备等相关行业，如表 6-25 所示。

中证国防指数里军工国防概念的股票更集中，权重更大，相对弹性也更大一点，但总体而言区别不是很大。

与军工行业有一定重合的高端装备制造行业，其中高铁指数除了中国中车、中国中铁、中国铁建等铁路股之外，还有很多电气、重工等股票，工业 4.0 指数则是以精密仪器等高科技股票为主。

表 6-25 军工行业指数对应的基金产品

对应指数	基金代码	证券简称	基金成立日	跟踪指数代码	是否分级	上市地	运作形式
军工	000596.OF	前海开源中证军工 A	2014-05-27	399967.SZ	否	不上市	开放式指数
军工	002199.OF	前海开源中证军工 C	2015-11-30	399967.SZ	否	不上市	开放式指数
军工	512660.OF	国泰中证军工 ETF	2016-07-26	399967.SZ	否	上海	ETF
军工	512810.OF	华宝兴业中证军工 ETF	2016-08-05	399967.SZ	否	上海	ETF
军工	512680.OF	广发中证军工 ETF	2016-08-30	399967.SZ	否	上海	ETF
军工	161024.OF	富国中证军工	2014-04-04	399967.SZ	是	不上市	分级母基金
军工	163115.OF	申万菱信中证军工	2014-07-24	399967.SZ	是	不上市	分级母基金
军工	164402.OF	前海开源中航军工	2015-03-30	399959.SZ	是	不上市	分级母基金
军工	502003.OF	易方达军工	2015-07-08	399967.SZ	是	上海	分级母基金
国防	160630.OF	鹏华中证国防	2014-11-13	399973.SZ	是	不上市	分级母基金
高端装备	160639.OF	鹏华中证高铁产业	2015-05-27	399807.SZ	是	不上市	分级母基金
高端装备	160135.OF	南方中证高铁产业	2015-06-10	399807.SZ	是	不上市	分级母基金
高端装备	161031.OF	富国中证工业 4.0	2015-06-15	399803.SZ	是	不上市	分级母基金

跟踪军工行业的标的非常丰富，规模最大的是富国中证军工及其分级 B 份额（军工 B，150182）和鹏华国防及其分级 B 份额（国防 B，150206）。

6.5.8 其他：基建、地产、体育

地产行业主要是指房地产开发企业，其中，国证房地产指数和中证 800 地产指数区别并不大。

基建工程指数的成分股主要来自于建筑行业，外带路桥、装修行业，属于房地产行业中的上游。这个概念具备一带一路和雄安新区建设两大主题，值得关注。

体育产业是近年来新兴的一个行业，随着冬奥会临近，足球、彩票等产业的深入发展，炒作亮点也非常多，如表 6-26 所示。

表 6-26　其他指数对应的基金产品

对应指数	基金代码	证券简称	基金成立日	跟踪指数代码	上市地	运作形式
基建	165525.OF	信诚中证基建工程	2016-07-27	399995.SZ	深圳	开放式指数
房地产	160218.OF	国泰国证房地产	2013-02-06	399393.SZ	不上市	分级母基金
房地产	160628.OF	鹏华中证 800 地产	2014-09-12	399965.SZ	不上市	分级母基金
体育	161030.OF	富国中证体育产业	2015-06-25	399804.SZ	不上市	分级母基金

6.6　主题指数及指数基金

主题投资所涵盖的内容，理论上是非常广泛的，任何一个在投资上可实现的想法，都可以为主题投资提供思想源泉。如果投资的运作方式是指数化，那么就可以编制成主题指数并以指数基金实现这一想法。比如你觉得小盘股持续表现优异，那就可以编制一个小盘股指数，这就被归类到规模指数了。如果你觉得消费股长期表现优异，也可以编制一个消费股指数，这就被归类到行业指数了。但如果你的想法是高分红的股票长期表现优异，编制一个高分红指数，那就只能归类为主题指数了。

在 2014 年以前，主题指数基金的发展一直不温不火，问世的产品大多是一些耳熟能详的概念，比如红利指数（跟踪高分红股票）、基本面指数（跟踪财务状况及业绩优秀的股票）、成长指数（跟踪收入、利润等增长较快的股票）、价值指数（跟踪 PE、PB 较低的股票）、国营企业指数、民营企业指数等，但是在 2014 年以后，越来越多的主题指数产品开始追赶时髦、紧贴热点，陆续出现了大数据指数、一带一路指数、国企改革指数等并借着 2015 年牛市的东风发展得风生水起，成为市场上一类比较受人关注的产品。

6.6.1　红利指数

红利指数属于长期价值型投资指数，在发达国家的成熟金融市场中，红利指数基金是一个重要的产品类型，而在国内，投资者似乎更喜欢高波动高收益的产品，对于相对稳健的红利指数基金并不买账，相关产品仍然数量较少、规模较小。

目前国内红利指数共有53种，已有产品成立的红利ETP标的指数有5种：上证红利指数、中证红利指数、深证红利指数、沪深300红利指数和标普中国A股红利机会指数。

其中上证红利指数所选取的成分股都是上交所交易的股票（50只），深证红利指数则全部选取深交所上市股票（40只），中证红利指数（100只）、沪深300红利指数（50只）与标普中国A股红利机会指数（100只）则同时选取了上交所和深交所交易的股票。从股票的全面性上看，中证红利指数和标普红利指数更为广泛，各只股票的权重也较为分散。

说起权重，除了深证红利指数之外，另外几种指数都是股息率加权，也就是哪只股票的股息率高，哪只股票的权重大，而不是传统的以市值定权重的方法。

如果看成分股我们就会发现，在这几个指数中，金融行业所占的权重都是最大的（如浦发银行、平安银行），可选消费紧随其后（如格力电器、上汽集团）。其中上证红利、深证红利和沪深300红利指数的收益率中均有60%归因于大盘价值股，长期以来的走势与上证指数几乎一致。而标普红利指数和中证红利指数的收益率则较为平均，较好地分散了成分股的在各市值区间的权重，长期以来也贡献了一些超额收益，如表6-27所示。

表6-27　红利主题指数对应的基金产品

基金代码	证券简称	基金成立日	跟踪指数代码	规模/亿元	上市地	运作形式	细分2级
510880.OF	华泰柏瑞红利ETF	2006-11-17	000015.SH	8.2564	上海	ETF	红利
100032.OF	富国中证红利	2008-11-20	000922.SH	6.5427	不上市	指数增强	红利
159905.OF	工银瑞信深证红利ETF	2010-11-05	399324.SZ	2.1766	深圳	ETF	红利
481012.OF	工银瑞信深证红利ETF联接	2010-11-09	399324.SZ	2.0976	不上市	ETF联接	红利
501029.OF	华宝兴业标普中国A股红利机会	2017-01-18	CSPSATRP.CI	4.0243	上海	开放式指数	红利

在相关红利主题指数基金中，华泰柏瑞红利 ETF 是国内首只红利主题基金，跟踪的是上证红利指数，工银瑞信深证红利 ETF 跟踪的是深证红利指数，其他大部分跟踪中证红利指数，但都不可上市交易。成立最晚的华宝兴业标普中国 A 股红利机会则跟踪的是全新的指数，成分股更为分散，对大盘股的依赖相对较小。

6.6.2 基本面、价值和成长主题指数

股价是股票在市场上出售的价格。它的具体价格及其波动受制于各种经济、政治等方面的因素以及投资心理、交易技术等。概括起来说，影响股价及其波动的因素，主要可以分为两大类：一个是基本面因素，例如宏观经济环境、行业发展趋势、企业的经营状况和内在价值等；另一个是技术面因素，例如投资者情绪、市场风险偏好、资金流向等，如表 6-28 所示。

表 6-28 基本面主题指数对应的基金产品

对应指数	基金代码	证券简称	基金成立日	跟踪指数代码	上市地	运作形式
基本面	160716.OF	嘉实基本面 50	2009-12-30	000925.SH	深圳	开放式指数
基本面	070023.OF	嘉实深证基本面 120 ETF 联接	2011-08-01	399702.SZ	不上市	ETF 联接
基本面	159910.OF	嘉实深证基本面 120 ETF	2011-08-01	399702.SZ	深圳	ETF
基本面	159916.OF	建信深证基本面 60 ETF	2011-09-08	399701.SZ	深圳	ETF
基本面	530015.OF	建信深证基本面 60 ETF 联接	2011-09-08	399701.SZ	不上市	ETF 联接
基本面	519117.OF	浦银安盛基本面 400	2012-05-14	000966.SH	不上市	开放式指数
成长	090012.OF	大成深证成长 40 ETF 联接	2010-12-21	399326.SZ	不上市	ETF 联接
成长	159906.OF	大成深证成长 40 ETF	2010-12-21	399326.SZ	深圳	ETF
成长	510280.OF	华宝兴业上证 180 成长 ETF	2011-08-04	000028.SH	上海	ETF
成长	240019.OF	华宝兴业上证 180 成长 ETF 联接	2011-08-09	000028.SH	不上市	ETF 联接
成长	003366.OF	浙商汇金中证转型成长	2016-12-19	h30359.CSI	不上市	开放式指数

续表

对应指数	基金代码	证券简称	基金成立日	跟踪指数代码	上市地	运作形式
价值	519671.OF	银河沪深 300 价值	2009-12-28	000919.SH	不上市	开放式指数
价值	310398.OF	申万菱信沪深 300 价值	2010-02-11	000919.SH	不上市	开放式指数
价值	240016.OF	华宝兴业上证 180 价值 ETF 联接	2010-04-23	000029.SH	不上市	ETF 联接
价值	510030.OF	华宝兴业上证 180 价值 ETF	2010-04-23	000029.SH	上海	ETF

基本面因素决定着股票的长期内在价值，是股价的基石。一般对股票进行基本面分析需要用到一些和企业发展密切相关的财务指标（基本面因子）：

（1）主营业务收入增长率；

（2）净利润增长率；

（3）净资产收益率；

（4）市盈率；

（5）市净率；

（6）市现率；

（7）股息收益率。

大部分的基本面指数都是在综合考虑上述全部或部分指标的基础上编制的；大部分的成长主题指数都是在考虑了上述第（1）-（3）项指标（成长因子）的基础上编制的；大部分的价值主题指数都是在考虑了上述第（4）-（7）项指标（价值因子）的基础上编制的。

中证锐联基本面 50 指数挑选以 4 个基本面指标（营业收入、现金流、净资产、分红）来衡量的经济规模最大的 50 家 A 股上市公司作为样本。基本面 400 指数则是把样本增加到 400 只。

深证基本面 60 和深证基本面 120 基本上是同样的方法，只不过样本范围仅限于深圳市场。

深证成长和上证成长指数基本是按照上述成长因子指标编制的。

中证转型成长指数是由浙商证券资产管理有限公司定制的动态管理策略指数。指数的理念是从高估值、高行业景气、高成长、低市值、盈利拐点的股票中选取排名最高的 88 只股票组成样本股。

沪深 300 价值指数和上证 180 价值指数则基本上是使用上述价值因子指标编制的。

知识点 6.7 基本面指标解释

（1）主营业务收入增长率：该项指标可以用来衡量企业的生命周期，如果保持在一个较高水平，说明公司处于成长阶段发展较快，如果该比率过低，企业很可能已经进入衰退期。

（2）净利润增长率：可以说是市场最为敏感的指标，它代表企业当期净利润比上期净利润的增长幅度，指标值越大代表企业盈利能力越强，发展越迅猛，对股价的刺激也越大。

（3）净资产收益率：净资产收益率（ROE）是公司税后利润除以净资产得到的百分比，用于衡量公司运用自有股东资本的效率。如果净资产收益率高于负债成本，那企业理论上应该扩大负债杠杆，这样股东会赚得更多，反之亦然。这点跟买房很像，如果房产的增值和租金加在一起，收益率高于贷款成本，那你的首付应该越低越好。

（4）市盈率：亦称本益比（PE），是股票价格除以每股盈利的比率。市盈率反映了在每股盈利不变的情况下，当派息率为 100% 时及所得股息没有进行再投资的条件下，经过多少年我们的投资可以通过股息全部收回。一般情况下，一只股票市盈率越低，市价相对于股票的盈利能力越低，表明投资回收期越短，投资风险就越小，股票的投资价值就越大；反之则结论相反。市盈率有两种计算方法。一是股价同过去一年每股盈利的比率；二是股价同本年度每股盈利的比率。

（5）市净率：指的是每股股价与每股净资产的比率。市净率可用于投资分析，一般来说，市净率较低的股票，投资价值较高。相反，则投资价值较低；但在判断投资价值时还要考虑当时的市场环境以及公司经营情况、盈利能力等因素。

（6）市现率：股票价格与每股现金流量的比率。市现率可用于评价股票的价格水平和风险水平。市现率越小，表明上市公司的每股现金增加额越多，经营压力越小。

（7）股息收益率：股息与股票价格之间的比率。在投资实践中，股息率是衡量企业是否具有投资价值的重要标尺之一。股息率是挑选收益型股票的重要参考标准，如果连续多年年度股息率超过1年期银行存款利率，则这只股票基本可以视为收益型股票，股息率越高越吸引人。

6.6.3 民企和国企主题

几年前，基金公司开发的基金产品中，民营企业的势头是要压过国有企业的。在大部分基金经理眼中，成长性更强、机制更灵活、活力更充足的民营企业是十分重要的，而国有企业是乏善可陈的。

前几年的事实也证明，民营企业指数的收益率的确更出色，但是从2013年党的十八届三中全会决定全面深化改革之后，“国企改革”四个字便成为新闻媒体和资本市场的绝对热词，与此同时，跟踪这一热点的基金也层出不穷，搞出了不小的动静，如表6-29所示。

表6-29 国企民企主题指数对应的基金产品

对应指数	基金代码	证券简称	基金成立日	跟踪指数代码	上市地	运作形式
国企改革	510270.OF	中银上证国企ETF	2011-06-16	000056.SH	上海	ETF
国企改革	160136.OF	南方中证国企改革	2015-06-03	399974.SZ	不上市	分级母基金
国企改革	161026.OF	富国国企改革	2014-12-17	399974.SZ	不上市	分级母基金
国企改革	510060.OF	工银上证央企50ETF	2009-08-26	000042.SH	上海	ETF
国企改革	502006.OF	易方达国企改革	2015-06-15	399974.SZ	上海	分级母基金
国企改革	510810.OF	汇添富中证上海国企ETF	2016-07-28	950096.CSI	上海	ETF
国企改革	003194.OF	汇添富中证上海国企ETF联接	2016-09-18	950096.CSI	不上市	ETF联接
民营企业	510070.OF	鹏华上证民企50ETF	2010-08-05	000049.SH	上海	ETF
民营企业	206005.OF	鹏华上证民企50ETF联接	2010-08-05	000049.SH	不上市	ETF联接
民营企业	159911.OF	鹏华深证民营ETF	2011-09-02	399337.SZ	深圳	ETF
民营企业	206010.OF	鹏华深证民营ETF联接	2011-09-02	399337.SZ	不上市	ETF联接

先说国企相关的指数。名气最大的是国企改革指数，它是将全部发生及拟发生改革的国有企业公司作为待选样本。其中已出台相关股权激励方案、重大资产重组方案等的国企改革事件优先入选，再从剩余预期发生改革的国企中按照过去一年日均总市值由高到低排名，选取 100 只股票构成指数样本股。

另外三个上海市场的国企指数也有各自的特点：

上证央企 50 指数选取的是在上交所上市的实际控制人为国务院国资委以及财政部控股的上市公司股票。

中证上海国企指数则是以上海市（含区县）国有企业上市公司为待选样本，结合市值、国资持股比例、分红比率、市场预期等情况进行选样并加权，反映上海国企的整体走势，成分股 66 只，而且这只指数是专门为汇添富基金量身定制的。

上证国企指数则是由上证地方国有企业 50 指数（与中证上海国企指数略有不同）和上证中央企业 50 指数组合而成的 100 只股票。

上证民营企业 50 指数挑选上海市场规模大、流动性好、具有代表性的 50 家民营上市公司股票作为样本，体现了沪市大型民营上市公司股票的整体表现。深证民营指数则主要集中在深圳市场，成分股 100 只。

在国企相关的基金中，有两只巨无霸产品。其中，富国国企改革指数分级基金曾经在 2015 年的牛市中达到 560 亿规模之巨。当时一边是牛市躁动，一边是国企改革超强概念，再加上分级基金杠杆效果，许多投资者对这只基金趋之如鹜，可惜后来股灾降临，无数资金深埋其中，灰飞烟灭，基金业难逃下折厄运，规模暴跌，但依然是一只巨无霸基金。

另一只汇添富中证上海国企 ETF 则是背负着重要的历史使命，即通过创新发挥资产管理机构职能，服务国企改革、服务实体经济，助力上海国企改革、推动上海国际金融中心建设和完善资本市场都具有重要的作用，也让投资者通过该基金参与上海国企改革，分享上海国企改革的红利。由于 ETF 基金的份额可以使用相关的股票进行换购，而不需要出真金白银，这也使得很多上海市国资委旗下的国有企业纷纷出手，使用手中持有的上市公司股票换购该基金份额。而汇添富作为上海本地的基金巨头，承担这一任务也是理所应当。

而开发民营企业指数基金的公司只有鹏华，可惜规模并没有做大，另外汇添富还有一只主动管理的混合型基金，历史很久、规模很大、业绩优异叫作汇添富民营活力，感兴趣的投资者可以自行查阅。

6.6.4 一带一路

“一带一路”（英文：The Belt and Road，缩写 B&R）是“丝绸之路经济带”和“21 世纪海上丝绸之路”的简称。在“一带一路”倡议下，中国同几十个沿线国家和地区签署了共建合作协议，设立了亚投行、丝路基金等金融合作平台，一大批基础设施建设工程项目开工建设。

与“一带一路”倡议相呼应，中证一带一路指数（基金跟踪最多的指数）应运而生，该指数涵盖 78 只成分股，划分为五大相关产业，分别为：基础建设（中国铁建、葛洲坝）、交通运输（中国中车、中国交建）、高端装备（中国重工、三一重工）、电力通信（特变电工、中兴通讯）、资源开发（中国石油、中国石化）。申万一带一路指数与之基本类似。

而鹏华基金跟踪的新思路指数更像是一个区域性指数，它以沪深 A 股市场中注册地为陕西、甘肃、宁夏、青海与新疆 5 地的上市公司作为备选范围，采用日均总市值比重、日均自由流通市值比重与日均成交金额比重 1 ∶ 1 ∶ 1 进行加权排序，选取排名靠前的 100 只股票构成样本股。西北 5 省具有独特的区位优势，将在丝绸之路经济带发展中大幅受益，如表 6-30 所示。

表 6-30 一带一路主题指数对应的基金产品

对应指数	基金代码	证券简称	基金成立日	跟踪指数代码	上市地	运作形式
一带一路	502026.OF	鹏华新丝路	2015/8/13	399429.SZ	上海	分级母基金
一带一路	160638.OF	鹏华中证一带一路	2015/5/18	399991.SZ	不上市	分级母基金
一带一路	502013.OF	长盛中证申万一带一路	2015/5/29	930620.CSI	上海	分级母基金
一带一路	502016.OF	长信一带一路	2015/8/17	399991.SZ	上海	分级母基金
一带一路	167503.OF	安信中证一带一路	2015/5/14	399991.SZ	不上市	分级母基金
一带一路	168201.OF	中融一带一路	2015/5/14	399991.SZ	不上市	分级母基金

值得注意的是，鹏华新思路基金的走势与其他几只一带一路基金差异是

比较大的。这几只基金全部是 2015 年牛市高峰前后成立的分级基金，其中有三只在上交所上市，所以其母基金也是可以交易的。

6.6.5 治理小康社会责任

这里的三个指数及对应的基金比较小众，但是历史也比较悠久。

中证南方小康产业指数是首只由基金公司委托定制的指数，于 2005 年 12 月 30 日发布，该指数采用创新的财务指标加权选取沪市 100 只大中盘股票为样本股，具有明显的大中盘指数特征，业绩稳定，代表性强。在这之后，由基金公司向指数公司定制指数并开发产品也成为一种常见做法。

180 治理指数反映的是上证 180 指数中 100 家治理状况良好公司股票的走势。什么是公司治理呢？这主要指董事会、监事会、经理层、信息披露、社会责任等组织和层面的高效运行。当然，如果从这个维度去挑选股票，基本上是以金融股以及部分大国企为主。

上证社会责任指数是以上证公司治理板块中在社会责任的履行方面表现良好公司股票作为样本股编制而成的指数。它的成分股与 180 治理指数非常类似，也是以金融股和大国企为主。这两只指数的走势非常接近，如表 6-31 所示。

表 6-31　公司治理主题指数对应的基金产品

对应指数	基金代码	证券简称	基金成立日	跟踪指数代码	上市地	运作形式
小康	202021.OF	南方小康产业 ETF 联接	2010-08-27	000901.SH	不上市	ETF 联接
小康	510160.OF	南方小康产业 ETF	2010-08-27	000901.SH	上海	ETF
治理	510010.OF	交银 180 治理 ETF	2009-09-25	000021.SH	上海	ETF
治理	519686.OF	交银 180 治理 ETF 联接	2009-09-29	000021.SH	不上市	ETF 联接
社会责任	510090.OF	建信上证社会责任 ETF	2010-05-28	000048.SH	上海	ETF
社会责任	530010.OF	建信上证社会责任 ETF 联接	2010-05-28	000048.SH	不上市	ETF 联接

6.6.6 大数据

大数据是最近几年才兴起的概念，它是通过对海量数据进行分析，获得有巨大价值的产品、服务和观点。

比如，中证百度百发 100 指数，它在筛选股票的时候除了加入传统的财务因子、动量因子（股价收益率和波动率），还加入了搜索因子，这一因子根据某股票的百度搜索总量和增量进行计算，在一定程度上反映了股票的火热程度，如表 6-32 所示。

表 6-32　大数据主题指数对应的基金产品

对应指数	基金代码	证券简称	基金成立日	跟踪指数代码	上市地	运作形式
大数据	000826.OF	广发中证百发 100A	2014/10/30	h30373.CSI	不上市	开放式指数
大数据	000827.OF	广发中证百发 100E	2014/10/30	h30373.CSI	不上市	开放式指数
大数据	001113.OF	南方大数据 100	2015/4/24	399415.SZ	不上市	开放式指数
大数据	001420.OF	南方大数据 300A	2015/6/24	399416.SZ	不上市	开放式指数
大数据	001426.OF	南方大数据 300C	2015/6/24	399416.SZ	不上市	开放式指数
大数据	001242.OF	博时淘金大数据 100A	2015/5/4	h30537.CSI	不上市	开放式指数
大数据	001243.OF	博时淘金大数据 100I	2015/5/4	h30537.CSI	不上市	开放式指数
大数据	002588.OF	博时银智大数据 100	2016/5/20	930729.CSI	不上市	开放式指数

大数据 100 和大数据 300 指数系列由深圳证券信息有限公司与南方基金管理有限公司、新浪财经联合编制，是国内首批基于财经媒体与社交平台挖掘投资情绪并应用于指数选样的策略指数。

淘金大数据 100 是在中证全指的基础上，采用恒生聚源数据服务有限公司基于蚂蚁金融服务集团旗下支付宝金融信息服务平台数据进行加工后得到的，包括家庭耐用消费品、休闲设备与用品、纺织品与服装、酒店餐馆与休闲、食品与主要用品零售、食品饮料、家常用品、个人用品等行业。

银智大数据 100 是基于中国银联旗下银联智惠信息服务（上海）有限公司提供的消费领域总体趋势统计数据进行加工分析，得到与消费趋势统计数据相关的行业，包括房地产管理和开发、汽车制造商、汽车零售、家用电器、百货商店、大卖场与超市、饮料、餐馆、酒店、度假村与豪华游轮、航空公司等行业。长期来看，淘金 100 和银智 100 的走势非常类似。

6.6.7 其他主题

随着食品安全、环境污染、网络安全等问题频发，社会安全问题已由民生问题上升为国家战略高度。中证社会发展安全产业主题指数反映了信息安全、环境安全、安防设备、检测及其他等受益于安全产业发展的上市公司表现，如表 6-33 所示。

表 6-33 其他主题指数对应的基金产品

对应指数	基金代码	证券简称	基金成立日	跟踪指数代码	上市地	运作形式
安防	001899.OF	东海中证社会发展安全	2015-11-23	h30372.CSI	不上市	开放式指数
定投	519677.OF	银河定投宝	2014-03-14	h30263.CSI	不上市	开放式指数
重组	161123.OF	易方达并购重组	2015-06-03	399992.SZ	不上市	分级母基金

中证腾安价值 100 指数此前由腾讯公司与济安金信合作开发，采用量化策略与专家评审相结合的方法，选择市场价格相对低估的 100 家上市公司股票为样本，并使用等权重的加权方式。由于该指数比较适合定投，银河基金开发了银河定投宝产品对其进行跟踪。

中证万得并购重组指数是按照并购或资产重组涉及交易资产总价值降序排列，选择排名前 100 位的股票作为指数样本。

6.7 另类指数及指数基金

这里的另类指数主要指黄金和白银指数基金。早期的黄金基金都是 QDII，投资于海外的各类黄金 ETF 以跟踪伦敦金价（与 QDII 基金联接）。近年来诞生了一大批国内跟踪上金所 AU999 的黄金基金，最大的还是华安黄金 ETF，交易也活跃，如表 6-34 所示。

白银基金国内目前只有一个，属于商品期货 ETF，也是独苗，但是由于期货的特性，跟踪误差经常很大。

表 6-34　另类指数对应的基金产品

对应指数	基金代码	证券简称	基金成立日	跟踪指数代码	上市地	运作形式
黄金	159937.OF	博时黄金 ETF	2014-08-13	Au9999.SGE	深圳	ETF
黄金	000930.OF	博时黄金 ETF I	2014-12-18	Au9999.SGE	不上市	ETF
黄金	518800.OF	国泰黄金 ETF	2013-07-18	Au9999.SGE	上海	ETF
黄金	000218.OF	国泰黄金 ETF 联接	2016-04-13	Au9999.SGE	不上市	ETF 联接
黄金	518880.OF	华安黄金 ETF	2013-07-18	Au9999.SGE	上海	ETF
黄金	000216.OF	华安易富黄金 ETF 联接 A	2013-08-22	Au9999.SGE	不上市	ETF 联接
黄金	000217.OF	华安易富黄金 ETF 联接 C	2013-08-22	Au9999.SGE	不上市	ETF 联接
黄金	159934.OF	易方达黄金 ETF	2013-11-29	Au9999.SGE	深圳	ETF
黄金	000307.OF	易方达黄金 ETF 联接 A	2016-05-26	Au9999.SGE	不上市	ETF 联接
白银	161226.OF	国投瑞银白银期货	2015-08-06	AG.SHF	深圳	ETF

6.8　债券指数及指数基金

6.8.1　利率债

利率债指数对应的基金产品，如表 6-35 所示。

表 6-35　利率债指数对应的基金产品

对应指数	基金代码	证券简称	基金成立日	跟踪指数代码	上市地	运作形式
国债	160123.OF	南方中债 10 年期国债 A	2016/8/17	0901.CS	不上市	开放式指数
	160124.OF	南方中债 10 年期国债 C	2016/8/17	0901.CS	不上市	开放式指数
	003814.OF	银华上证 10 年期国债 A	2016/12/5	h11077.SH	不上市	开放式指数
	003815.OF	银华上证 10 年期国债 C	2016/12/5	h11077.SH	不上市	开放式指数
	004085.OF	工银国债(7-10 年)指数 A	2017/1/4	038E.CS	不上市	开放式指数
	004086.OF	工银国债(7-10 年)指数 C	2017/1/4	038E.CS	不上市	开放式指数
	511010.OF	国泰上证 5 年期国债 ETF	2013/3/5	000140.SH	上海	ETF
	020035.OF	国泰上证 5 年期国债 ETF 联接 A	2013/3/7	000140.SH	不上市	ETF 联接
	020036.OF	国泰上证 5 年期国债 ETF 联接 C	2013/3/7	000140.SH	不上市	ETF 联接
	000087.OF	嘉实中期国债 ETF 联接 A	2013/5/10	h11017.CSI	不上市	ETF 联接
	000088.OF	嘉实中期国债 ETF 联接 C	2013/5/10	h11017.CSI	不上市	ETF 联接

续表

对应指数	基金代码	证券简称	基金成立日	跟踪指数代码	上市地	运作形式
国债	159926.OF	嘉实中证中期国债 ETF	2013/5/10	h11017.CSI	深圳	ETF
	001512.OF	易方达 3-5 年期国债	2015/7/8	0381C.CS	不上市	开放式指数
	003817.OF	银华上证 5 年期国债 A	2016/12/5	h00140.SH	不上市	开放式指数
	003818.OF	银华上证 5 年期国债 C	2016/12/5	h00140.SH	不上市	开放式指数
国开债	003376.OF	广发 7-10 年国开行 A	2016/9/26	097.CS	不上市	开放式指数
	003377.OF	广发 7-10 年国开行 C	2016/9/26	097.CS	不上市	开放式指数
	003358.OF	易方达 7-10 年国开行	2016/9/27	097.CS	不上市	开放式指数

6.8.2 信用债

信用债指数对应的基金产品，如表 6-36 所示。

表 6-36 信用债指数对应的基金产品

对应指数	基金代码	证券简称	基金成立日	跟踪指数代码	上市地	运作形式
城投债	511220.OF	海富通上证可质押城投债 ETF	2014/11/13	h11018.CSI	上海	ETF
企业债	167701.OF	德邦企债分级	2013/4/25	000833.SH	不上市	分级母基金
	160720.OF	嘉实中证中期企业债 A	2013/2/5	h11074.CSI	深圳	开放式指数
	160721.OF	嘉实中证中期企业债 C	2013/2/5	h11074.CSI	不上市	开放式指数
	511210.OF	博时上证企债 30ETF	2013/7/11	000061.SH	上海	ETF
	003429.OF	兴业中高等级信用债	2016/11/4	930780.CSI	不上市	开放式指数
	003079.OF	中融 3-5 年信用债 A	2016/12/22	SCH03C.SCH	不上市	开放式指数
	003080.OF	中融 3-5 年信用债 C	2016/12/22	SCH03C.SCH	不上市	开放式指数
	003083.OF	中融 1-3 年信用债 A	2016/12/22	SCH02B.SCH	不上市	开放式指数
	003084.OF	中融 1-3 年信用债 C	2016/12/22	SCH02B.SCH	不上市	开放式指数
	003081.OF	中融 1-3 年中高等级 A	2016/12/27	SCH03B.SCH	不上市	开放式指数
	003082.OF	中融 1-3 年中高等级 C	2016/12/27	SCH03B.SCH	不上市	开放式指数
	003085.OF	中融 0-1 年中高等级 A	2016/12/27	SCH03A.SCH	不上市	开放式指数
	003086.OF	中融 0-1 年中高等级 C	2016/12/27	SCH03A.SCH	不上市	开放式指数
中票	161821.OF	银华中证中票 50A	2012/12/13	h11072.CSI	深圳	开放式指数
	161822.OF	银华中证中票 50C	2012/12/13	h11072.CSI	不上市	开放式指数
	000022.OF	南方中债中期票据 A	2013/5/3	0671.CS	不上市	开放式指数
	000023.OF	南方中债中期票据 C	2013/5/3	0671.CS	不上市	开放式指数

6.8.3 可转债

为了方便投资者比较，这里将跟踪可转债的指数基金和主动管理基金放在一起供大家参考，如表 6-37 所示。

表 6-37 可转债指数对应的基金产品

对应指数	基金代码	证券简称	基金成立日	跟踪指数代码	上市地	运作形式
可转债	161826.OF	银华中证转债	2013/8/15	000832.SH	不上市	指数投资
	150143.OF	银华中证转债 A	2013/8/15	000832.SH	深圳	指数投资
	150144.OF	银华中证转债 B	2013/8/15	000832.SH	深圳	指数投资
	165809.OF	东吴中证可转换债券	2014/5/9	000832.SH	不上市	指数投资
	150188.OF	招商可转债 A	2014/7/31		深圳	主动管理
	150189.OF	招商可转债 B	2014/7/31		深圳	主动管理
	161719.OF	招商可转债	2014/7/31		不上市	主动管理
	050019.OF	博时转债 A	2010/11/24		不上市	主动管理
	050119.OF	博时转债 C	2010/11/24		不上市	主动管理
	240018.OF	华宝兴业可转债	2011/4/27		不上市	主动管理
	163816.OF	中银转债增强 A	2011/6/29		不上市	主动管理
	163817.OF	中银转债增强 B	2011/6/29		不上市	主动管理
	090017.OF	大成可转债	2011/11/30		不上市	主动管理
	519976.OF	长信可转债 C	2012/3/30		不上市	主动管理
	519977.OF	长信可转债 A	2012/3/30		不上市	主动管理
	530020.OF	建信转债增强 A	2012/5/29		不上市	主动管理
	531020.OF	建信转债增强 C	2012/5/29		不上市	主动管理
	161624.OF	融通可转债 A	2013/3/26		不上市	主动管理
	161625.OF	融通可转债 C	2013/3/26		不上市	主动管理
	000067.OF	民生加银转债优选 A	2013/4/18		不上市	主动管理
	000068.OF	民生加银转债优选 C	2013/4/18		不上市	主动管理
	000080.OF	天治可转债增强 A	2013/6/4		不上市	主动管理
	000081.OF	天治可转债增强 C	2013/6/4		不上市	主动管理
	000536.OF	前海开源可转债	2014/3/25		不上市	主动管理
	000297.OF	鹏华可转债	2015/2/3		不上市	主动管理
	001045.OF	华夏可转债增强 A	2016/9/27		不上市	主动管理
	001046.OF	华夏可转债增强 I	2016/9/27		不上市	主动管理
	003510.OF	长盛可转债 A	2016/12/7		不上市	主动管理
	003511.OF	长盛可转债 C	2016/12/7		不上市	主动管理
	003401.OF	工银瑞信可转债	2016/12/14		不上市	主动管理

6.8.4 全债

全债指数对应的基金产品，如表 6-38 所示。

表 6-38 全债指数对应的基金产品

对应指数	基金代码	证券简称	基金成立日	跟踪指数代码	规模 / 亿元	上市地	运作形式
全债	510080.OF	长盛全债	2003-10-25	816023.CI	24.79	不上市	指数增强
	001021.OF	华夏亚债中国 A	2011-05-25		43.25	不上市	开放式指数
	001023.OF	华夏亚债中国 C	2011-05-25		0.16	不上市	开放式指数
	161119.OF	易方达中债新综合 A	2012-11-08	065.CS	2.41	深圳	开放式指数
	161120.OF	易方达中债新综合 C	2012-11-08	065.CS	0.29	不上市	开放式指数

6.9 指数增强基金

6.9.1 指数增强的神奇

如果有一只基金，它不仅可以达到某只指数的正常水平，还能获得一定的超额收益，岂不美哉。试想有一只基金可以在上证指数的基础上每年增强 10% 的收益，如果现在上证指数是 3000 点，你投资这只基金会去得什么样的效果呢，如表 6-39 所示。

表 6-39 指数增强基金情景分析

未来指数点位	一年后	两年后
	增强 10%	增强 21%
3600	32%	45%
3300	21%	33%
3000	10%	21%
2700	-1%	9%
2400	-12%	-3%

这简直太诱人了，上证指数一年以后跌到 2700 点左右你才亏钱，两年以后跌到 2400 点你才亏钱。它不仅每年提供向下 10% 的保护，在指数上涨的时候还能让你赚得更多。例如，两年以后指数上涨 20% 到了 3600 点，这只基金却可以为你赚 45% 之多。

实际情况如何呢？如表 6-40 所示。

表 6-40　A 股主要指数历年、累计、年化收益率（2006-2017）

年度		沪深 300	中证 500	中证 800	中证 1000
2006		121%	101%	117%	76%
2007		162%	187%	167%	203%
2008		-66%	-61%	-65%	-59%
2009		97%	131%	104%	140%
2010		-13%	10%	-7%	17%
2011		-25%	-34%	-27%	-33%
2012		8%	0%	6%	-1%
2013		-8%	17%	-2%	32%
2014		52%	39%	48%	34%
2015		6%	43%	15%	76%
2016		-11%	-18%	-13%	-20%
2017		22%	-1%	15%	-17%
累计收益	无增强	336%	621%	389%	736%
	年增强 5%	692%	1173%	781%	1370%
年化收益	无增强	13%	18%	14%	19%
	年增强 5%	19%	24%	20%	25%

6.9.2　跟踪指数分布情况

1. 主流增强指数推荐

相关指数跟踪分布情况如表 6-41 所示。

表 6-41　主流指数的增强基金跟踪情况

指数名称	相关基金推荐
沪深 300	景顺长城沪深 300（000311）、申万菱信沪深 300（310318）、富国沪深 300（100038）、易方达沪深 300 量化（110030）、兴全沪深 300（163407）
中证 500	建信中证 500（000478）、富国中证 500（161017）
深证 100	建信深证 100（530018）
中证 100	中银中证 100（163808）
上证 50	易方达上证 50（110003）
深证 300	平安大华深证 300（700002）
中证 1000	创合金信中证 1000A（113646）

优秀主流指数增强基金基本情况如表 6-42 所示。

表 6-42　优秀主流指数增强基金

对应指数	基金代码	证券简称	基金成立日	跟踪指数代码
沪深 300	100038.OF	富国沪深 300	2009-12-16	000300.SH
沪深 300	000311.OF	景顺长城沪深 300	2013-10-29	000300.SH
沪深 300	110030.OF	易方达沪深 300 量化	2012-07-05	000300.SH
沪深 300	163407.OF	兴全沪深 300	2010-11-02	000300.SH
沪深 300	310318.OF	申万菱信沪深 300	2004-11-29	000300.SH
上证 50	110003.OF	易方达上证 50	2004-03-22	000016.SH
深证 100	530018.OF	建信深证 100	2012-03-16	399330.SZ
深证 300	700002.OF	平安大华深证 300	2011-12-20	399007.SZ
中证 100	163808.OF	中银中证 100	2009-09-04	000903.SH
中证 1000	003646.OF	创金合信中证 1000A	2016-12-22	000852.SH
中证 500	161017.OF	富国中证 500	2011-10-12	000905.SH
中证 500	000478.OF	建信中证 500	2014-01-27	000905.SH

2. 非主流增强指数

另外精工制作、大农业、中证财通 ESG100 等行业和主题指数也有增强型产品布局，但是对于过窄的指数，其增强意义不太大。不过其中富国中证红利指数值得注意，它作为一只老牌的指数增强基金，规模适中、跟踪指数稳健、增强效果优异，适合稳健投资者长期持有，如表6-43所示。

表6-43 非主流指数增强基金

对应指数	基金代码	证券简称	基金成立日	跟踪指数代码
中证医药	161035.OF	富国中证医药主题	2016-11-11	930791.CSI
中证精工	001397.OF	建信精工制造	2015-08-26	h30531.CSI
中证大农业	001027.OF	前海开源中证大农业	2015-02-13	399814.SZ
等权800	161825.OF	银华中证800等权重	2013-11-05	000842.SH
财通100	000042.OF	财通中证100增强	2013-03-22	000846.SH
创业板	161613.OF	融通创业板	2012-04-06	399006.SZ
中小板	410010.OF	华富中小板	2011-12-09	399005.SZ
中证红利	100032.OF	富国中证红利	2008-11-20	000922.SH
巨潮100	161607.OF	融通巨潮100	2005-05-12	399313.SZ
道琼斯88	180003.OF	银华道琼斯88精选	2004-08-11	TJCN88.GI
MSCI中国A股	040002.OF	华安MSCI中国A股	2002-11-08	133333.CSI
中证娱乐	161036.OF	富国中证娱乐主题		

6.9.3 指数基金如何做到增强效果

1. 打新增强

指数基金基本满仓运作，市值满足网下打新门槛后，能打上的都是白送的收益。

公募基金属于A类打新账户，获配比例是最高的。假设A类打新一年能赚2000万，2亿规模的基金增强就是10个点，规模越大，打新收益稀释越多，规模越小，增厚的收益也越多。当然，这一切的前提都是指数基金满仓运作，底仓如何波动都没关系。

在中金公司的报告中，假设是理想化的1.2亿公募基金规模，2017年预计增厚的收益高达19.2%。当然，这个数字也是在动态变化的，如图6-5所示。

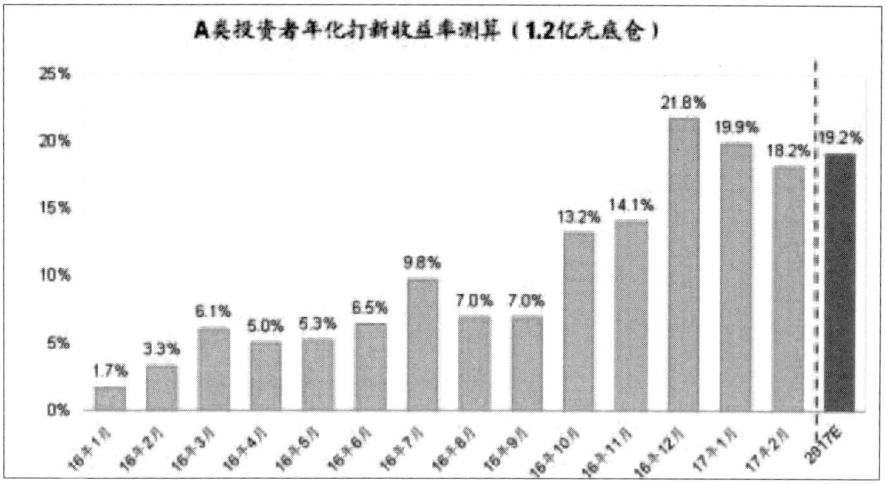

● 图 6-5　中金公司对公募基金打新收益的统计预测

2. 股指期货增强

公募基金可以投资股指期货，但是有仓位限制。

如果股指期货合约相对于指数是贴水状态，那么可以通过投资股指期货来模拟部分指数仓位，同时获得贴水收敛的增强收益。说白了就是期货合约的点位如果比指数真实点位要低，就买期货合约，等到合约到期的时候，二者的点位一定是极其接近的（否则会有套利空间），那么这段时间持有期货合约的多头一定是比指数要多赚一些。

根据《证券投资基金参与股指期货交易指引》文件，每日日终持有的买入股指期货合约价值，不得超过基金资产净值的 10%。因此投资范围中含有股指期货的基金可以买净资产 10% 以下的期货合约，而指数增强基金可以以此达到增强效果。

以建信中证 500 增强基金为例，根据 2017 年 1 季报，其多头合约持仓市值为 2548 万人民币，这些合约就可以贡献一部分贴水收敛的收益，如图 6-6 所示。

代码	名称	持仓量（买/卖）	合约市值（元）	公允价值变动（元）	风险说明
IC1704	IC1704	20	25,483,200.00	-54,854.55	-
公允价值变动总额合计（元）					-54,854.55
股指期货投资本期收益（元）					2,775,214.55
股指期货投资本期公允价值变动（元）					-615,934.55

● 图 6-6　建信中证 500 指数增强基金的期货持仓情况（2017 年 1 季度）

3. 阿尔法收益

用一个简单公式解释就是：

预期收益 = α（阿尔法：超额收益）+ β（贝塔：市场平均收益）

而获取阿尔法收益是最主要的增强方式，也是基金经理最没有自信，投资者最摸不着头脑的地方。说的官方一点，就是将某些验证有效的因子加以运用，在按目标指数结构进行部分资产分配的基础上，将基金剩余资产投向有升值潜力的个股、行业、板块进行适当比例的增仓，或者对没有升值潜力的个股、行业、板块进行适当比例的减仓。

说得直白一点：就是对原指数的结构进行了调整，有的股票买得多一点，有的股票买得少一点，甚至干脆不买。调整的根据是什么，就是一些所谓的因子。比如，小市值、基本面、超跌反弹等。

那问题来了，你凭什么认为这些因子一定是有效的，以前有效是否代表未来一定有效？

确实，某些因子的有效性一直在发生变化，比如 2014 年上半年小市值股票一直跑得很好，可是到了年底蓝筹开始上涨，小股票就不行了。

不过，如果把时间拉得长一点，某些规律还是有用的，比如最基本的资本资产定价模型 CAPM，就可以解释说明一些问题。

根据 1952 年马科维茨（Markowitz）提出的 CAPM 模型，他认为一揽子风险资产（比如中证 500 指数中的 500 只股票），可以有很多个投资组合的方式，但是根据股票之间的相关关系，只有一部分组合可以达到理想的效果，这部分组合构成了有效边界，在有效边界上，同样的收益下风险最小，或者同样的风险收益最高。

回到我们举例的中证 500 指数，由于它是根据市值进行加权，这种组合方式并不一定是最优的，如果通过分析这 500 只股票的收益风险之间的相关关系，就可以找出最优的权重组合方式。这样就可以做到降低风险或者增加收益的效果。

4. 融券增强

2015 年 4 月，证监会、证券业协会与沪深交易所下发的《关于促进融券业务发展有关事项的通知》，其中规定封闭式股基、开放式指数基金（含增强型）

以及 ETF 可以开展转融通证券出借业务，但是该项业务尚未发展起来，也许未来该方法也可以成为指数增强型基金的一项重要增强来源。

6.10 指数基金运作形式

6.10.1 传统开放式及 LOF

开放式基金的概念在前面章节已经有过详细介绍，早期的指数基金大部分是采用这种运作模式。不过传统开放式基金只能在场外申购赎回，如果在这一基础功能上加一个上市交易的功能，它就变成了上市交易开放式基金，也就是 LOF，这是后来很多指数基金喜欢采用的运作模式。

6.10.2 ETF 以及联接基金

用开放式基金来跟踪指数有一个问题，那就是仓位最高只能做到 95%（根据规定要求开放式基金必须留 5% 的仓位应对申购赎回），这就会产生跟踪误差。有没有一种指数基金的仓位可以做到 100%，从而完全复制指数，答案就是 ETF。

ETF（Exchange Traded Funds）被称为交易型开放式指数基金。

本质上讲，它属于开放式基金的一种特殊类型，投资者既可以向基金管理公司申购或赎回基金份额，同时又在二级市场上按市场价格买卖 ETF 份额。讲到这里，听起来似乎跟 LOF 基金一样。

与 LOF 不同的地方是，ETF 的申购必须以一揽子股票换取基金份额、赎回必须是以基金份额换回一揽子股票。而 LOF 的申购赎回则和普通的基金一样，使用的是现金。由于这种特殊的申赎机制，ETF 在运作的过程中，不需要保留现金比例，可以 100% 复制指数，投资者赎回的时候，直接把股票转给投资者就可以了。

由于 ETF 申购赎回的复杂性，以及最低申赎门槛（通常百万起）比较高的原因，大部分的散户都是参与 ETF 的二级市场交易。而机构则交易和申赎均有参与，特别是有些机构，专门盯住 ETF 的市场价格和实时净值（IOPV）

之间的差别进行套利，这也使得ETF的折溢价情况并不像封闭式基金那么严重。

由于ETF只适合散户在场内交易，如果场外的投资者想投资其跟踪的指数该怎么办呢？这时候ETF联接基金就登场了。它本身是一个开放式基金，但是它95%的资产均投资到了相对的ETF当中，只留5%现金应对赎回，这么说来它又是一个FOF基金。通常，ETF都会有一只对应的联接基金，一方面供场外投资者参与，另一方面也扩大了自身的规模。

6.10.3 分级基金

分级基金其实是LOF基金的一种，只不过在设计上稍微复杂了一点。国内的指数基金规模能够逐渐做大，品种能够越发齐全，分级基金的贡献功不可没。但是分级基金也因其复杂性和高杠杆等问题，引起市场的诸多质疑和监管关注。

1. 为什么会有分级基金

分级基金之所以能够出现并生存发展，最核心的因素是它为投资者提供了“杠杆”，而且是便捷的杠杆。杠杆这个词似乎大家听起来并不是那么正面，也不怎么受监管机构待见，然而它却是金融投资中的核心要素之一，缺少杠杆，整个金融行业就无法运行下去。企业为了生存发展向银行贷款是放杠杆，银行发行理财产品募集资金投向债券市场也会放杠杆，贸易公司通过期货市场对冲大宗商品价格和汇率风险也需要放杠杆。总之，杠杆无处不在，它并不可怕，可怕的是失控的、疯狂的、贪婪的、不顾风险的杠杆。

具体到股票市场上，放杠杆通常有以下几种方式：

（1）在场内放杠杆。通常是指通过券商的融资业务，将账户上的市值抵押给券商，后者向投资者的信用账户提供相应的额度供其使用。这种方式通常适合散户，不过券商的利率一般都收得比较高。

（2）在场外放杠杆，也就是通过产品的结构化设计放杠杆。比方说成立一个资管计划，并把它分成优先份额和劣后份额。其中优先份额收取固定收益（比如一年6%），劣后份额承担余下所有的收益和损失。这种方式一般是机构资金（特别是私募）以及一些个人大户（千万以上）使用，他们出资认购劣后份额，而优先份额一般是由银行等低风险偏好的资金认购。这种资管计划的关键要素，例如优先份额利率、预警线、清仓线、杠杆比例、管理费等都是个性化的，每一单都不一样，取决于优先份额和劣后份额持有人之间的博弈，一般散户几乎是没有参与的可能。

而基金公司则瞄准了这一市场需求，设计出了标准化的结构化公募基金（也就是分级基金），把上述所有的关键要素都在公募基金的合同中设计好并对外公布，然后再向普通公众募集，并且把 A 类优先份额和 B 类劣后份额都放到交易所上市交易，让股民可以自行选择是购买稳健的优先份额，还是购买加了杠杆的劣后份额。这样一来，这种结构化基金就可以让普通散户来参与了。

2007 年，国内第一只分级基金国投瑞银瑞福成立，不过由于这一时期设计的分级基金机制都过于复杂，导致一直没有发展起来。直到 2010 年，银华深证 100 分级基金成立，它把分级基金的结构进行了简化，同时又正好赶上 2010 年下半年的小牛市，其中的杠杆 B 类份额银华锐进净值猛涨，一下子被市场接受。

随后几年，分级基金发展得顺风顺水，并且在 2014-2015 年的牛市阶段爆发式增长，规模一度突破 5000 亿。不过随着股灾的到来，分级基金由于杠杆过高和不易理解等原因，造成很多投资者损失惨重，监管层采取了一系列措施来规范分级基金的发展，包括提高门槛、暂停审批等。

目前分级基金处于一个存量发展的阶段，截至 2016 年底整体规模在 2000 亿左右，新产品问世几乎不太可能。而在接下来的时间里，相关部门还会出台一系列政策来引导分级基金逐步退出市场，消除高杠杆投资所带来的不良影响。

2. 分级基金的运作原理

基本概念：分级基金是指事先约定基金的风险收益分配，将母基金份额分为预期风险收益不同的子份额，并可将其中部分或者全部类别份额上市交易的结构化证券投资基金。其中，分级基金基础份额称为母基金份额或基础份额，预期风险收益较低的子份额称为稳健份额或 A 份额，预期风险收益较高的子份额称为激进份额或 B 份额。母基金大多为被动跟踪某一指数的指数基金。

分级基金净值等式：

母基金净值 =A 类子基金份额净值 ×A 份额所占比例 +B 类子基金份额净值 ×B 份额所占比例。

通常 A 份额按某种规则约定一定的收益率，如一年期定存 +3%，母基金净值扣除 A 类净值后的部分就是 B 类份额净值。股票型分级基金 A 和 B 份额的配比一般为 1 ：1。

交易模式：目前主流的股票型分级基金的母基金可以通过场外、场内两种方式募集（最低认购门槛 5 万元）。基金成立后，投资者在场内认购的母基金分离成 A 份额和 B 份额，并上市交易（深交所模式）。通常母基金只能被申购和赎回，不可交易（上交所模式可交易），而 A 和 B 份额只可上市交易，不可申赎。

分级套利和折溢价：因为 A 和 B 是从母基金分出来的，按照基金交易的规则，投资人可以从二级市场买入相同数量的 A 和 B 份额，合并成母基金赎回。也可以到基金公司先行申购母基金，然后转到二级市场将它拆为同样份额的 A 和 B，这个是申购、拆分。由于 A 和 B 份额在交易所市场上交易，交易价格由供需关系决定，可能偏离净值，存在折溢价。当折溢价达到一定的幅度时，投资人可进行套利。

定期折算：对于在交易所交易的 A、B 份额子基金来说，只能以交易价格成交，不能以净值赎回，这时就需要定期折算的机制来部分实现 A 份额的投资收益。即在每一个计息周期结束后（通常为一年），将 A 份额的约定收益（即大于 1 元的部分）折算为母份额，投资者可以通过赎回母份额来实现收益。

不定期折算（上折和下折）：杠杆是分级基金投资运作的核心。正是由于杠杆的作用，当市场走强时 B 份额投资者可以获取高于母基金指数的涨幅。B 份额的实际杠杆等于分级基金总资产净值除以 B 类份额资产净值。B 份额初始杠杆为 2 倍。当市场上涨时，B 类份额占总资产净值的比例不断提升，杠杆逐渐变小。当市场下跌时，B 类份额占总资产净值的比例不断缩小，杠杆渐渐增大。

为避免极端杠杆的出现，使杠杆回到正常水平，分级基金规定了到点向上和向下折算的条款，分别对应杠杆的加载和卸载。

（1）到点向上折算是指：当母基金净值达到 1.5 元或者 2 元的时候，将

A 份额和 B 份额大于 1 元净值的部分折算为母基金，恢复 B 份额的杠杆水平。

对于股票型分级基金，无论母基金净值涨跌，都要支付 A 份额的约定收益和本金。如果市场下跌过多，极端情况下母基金的收益将不足以支付 A 份额的约定收益，并导致 B 份额净值接近于 0。因此，在 B 份额净值较小的时候会进行到点向下折算。同时，也降低 B 份额的杠杆。

到点向下折算是指：当 B 份额净值跌到 0.25 元时，将 A 份额净值超过 B 份额净值部分折算为母基金，然后通过份额再平衡将 A、B 份额净值归一。

由于上折和下折机制会把 A、B 类份额按照净值进行折算，如果 A、B 类份额的交易价格偏离净值过多，折算后就有可能出现风险。比如 2015 年股灾中，很多 B 类份额的交易价格远远高于净值，出现很大幅度的溢价。

之所以出现这种现象一方面是因为 B 类份额净值较低，在 A 类份额折价率相对稳定的情况下，B 类份额的溢价率会被动的抬高（否则就会有套利空间），另一方面由于 B 类份额在净值较低时杠杆较高，投资者追逐杠杆的热情给其带来了更高的溢价。

在这种情况下发生了下折，投资者以较高溢价买入的 B 类份额被按照没有溢价的净值进行折算，直接产生了较大的溢价损失。与此同时，其对应的折价状态的 A 类份额则因此获得了相应的收益。同理，如果 B 类份额是折价状态，A 类份额是溢价状态，下折时的效果则是完全相反的。

3. 分级基金投资新规

分级基金自从 2015 年暴涨暴跌引发各种乱象之后，就一直被监管层定位为“坏小子”，再加上去杠杆的金融监管环境，分级基金的日子越来越不好过。

总体来说，监管部门控制分级风险分为以下几步：

第一步：2015 年股灾中，证监会暂停受理所有分级基金的发行、审批。2015 年 8 月 21 日，证监会新闻发言人在例行新闻发布会中说：“考虑到分级基金机制较为复杂，普通投资者不易理解，且前期出现了一些新情况、新问题，为此，会暂缓此类产品的注册工作，并正在研究有关政策。”其实在这之前一段时间，股灾 1.0 的时候，分级基金的发行审批就已经暂停，这一停就一直停到现在，实质上已经宣告此类产品不再受理。实际上，2015 年股灾发生后，很多刚发的分级就变成了迷你基金，清盘从那个时候就开始了。

第二步：2016 年出台分级基金新规，2017 年 5 月 1 日正式实行。对于普通投资者而言，主要受到以下几点影响：

（1）具备下列条件的个人投资者及一般机构投资者可以向会员申请开通分级基金的子份额买入和基础份额分拆的权限（简称分级基金相关权限）：最近二十个交易日其名下日均证券类资产合计不低于 30 万元；不存在法律、行政法规、部门规章、规范性文件和业务规则禁止或者限制参与分级基金交易的情形。证券类资产包括投资者持有的客户交易结算资金、股票、债券、基金、证券公司资产管理计划等资产，不包括该投资者通过融资融券交易融入的资金和证券。

（2）个人投资者及一般机构投资者在开通分级基金交易及相关权限前需通过会员综合评估并签署《分级基金投资风险揭示书》。

（3）预警机制：规定发生下折算的分级基金 B 类份额应于折算基准日在基金简称前冠以“*”标识；针对可能或已经发生下折算且 B 类份额溢价较高的分级基金，要求基金管理人发布风险提示公告；在折算基准日对 B 类份额下午增加停牌 1 小时；会员应按照交易所要求及时向投资者传达风险提示信息。此规则运行以后，分级基金交易量暴跌，再加上行情不好一直折价，场内规模也在不断缩减。很多分级基金当日零成交，十分惨淡。

第三步：通过上市规则修订，促使小规模分级基金退市、清盘。而其他存量的分级基金，大概率也会逐步退市。

知识点 6.8　基金上市规则修订

2017 年 6 月 5 日，交易所向各家机构下发了《基金上市规则》征求意见稿，其中对分级基金进行了更加严苛的规定。

《基金上市规则（2017 年修订稿）》（征求意见）的重点内容有：

1. 基本条件

基金在本所上市，应当符合下列条件：

（1）基金募集经中国证监会注册且基金合同生效；

（2）基金合同期限为 5 年以上；

（3）基金募集金额不低于 2 亿元人民币；

（4）基金份额持有人不少于 1000 人；

（5）本所要求的其他条件。

2. 终止上市

（1）分级基金基础份额和子份额持有人合计少于 1000 人或者规模合计低于 5000 万份，且在 10 个交易日内未消除的；

（2）除分级基金以外的其他基金持有人少于 1000 人，且在 60 个交易日内未消除的。

3. 预警

基金出现下列情形之一的，基金管理人应当及时向本所报告并持续发布基金可能终止上市的风险提示公告，直至相关情形消除或者基金进入终止上市程序：

（1）分级基金基础份额和子份额持有人合计少于 1100 人或者规模合计低于 5500 万份；

（2）除分级基金以外的其他基金持有人少于 1000 人。

6.11 如何挑选指数基金

投资指数基金的目的是为了获得该指数所对应股票的加权平均收益，基金的收益和指数的收益之间的差异应越小越好，衡量这一差异的指标叫作跟踪误差。

比如，鹏华中证国防指数分级基金，它在招募说明书中就明确了投资目标是：紧密跟踪标的指数，追求跟踪偏离度和跟踪误差最小化，力争将日均跟踪偏离度控制在 0.35% 以内，年跟踪误差控制在 4% 以内。

影响跟踪误差的因素有很多，下面挑几个重点加以说明。

6.11.1 费率

和主动型基金相比，指数基金的费率更低，但这并不代表它不重要。由于指数基金看中的是结果，即是否准确跟踪了指数，所以费率低的基金对于降低跟踪误差而言更具优势。下面以鹏华中证国防指数分级基金为例说明一下各项费用。

（1）申购赎回费：这是直接由基金投资人自己承担的费用，也就是所谓的进出费用，也可以理解为摩擦成本。申购费一般随着投资金额的增加而减少，赎回费一般随着投资期限的延长而减少。对于ETF、LOF（含分级基金）等场内交易的基金，可以通过场内系统申购赎回，一般是在券商股票软件的“场内基金”或者“交易所基金”板块。这里需要注意不要和股票软件上的基金场外代销系统搞混。ETF由于是实物申赎，一般是没有申购赎回费的，但代办券商有可能收一笔不高于0.5%的佣金费用（可谈）。而LOF（含分级基金）的场内申购赎回费一般是根据基金合同的标准执行，赎回费一般是不分期限固定收取。如果资金量大，这两个费用跟代办券商也都可谈，如表6-44所示。

本基金场外申购费率如表6-44所示。

表6-44　申购费率示例

申购金额M（元）	申购费率
M<50万	0.50%
M ≥ 50万	每笔100元

本基金的场内申购费率由深圳证券交易所会员单位按照场外申购费率设定。

本基金场外赎回费率如表6-45（1年为365日）所示。

表6-45　赎回费率示例

持有年限Y	赎回费率
Y<1年	0.5%
1年≤ Y<2年	0.25%
Y ≥ 2年	0.00%

赎回费用由赎回基金份额的基金份额持有人承担，在基金持有人赎回基金份额时收取。其中赎回费总额的25%归基金资产，其余用于支付市场推广、注册登记费和其他必要的手续费。

本基金的场内赎回费率为固定费率0.5%，不按持有期限设置分段赎回费率。

需要注意的是，越来越多的基金对持续持有期少于7天的投资，收取不低于1.5%的赎回费，并将其全额计入基金财产。

（2）管理费：1%/ 年，每日计提，按月支付，这项费用是基金公司收入的最主要来源。

（3）托管费：0.22%/ 年，每日计提，按月支付，这项费用是支付给基金托管机构的（该基金托管行是中国建设银行）。

（3）销售服务费：0%。本基金不收取，但是个别的基金会收取。这项费用是基金代销机构的收入来源，如果是直销资金，则归基金公司所有。

（4）审计和律师费用：聘请会计师事务所对年度报告进行审计和聘请律师事务所对相关文件出具法律意见书的费用。

（5）信息披露费：基金在投资运作过程中需要披露各类公告，这些公告都要发给三大报（中国证券报、上海证券报和证券时报）或其中一家来对社会公告，这一费用主要是支付给报社的费用。

（6）上市费用：对于需要到交易所上市的基金（鹏华国防分级的子份额都在深交所上市），还需要交给交易所 6 万 / 年的费用。

（7）银行费用：主要是转账费用。

（8）指数使用费：指数基金所使用的指数都是由指数公司开发和维护管理的，比如中证指数公司、深圳证券信息公司等，使用它们发布的指数来开发指数基金，就要交指数使用费。该使用费一般是普通指数的万分之二、独家定制指数的万分之三。不过也有一些基金的该项费用是由基金公司而非资金资产承担的，这样当然更好。可以看出该项费用在 2015 年出现了较大规模的增长，也从侧面说明了基金规模在牛市中的膨胀，如表 6-46 所示。

表 6-46　基金运作费用示例

项目	本期 （2015 年 1 月 1 日 -2015 年 12 月 31 日）	上年度可比区间 2014 年 11 月 13 日（基金合同生效日）至 2014 年 12 月 31 日
审计费用	120000.00	–
信息披露费用	284000.00	24000.00
账户维护费	360.00	–
上市年费	60000.00	35000.00
指数使用费	1894014.51	26630.43
银行汇划费用	37363.78	4226.75
合计	2395738.29	89857.18

（9）交易费用：这项费用主要是指基金买卖证券的交易佣金。对于股票型指数基金而言，该项费用主要产生于沪深交易所，因为股票都在这里上市交易。而对于债券型基金，该项费用将主要产生于银行间市场，因为大部分的债券交易都是在这里发生的。基金的交易佣金费率一般是万分之六到万分之八，乍一看比普通散户还高，但这里面包含了券商为基金公司提供投研销售等服务的对价。而债券的交易佣金和手续费则是非常低的，甚至可以忽略不计，如表 6-47 所示。

表 6-47　基金交易费用示例

项目	本期 （2015 年 1 月 1 日 -2015 年 12 月 31 日）	上年度可比区间 2014 年 11 月 13 日（基金合同生效日）至 2014 年 12 月 31 日
交易所市场交易费用	68339675.56	5308667.50
银行间市场交易费用		
合计	68339675.56	5308667.50

搞清楚了每一种费率背后的意义，就可以总结出关于基金费率的几条经验：

（1）申购赎回费是基金进出的交易成本，这项费用虽然不直接影响基金的跟踪误差，但是会影响投资者实际的投资效果。投资者应根据自身的资金量和资金使用期限来进行投资。笔者就曾经见过有客户账户浮盈很高，但是一赎回发现没赚钱，因为短期的赎回费用太高了。

（2）管理费、托管费、销售服务费按照比例收取，也是基金最大的成本，这三费用需要指数基金投资者重点关注，如果想长期投资，一定是费用低的基金有优势，跟踪指数更准确。

（3）其他费用大部分是一次性固定费用，无论基金规模大小都是必需的。这些费用一般情况下可以忽略不计，但是如果基金规模特别小（比如只有几百万），那这些费用对基金净值的消耗就非常惊人了，所以必须远离迷你基金。

6.11.2 规模

指数型基金的申购和赎回，尤其是大额的申购与赎回，会对投资组合造成很大的影响，基金经理需要被动地去市场上大量购买或抛售股票，它会增加基金的交易成本和市场冲击成本，扩大标的指数的跟踪误差。而规模较大的基金，在应对同样规模的申购赎回时，受到的冲击显然更小。所以选择指数基金，一定要尽量选择规模大的基金。

只有一种例外就是指数增强型基金。这种基金的特色是通过一定的策略，在指数收益的基础上获得部分额外收益。而这种策略一般都是有规模边界的，比如打新策略，如果基金规模太大，打新股所带来的增强收益就会被稀释，还有一些量化选股策略，也会面临规模过大而失效的问题。所以选择指数增强型产品规模不宜过大，一般在 2 亿 -10 亿规模即可带来较好的效果。

6.11.3 基金运作形式的影响

前面介绍过基金的运作形式有传统开放式、LOF（包括分级基金）、ETF 及其联接基金。不同的运作形式也会给投资者带来不同的投资行为，从而影响基金的跟踪误差。

（1）跟踪误差最小的是 ETF。主要原因是 ETF 的申购赎回都是以实物换购的方式来进行，申购的时候用一揽子股票换取基金份额，赎回的时候用基金份额换得一揽子股票。这样一来 ETF 就可以用 100% 仓位跟踪指数，而不需要留 5% 以上的现金比例应对申购赎回。另外 ETF 的运作费用也会更低。对普通投资者而言，投资指数基金的最佳方式就是在交易所内直接买卖 ETF。当然，前提是 ETF 的交易足够活跃，当前只有 50ETF、300ETF 等几个较大的品种交易足够活跃，其他 ETF 交易量都不大，这就容易产生折溢价从而影响投资效果。

（2）跟踪误差在正常范围内的主要是 ETF 联接基金和传统开放式指数基金。它们都会留有 5% 的现金比例应对申购赎回，这会带来部分误差。对于这类基金，最重要的就是看规模和费用，尽量选择规模大，费率低的产品即可。

（3）LOF 基金，特别是分级基金的跟踪误差最大。这主要是因为这类基金的场内交易价格和场外净值常常不同而出现折溢价，特别是分级基金在杠杆份额的带动下出现折溢价的频率和幅度都更大。在这种情况下，投资者便会进行大量的申购卖出套利或者买入赎回套利，造成基金规模因大量的申购赎回而出现大幅度的变动，从而增大跟踪误差。

第 7 章

基金出海：全球配置刻不容缓

本章主要内容包括：

- 什么是 QDII 和 QFII
- 海外配置都有哪些选项
- 一文看懂 QDII 的基金份额
- QDII 基金出海去了哪里
- 美股基金
- 中概股基金
- 港股基金
- 全球基金
- 大宗商品类基金
- 房地产基金（REITs）
- 金砖四国（BRIC）及德国
- 美元债
- 上市 QDII：T+0 回转交易

7.1 什么是 QDII 和 QFII

QDII，一般读作“Q 弟”，英文全称 Qualified Domestic Institutional Investors，即合格境内机构投资者。是指在一个国家资本账户尚未能完全开放的情况下，该国批准一些符合条件的境内机构投资者（比如公募基金）申请一定额度的外汇向境外的证券资本市场进行投资的一项制度。投资机构的资金可以来源于境内的自然人，也可以来源于境内的法人机构，资金募集的币种是人民币，资金运用过程中需要出境投资时换为外汇。

QFII，一般读作“Q 菲”，英文全称 Qualified Foreign Institutional Investors，即合格境外机构投资者。与 QDII 的定义完全反过来就可以了。QFII 额度就是给海外投资基金进入国内市场时使用的。

QDII 基金这两年重新获得人们关注有以下几个原因：

（1）人民币兑美元汇率波动较大，2016 年人民币处于贬值通道，2017 年又进入升值通道，较大的波动使得人们开始关心能否使用 QDII 基金来规避部分汇率风险；

（2）这几年，国内资金出海的限制有所增强，QDII 基金的额度开始被越来越多的人关注到；

（3）美股在最近几年迎来了一波不小的牛市，国内资金想投资美股，最方便合规的方式就是通过 QDII 基金。

对于专业人士来说，这其中的逻辑是非常简单的。但对于初次接触海外基金投资的朋友而言，这里还是需要解释一番，先从简单地讲起。

先简单说说人民币的汇率问题，如图 7-1 所示。

•图 7–1　在岸美元兑人民币（CFETS）日线图（2009 年 7 月至 2017 年 12 月）

这张图的区间是 2009 年 7 月至 2017 年 12 月，这里大致交代几件事情：

（1）中国汇率改革始于 2005 年 7 月 21 日，在这之前基本保持着美元兑人民币 8.27 的水平，这也是大多数人脑海中的长期历史记忆。汇改之后人民币开始升值，一直升到 6.83 左右的水平（汇率数字下降意味着升值），直到 2008 年受全球金融危机影响出现了长期的横盘（即图中最左边的横线）；

（2）2010 年 6 月汇率改革重启，人民币重拾升值之路，连涨 3 年多最高涨到 6.04 的水平。

（3）然而从 2014 年初开始，人民币开始了长达两年的兑美元的弱势之路，尤其是 2015 年 8 月 11 日央行完善人民币中间价报价机制后，人民币出现史无前例的连日暴跌。

（4）2017 年开始，人民币兑美元又开启了长达一年的升值之路。

未来如何无人知晓。

知识点 7.1　搞懂汇率表述：人民币兑美元还是美元兑人民币

汇率表述分为直接法和间接法。以人民币作为本币的角度出发，直接法就是把对方货币当成一种“商品”，直接标出该“商品”值多少人民币，比如美元兑人民币为 6.8（UST/CNY=6.8），就是说“1 美元”这个“商品”值 6.8 元人民币。而间接法就是把本方货币当成一种“商品”，用对方货币来计价，比如人民币兑日元为 16（CNY/JPY=16），就是说“1 元人民币”这个“商品”值 16 日元。

通常本币与相对币值高的货币比的时候用直接法（人民币和美元比），跟相对币值低的货币比的时候用间接法（人民币和日元比），因为只有这样才能使汇率被表述为一个大于 1 的数字，如果人民币和美元之间的汇率用间接法就变成了人民币兑美元为 0.147（CNY/UST=0.147），看起来特别别扭是不是。

以此类推，当英镑、欧元等强势货币跟美元比的时候，通常都是表述为英镑兑美元 GBP/UST=1.058，欧元兑美元 EUR/UST=1.23，当日元等弱势货币跟美元比时，通常都表述为美元 UST/JPY=110.8。当然这里也有例外，比如澳元和美元的汇率就通常表述为澳元兑美元 AUT/UST=0.73，这可能跟现行澳元在 20 世纪 60 年代出现时比美元强势有关，所以就沿用了间接法。另外我们看到新闻中经常把“美元兑人民币”和“人民币兑美元”混淆，这一点大家知道就可以了，不必较真。

知识点 7.2　什么是人民币中间价

人民币中间价其实是央行授权中国外汇交易中心在每个工作日开盘以前公布的一个人民币汇率参考价格，这个价格基本相当于是指导价，而汇率则在这个指导价的限定范围内波动，目前美元兑人民币汇率与中间价偏离度不超过 2%，人民币兑其他币种是 3%。中间价是怎么来的呢？在 2006 年 1 月 4 日之前由央行直接决定，在这之后引入所有银行间外汇市场做市商的中间询价机制，将做市商报价经过一系列处理后加权平均得到，不过市场化和透明度并不高，而在 2015 年 8 月 11 日，央行完善报价机制，做市商以上日收盘价作为报价，使得中间价更加贴近市场，2015 年 12 月 11 日，中国外汇交易中心发布人民币汇率指数，强调要加大参考一揽子货币的力度，以更好地保持人民币对一揽子货币汇率基本稳定。基于这一原则，目前已经初步形成了“收盘汇率 + 一揽子货币汇率变化”的人民币兑美元汇率中间价机制。

假设人民币相对美元未来会贬值，作为一个理性的人应该怎么做呢？很简单，把手里的 100 元人民币换成美元，如果未来一年人民币兑美元贬值了 5%，那么到时候你再把美元换回人民币就是 105 元。我国实行外汇管制，每人每年只有 5 万美元的换汇额度，更为重要的是，人民币换成美元之后，投资什么的问题，毕竟你人在国内，手拿美元，投资渠道并不是很多。这个时候 QDII 基金就可以派上用场了。

QDII 基金是基金公司投资海外市场的基金，通常由基金公司向外管局申请 QDII 额度，然后在额度范围内，把投资者购买基金的人民币换成美元或其他货币，再到境外市场购买资产进行投资。它有以下几大好处：

（1）投资者可以直接以人民币购买，不占用自己的换汇额度，当然，如果基金公司把 QDII 额度用光了，那就会暂停基金申购。

（2）这类基金大部分购买的都是美元资产，如果人民币兑美元继续贬值，那么这类基金的人民币份额的净值就会上涨。

（3）帮投资者解决了人民币换成美元以后投资什么的问题，QDII 基金的投资标的非常丰富，可供投资者选择。

随着投资者对美元资产投资需求的增大，基金公司的 QDII 基金规模也在变大，同时额度也迅速被消耗，而申请新额度非常困难，于是有很多 QDII 基金因额度不够而处于限购状态。

7.2 海外配置都有哪些选项

截至 2016 年底，市面上现存的 QDII 基金已经有 100 多只，按图才能索骥，我们就先上图表，把分类说清楚，在挑重点一个一个说，如表 7-1 所示。

表 7-1 QDII 基金分类说明

分类方式	投资类型	投资区域	币种	运作方式	是否分级	上市类型	购买币种
类型	股票型	全球	美元	主动型	是	不上市	人民币
	债券型	美国	港币	普通指数型	否	ETF	人民币或美元
	混合型	德国	欧元	ETF 及联接		LOF	
	房地产	中国香港				分级母基金	
	黄金						
	原油						
	其他大宗商品						

由表 7-1 可以让你对于所有 QDII 基金的投资、运作、交易等方面的属

性有一个大致地了解。如果对每一个类型都掰开揉碎去说，那么这些属性随便排列组合一下也要写上几百种了。

7.3 一文看懂 QDII 的基金份额

当你终于下定决心投资于某只 QDII 基金的时候，打开网站却发现它竟然有很多种份额，比如你想投资华夏恒生 ETF 基金，原因很简单，你看好港股的低估值高分红以及港币资产跟美元挂钩的特点，可是摆在你面前的选项如表 7-2 所示。

表 7-2 华夏恒生 ETF 相关份额

000071.OF	华夏恒生 ETF 联接（人民币）
000075.OF	华夏恒生 ETF 联接（美元现汇）
000076.OF	华夏恒生 ETF 联接（美元现钞）
159920.OF	华夏恒生 ETF

四种份额，四种代码，到底应该怎么选择呢？

7.3.1 人民币份额、美元现汇份额、美元现钞份额的区别

先将它们的几个基本属性比较一下，如表 7-3 所示。

表 7-3 华夏恒生 ETF 不同份额投资信息对比（数据 2016 年 12 月 7 日，Wind）

基金代码	基金简称	业绩比较基准	基金成立日	单位净值 / 元	净值币种	成立以来回报（%）	基金规模 / 亿元
000071.OF	华夏恒生 ETF 联接（人民币）	（人民币 / 港币汇率 * 恒生指数）收益率 *95%+ 人民币活期存款利率（税后）*5%	2012/8/21	1.23	人民币元	22.63	5.1
000075.OF	华夏恒生 ETF 联接（美元现汇）		2012/8/21	0.18	美元	13.07	0.76
000076.OF	华夏恒生 ETF 联接（美元现钞）		2012/8/21	0.18	美元	13.07	0.76
159920.OF	华夏恒生 ETF	（人民币 / 港币汇率 * 恒生指数）收益率	2012/8/9	1.25	人民币元	25.12	10.96

这四只基金中，最基础、最底层的是 159920 华夏恒生 ETF 基金，所以你看到它的业绩比较标准，直接是恒生指数再加上汇率因素。而前三只 ETF 联接基金运作比较简单，就是把自己大部分的资产投资到 159920 这只基金上去，只留下一小部分现金应对申购赎回，所以可以看到业绩比较基准中掺入 5% 的现金比例。从成立日上看，前三只基金也比 159920 要晚几天，这是自然，只有后者成立了，前三者才能把钱投给后者。

从基金规模上看，前三者的规模加在一起也比 159920 要低，这也是自然，因为前三只基金相当于是后者的“投资人”，它们和其他投资人共同组成了华夏恒生 ETF 的规模。

以上这些实际上是 ETF 及其联接基金的知识，但是由于在 QDII 基金中，这种情况还是比较常见的，在此专门讲一下。

再看单位净值和币种，就会发现 000071 和 159920 都是人民币计价和购买的，净值一个是 1.2263 元，一个是 1.2512 元，两者的区别主要是由那 5% 左右的现金比例造成的，不过还好，区别并不大，涨的时候肯定是联接基金少涨一点，跌的时候少跌一点。而 000075 和 000076 两类以美元计价和购买的份额净值是一样的，为 0.1782 美元。用同为联接基金的 1.2263/0.1782 ≈ 6.88，与 12 月 7 日美元兑人民币汇率价格相差无几。

那么，同样是以美元购买的份额，000075 和 000076 又有什么区别呢？这就是涉及现汇和现钞的概念。如果你手里有美元，是现汇形式，就可以直接申购 000075，如果是现钞形式，就直接申购 000076。当然，对于很多投资者而言，在美元对人民币升值的预期下，最好是把美元留着，然后用人民币申购 000071 人民币份额，这样不占用个人的换汇额度，使用的是基金公司的 QDII 额度。

知识点 7.3　美元现钞和现汇的区别

现钞和现汇的设置是为了体现实物钞票的运输保管成本，例如美元现钞是你随时可以从银行账户里取出来的线，有 100 美元就可以取出 100 美元，而美元现汇则是你账面上的美元，只能在银行系统里面流转，不能随意取出，如果要取出来也行，需要交点手续费，也就是 100 美元现汇取出来可能就不足 100 美元了，手续费就是所谓的运输保管成本。所以我们看到银行的外汇牌价中，现汇买入价比现钞买入价要高（买入价指银行用人民币向你购买美元的价格），也就是说，把手里的美元现汇卖给银行比现钞可以多拿点人民币，因为银行买入现汇不需要这些成本。

货币名称	现汇买入价	现钞买入价	现汇卖出价	现钞卖出价	外管局中间价	中行折算价	发布时间
美元	687.1	681.46	689.86	689.86	687.31	687.31	2016.12.08 16:02:18

再来看一个有趣的数字——四类份额的“成立以来回报率”，000071和159920的回报率和单位净值基本是一致的，两类份额的差别并不大。但是000075和000076的回报率为13%左右，比000071的23%左右的回报率相差了差不多10个百分点。是美元份额的收益比人民币份额要差吗？当然不是，两种份额的投资运作完全一样，只是在计价时不同而已。

其实这10%左右的差别，就是来自于美元兑人民币的升值。159920和000071两类人民币份额在每天计算净值的时候，都会把汇率变动考虑进去，所以美元升值越多，它涨得就越多。而两类美元份额只计算所投资的资产实际价值的变动，而不考虑换成人民币后的情形，因为这类份额，客户申购时用的是美元，赎回时得到的也是美元，基金公司并不操心换回的事儿。

客户赎回得到美元，美元在这期间又升值了10个点，加在一起，应该正好就是人民币份额的回报率。

会有朋友提出来，这基金不是投资的香港恒生指数吗，怎么一直拿美元说事儿而不是港币。这是因为所有的QDII基金都只有人民币和美元两种份额，不存在港币份额。而且港币本身和美元实行联系汇率制度（类似固定汇率制），所以投资港股的QDII基金，如果设置非人民币份额，就可以直接使用美元，当然在计算美元份额净值的时候，用港币和美元换算一下还是会有的。

而像德国30（510030）这种投资于欧元计价股票的基金，则干脆连美元份额都没有设置，只保留了人民币份额，人民币和欧元的汇率变化直接在净值中体现，也比较省事。

7.3.2 不同份额的申购赎回

关于不同份额申赎信息的对比，如表7-4所示。

表 7-4　华夏恒生 ETF 不同份额申赎信息对比（数据 2016 年 12 月 7 日，Wind）

基金代码	基金简称	上市地	销售机构	申购费	赎回费	管理费	托管费
000071.OF	华夏恒生 ETF 联接（人民币）	无	银行等场外机构	最高 1.2%	0.5%	0.6	0.15
000075.OF	华夏恒生 ETF 联接（美元现汇）	无		暂免	0.5%		
000076.OF	华夏恒生 ETF 联接（美元现钞）	无		暂免	0.5%		
159920.OF	华夏恒生 ETF	深交所	券商等场内机构	券商代收，不超过 0.5%			

从表 7-4 中可以看出，159920 既可以在深交所交易，又可以在券商等场内渠道申购，而另外三个联接基金份额不能上市交易，只能在银行等场外代销基金申购。这一点和普通的 ETF 及其联接基金区别不大，但是由于 159920 是 ETF 的同时又是 QDII 基金，它在这里产生了新的变化。

（1）159920 属于跨境 ETF 基金，它不仅可以交易，而且可以 T+0 交易（参考跨境 T+0 名单部分），当天进行多次买卖，这和境内的 ETF 是不一样的，后者仍旧是 T+1 交易制度。除了跨境 ETF，跨境 LOF 基金也符合这一规定。

（2）159920 虽然是 ETF，但它并不能像境内的 ETF 基金那样进行实物一揽子申赎。因为投资者没法把手里的一揽子恒生指数成分股通过跨境的方式，换成恒生 ETF 份额，这在技术上暂时还无法实现。所以这种 ETF 只能通过现金的形式（门槛较高，动辄几十万上百万）在券商申购，再由基金公司代为购买 ETF 成分股。这一问题在所有跨境 ETF 上面都存在，解决方式也都是一样的。

除此以外，我们还看到华夏基金对两类美元份额进行了申购费减免处理，这一点算是对美元份额的一点优待，但并不是所有基金公司都会这样做。而赎回费方面，联接基金的美元份额和人民币份额并没有区别。而 159920 则遵循了券商代收的 ETF 一贯规定。当然，管理费和托管费不同的份额是不会有太大区别的。

而对于申购赎回效率方面，QDII 基金通常耗费的时间都比较长。申购方面：通常 T 日进行申购，当天晚上美股进行交易（中国香港下午 4 点收市），T+1 日公布 T 日的净值，这也是申购的成本价。T+2 日份额才能确认，T+3 日份额可以到账。赎回方面：与申购类似，T 日赎回，T+1 日才公布 T 日的净值，也就是赎回价格。T+7 至 T+10 日赎回现金才会到账。

7.4 QDII 基金出海去了哪里

QDII 基金资金出境以后，可以去哪里投资呢？这要先看看基金合同里面怎么写的。许多基金的投资范围中明确写着："本基金投资于已与中国证监会签署双边监管合作谅解备忘录的国家或地区证券市场挂牌交易的股票，登记注册的公募基金、债券、货币市场工具以及中国证监会允许基金投资的其他金融工具。"所以这些国家和地区将是 QDII 基金出海的主要目的地。具体如表 7-5 所示。

表 7-5　中国证监会与境外证券（期货）监管机构签署的备忘录一览（2015 年 6 月）

亚洲国家及地区（21 个）	中国香港、中国台湾、新加坡、日本、韩国、印度尼西亚、老挝、马来西亚、泰国、越南、印度、以色列、约旦、卡塔尔、科威特、阿联酋、巴基斯坦、蒙古、土耳其、文莱
北美洲国家（2 个）	美国、加拿大
南美洲国家（2 个）	巴西、阿根廷
大洋洲国家（2 个）	澳大利亚、新西兰
欧洲国家及地区（27 个）	英国、法国、德国、意大利、荷兰、比利时、瑞士、罗马尼亚、葡萄牙、挪威、俄罗斯、爱尔兰、奥地利、西班牙、瑞典、卢森堡、塞浦路斯、乌克兰、立陶宛、白俄罗斯、列支敦士登、耿西岛、泽西岛
非洲国家（3 个）	埃及、南非、尼日利亚

当然，QDII 基金实际上主要精力还是放在美国、中国香港和欧洲市场等国家和地区，毕竟这里是主流证券市场，历史悠久、经济活跃、制度完善、交易量大。

7.5 美股基金

7.5.1 美国股票市场介绍

中国股市的交易市场主要是上海证券交易所与深圳证券交易所，而美国的证券交易所主要包括以下 4 个。

1. NYSE

NYSE 又称纽约证券交易所(New York Stock Exchange，简称 NYSE)，是上市公司总市值第一（2009 年数据），IPO 数量及市值第一（2009 年数据），交易量第二（2008 年数据）的交易所。2005 年 4 月末，NYSE 收购全电子证券交易所（Archipelago），成为一个营利性机构。

纽约证券交易所的总部位于美国纽约州纽约市百老汇大街 18 号，在华尔街的拐角南侧。中国也有很多公司在 NYSE 上市，为人熟知的包括中国石化、中国电信、中国移动、中国石油、中国人寿、中国铝业、南方航空、东方航空等一大批大型国企，也有阿里巴巴、当当网、汽车之家、聚美优品、优酷土豆等民营企业。

2. NASTAQ

NASTAQ 又称纳斯达克证券市场，全称为全美证券交易商协会自动报价系统（National Association of Securities Tealers AutomateT Quotations，简称 NASTAQ），是一个基于电子网络的无形市场，大约有 5400 家公司在该市场挂牌上市，是美国上市公司最多、股份交易量最大的证券市场。

NASTAQ 有许多国际知名的企业，包括微软、思科、英特尔、戴尔等，许多中国概念股也都在 NASTAQ 上市，包括为人熟知的百度、携程、新浪、高德、网易、UT 斯达康、搜狐、盛大、迅雷、汉庭、途牛、如家等一系列互联网企业或其他中小企业。

3. AMEX

AMEX 又称美国证券交易所，过去曾是全美国第二大证券交易所，坐落于纽约的华尔街附近，现为美国第三大股票交易所。美国证券交易所大致的营业模式和纽约证券交易所类似。但不同的是，美国证券交易所是唯一一家能同时进行股票、期权和衍生产品交易的交易所，也是唯一一家关注于被人忽略的中小市值公司并为其提供一系列服务来增加其关注度的交易所。

4. OTC

OTC 又称柜台交易市场（Over The Counter），是在股票交易所以外的各种证券交易机构柜台进行的股票交易（也就是没有集中场所的资产交易网络），所以也叫作柜台交易市场。OTC 并不是美国独有的概念，在国内，除了沪深交易所等标准化市场以外的交易市场，都被称为 OTC 市场，或者场外市场。

7.5.2 美股三大股指

A 股大家一般比较关注上证指数、深圳成分指数，沪深 300 指数以及近年来最吸引人眼球的创业板指数。与此类似，所谓“美股三大股指”分别指道琼斯指数、纳斯达克 100 指数、标普 500 指数。

1. 道琼斯指数

道琼斯指数是指道琼斯股票价格的平均指数，是世界上最有影响、使用最广的股价指数。它以在纽约证券交易所挂牌上市的一部分有代表性的公司股票作为编制对象，由四种股价平均指数构成。道琼斯指数包括很多耳熟能详的国际公司，包括耐克、卡夫、波音、花旗、杜邦、通用电气、英特尔、强生、可口可乐、摩根大通、微软、麦当劳、高盛、苹果、宝洁、沃尔玛等一批大型跨国公司。

2. 纳斯达克 100 指数（NASTAQ）

纳斯达克 100 指数作为纳斯达克的主要指数，其 100 只成分股均具有高科技、高成长和非金融的特点，可以说是美国科技股的代表。值得一提的是，纳斯达克 100 指数中，这些高成长性股票的良好业绩，都是各自内生性的高成长带来的，特别是创新业务，而非资产注入等外延式的增长。

从纳斯达克 100 指数十大权重成分股来看，它们主要为高科技企业，其中计算机行业的公司居多，权重最大的为苹果电脑（Apple），另外包括微软（Microsoft）、谷歌（Google）、思科（Cisco）、英特尔（Intel）等诸多知名公司。

纳斯达克指数也被称为美国的创业板指数，这里的创业并不是说这些公司是小公司，而是说它们是由新科技、新技术驱动的。

3. S&P: 500（标普 500）股价指数

由美国 McGraw Hill 公司推出，从纽约证交所、美国证交所及上柜股票中选出 500 只，其中包含 400 家工业类股、40 家公用事业、40 家金融类股及 20 家运输类股，经由股本加权后所得到的指数，以 1941 至 1943 这段时间的股价平均值为基数 10，并在 1957 年由 S&P 公司加以推广。

因为 S&P 指数几乎占纽约证交所股票总值 80% 以上，而且在选股上考量了市值、流动性及产业代表性等因素，所以此指数一推出，就极受机构投资者与基金经理的青睐，成为评量操作绩效的重要参考指标。

这一点跟国内的沪深 300 指数比较类似。

7.5.3 跟踪标普 500 的基金

为了简洁，在下文的叙述中只列出人民币份额，如表 7-6 所示。

表 7-6 跟踪标普 500 的基金

基金代码	证券简称	基金成立日	跟踪指数代码	上市地	运作形式
096001.OF	大成标普 500 等权重	2011-03-23	SPXEWTR.SPI	不上市	开放式指数
050025.OF	博时标普 500ETF 联接	2012-06-14	SPX.GI	不上市	ETF 联接
513500.OF	博时标普 500ETF	2013-12-05	SPX.GI	上海	ETF
161125.OF	易方达标普 500 人民币	2016-12-02	SP500.SPI	深圳	开放式指数

标普 500 指数是美国股市情况的最佳代表，投资美国市场，首选该指数。从图 7-2 中可以看出，该指数在最近 5 年不断走出新高，取得了非常优异的回报，也代表了美国股市的强劲和稳健。

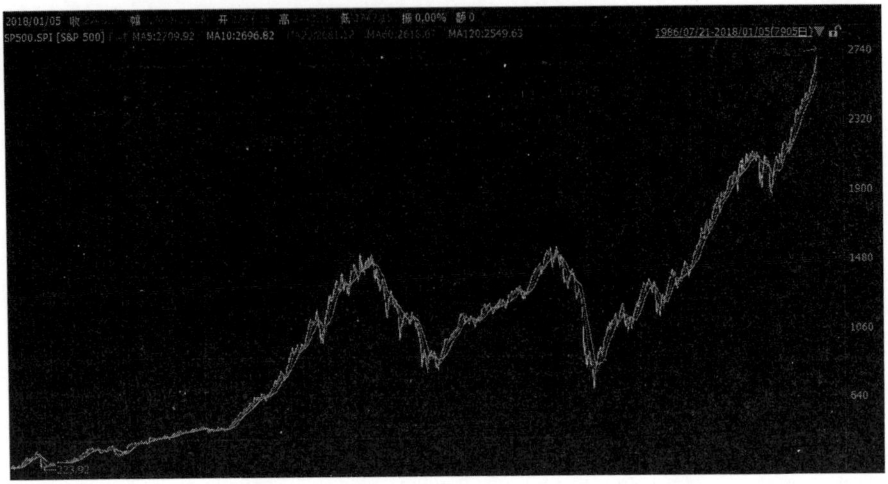

• 图 7-2　标普 500 指数走势图（代码：SP500，1986—2017）

在国内，则首选博时出品的 513500，博时标普 500ETF。它是 ETF，跟踪误差理论上应是最小。而投资者既可以通过股票软件在交易所内买卖 513500，又可以在银行等渠道申购 050025 的联接基金来实现跟踪。美中不足就是规模不够大，只有 2 亿。

而成立时间不久的易方达标普 500 指数基金是一只 LOF 基金，投资者同样有场内交易和场外申赎两种交易方式。它的首发规模将近 7 亿，如果等完成建仓后，仍有这么大规模，并且跟踪良好，那么它也将是非常好的投资标的。相对而言，大成标普 500 等权重则规模太小，而且等权重编制后的超额收益也并非那么明显。

标普 100 指数是由标普 500 中最强、最大的 100 只股票组合而成。如果说标普 500 是美国的“沪深 300”，那大可以把标普 100 理解成“上证 50”。长信虽然开发了这个指数，但指数本身并没有比标普 500 有特别明显的超额收益，而且规模太小，随时有被清盘的风险，暂时投资价值不大。

7.5.4　跟踪纳斯达克指数的基金

表 7-7 所示是跟踪纳斯达克 100 指数的基金。

表 7-7　跟踪纳斯达克 100 指数的基金

基金代码	证券简称	基金成立日	跟踪指数代码	上市地	运作形式
160213.OF	国泰纳斯达克 100	2010-04-29	NTX.GI	不上市	开放式指数
513100.OF	国泰纳斯达克 100ETF	2013-04-25	NTX.GI	上海	ETF
040046.OF	华安纳斯达克 100 人民币	2013-08-02	NTX.GI	不上市	开放式指数
000834.OF	大成纳斯达克 100	2014-11-13	NTX.GI	不上市	开放式指数
270042.OF	广发纳斯达克 100 人民币	2012-08-15	NTX.GI	不上市	开放式指数
159941.OF	广发纳斯达克 100ETF	2015-06-10	NTX.GI	深圳	ETF

纳斯达克 100 指数作为美国的“创业板指数”，2017 年以来并没有跑赢大盘“标普 500”，不过仍旧创下新高，近 5 年超过 15% 的年化收益率着实亮眼，如图 7-3 所示。

• 图 7-3　纳斯达克 100 指数走势图（代码 NDX，1985-2017）

这里顺便提一下，纳斯达克 100 指数中排在前面的股票都是我们耳熟能详的，其中市值超过 1000 亿的股票如表 7-8 所示。

表 7-8　纳斯达克指数中权重的公司（截至 2017 年底）

公司	代码	市值（亿美元）	行业分类
苹果公司（APPLE）	AAPL.O	8688.80	信息技术
谷歌（ALPHABET）A 类股	GOOGL.O	7294.58	信息技术
谷歌（ALPHABET）C 类股	GOOG.O	7294.58	信息技术
微软公司（MICROSOFT）	MSFT.O	6599.06	信息技术
亚马逊（AMAZON）	AMZN.O	5635.35	可选消费
FACEBOOK	FB.O	5127.59	信息技术
英特尔（INTEL）	INTC.O	2160.29	信息技术
康卡斯特（COMCAST）	CMCSA.O	1871.85	可选消费
思科（CISCO SYSTEMS）	CSCO.O	1893.41	信息技术
安进（AMGEN）	AMGN.O	1262.36	医疗保健
高通公司（QUALCOMM）	QCOM.O	943.76	信息技术
卡夫亨氏（KRAFT HEINZ）	KHC.O	947.48	日常消费

知识点 7.4　美股当中的 A、B、C 类股的区别

美股中有些股票会设置 A、B、C 等不同类别。最常见的用途是将不同大小的投票权赋予不同级别的股票，以便将投票权保留给特定的团体。通过下面两个案例即可说明：

伯克希尔哈撒韦（Berkshire Hathaway，巴菲特的投资公司）公司最初只有一种股票，也就是今天的 A 股（代码：BRK.A），A 股自公司创立以来从未拆股，目前股价超过 20 万美元每股。这导致了投资门槛极高，很多有兴趣的投资者一股都买不起。也由此造成很多机构购买 BRK.A 股，然后再拆分卖出并赚取几乎 0 成本的利润。哈撒韦公司为了方便投资者，于 1996 年发行了 B 类股（代码：BRK.B），目前的股价为大约 140 美元每股，走势与 BRK.A 几乎完全相同。BRK.A 股可以按照一定比例随时转换为 BRK.B 股，反之则不行，且 B 类股的投票权仅有 A 类股的万分之一。

谷歌有三类普通股，是在 2014 年 4 月 2 日完成拆分的，当时的拆分原因大致如下：（1）是谷歌的股价高得吓人。当时的谷歌价格是每股 1228.8 美元，而拆分后每股是 500 多美元；（2）拆分有利于巩固创始人对公司的控制权，当增发股票时可增发没有投票权的 Class C 股票，创始人的股份就不会被稀释了。

大家看到广发和国泰各有两只纳斯达克 100 指数基金。一只是 ETF，一只是普通的指数基金。有趣的是，这两者并没有 ETF 与联接基金这种关系，

而是两只独立的基金。ETF 的交易规则不必赘述了，而它们的普通份额是可以在银行等代销渠道购买的。

如果有股票账户，那么可以直接在交易所买卖 513100 和 159941，不过前者由于基金的规模稍大，交易活跃程度会更好一些，交易的时候要注意折溢价的变化。如果是在场外渠道购买，那我们就选择规模最大的，即 160213。

7.5.5 跟踪美股其他标的的基金

在纯投美股的基金中，除了跟踪标普 500 和纳斯达克 100 这样的主流指数，还有几只基金把目标对准了细分行业和主题，这几个细分行业正是美股历史表现最好的行业：医疗、消费和信息技术。

其中标普生物科技和纳斯达克生物科技这两个指数在过往都有着亮眼的业绩，过去 10 年的年化收益都在百分之十几的水平，但是波动性确实很大，在 2016 年是亏损状态。不过这两个指数当中牛股频出，本身弹性又大，是抄底或者定投的较好工具。

另外，值得一提的是 162415 这只基金，主要投资美国的大牌消费股票，比如亚马逊、迪士尼、星巴克、麦当劳、耐克等我们耳熟能详的公司，估值合理，业绩也不错，特别是在 2016 年底来了一波凌厉的涨势。长期投资美股，这也是不错的标的。而嘉实美国成长是唯一一只纯粹以美股为投资标的的主动管理基金，2013 年成立以来赶上美股这轮牛市，业绩也相当不错，其持股主要是以大蓝筹为主，跟纳斯达克 100 指数前几位的成分股多有重叠，如表 7-9 所示。

表 7-9　跟踪美股其他标的的基金

对应指数	基金代码	证券简称	基金成立日	上市地	运作形式
标普 100	519981.OF	长信标普 100 等权重	2011-03-30	不上市	开放式指数
主动股票	000043.OF	嘉实美国成长人民币	2013-06-14	不上市	主动管理
生物科技	001092.OF	广发纳斯达克生物科技人民币	2015-03-30	不上市	开放式指数
消费	162415.OF	华宝兴业标普美国品质人民币	2016-03-18	深圳	开放式指数
医疗	161126.OF	易方达标普医疗保健人民币	2016-11-28	深圳	开放式指数
生物科技	161127.OF	易方达标普生物科技人民币	2016-12-13	深圳	开放式指数
信息技术	161128.OF	易方达标普信息科技人民币	2016-12-13	深圳	开放式指数

这其中笔者最为关注的是易方达标普信息科技，因为它的重仓股全部是我们耳熟能详的美国高科技企业。这些企业在美国新一轮的科技股浪潮中表现非常亮眼，如图 7-4 所示。

2017 三季报

序号	品种代码	品种简称	持仓数量(股)	持仓市值(元)	占基金净值比(%)	占股票市值比(%)	上市地
1	AAPL.O	苹果公司(APPLE)	4,999.00	5,113,372.26	14.96	15.70	美国
2	MSFT.O	微软公司(MICROSOFT)	7,454.00	3,685,128.50	10.78	11.32	美国
3	FB.O	FACEBOOK	2,294.00	2,601,504.05	7.61	7.99	美国
4	GOOGL.O	谷歌(ALPHABET)A类股	289.00	1,867,657.38	5.47	5.74	美国
5	GOOG.O	谷歌(ALPHABET)C类股	293.00	1,865,096.53	5.46	5.73	美国
6	V.N	VISA	1,771.00	1,236,985.69	3.62	3.80	美国
7	INTC.O	英特尔(INTEL)	4,548.00	1,149,430.38	3.36	3.53	美国
8	CSCO.O	思科(CISCO SYSTEMS)	4,839.00	1,080,059.70	3.16	3.32	美国
9	ORCL.N	甲骨文(ORACLE)	2,923.00	937,973.50	2.74	2.88	美国
10	MA.N	万事达卡(MASTERCARD)	904.00	847,165.77	2.48	2.60	美国
11	IBM.N	IBM	839.00	807,857.54	2.36	2.48	美国
合计			31,153.00	21,192,231.30	62.00	65.07	

• 图 7-4　易方达标普信息科技基金的重仓股

7.6　中概股基金

1. 什么是中概股

中国概念股就是在国外上市的中国注册的公司，或虽在国外注册但业务和关系在中国的公司股票。由于国内比较特殊的上市制度，比如盈利要求、审核时间等，很多中国公司选择在海外上市，这其中不乏一些大公司，比如阿里巴巴、百度等是在美国上市，中航油在新加坡上市。这些公司的股票在国内买不到，最好的办法就是通过 QDII 基金来购买。特别是最近几年随着中国的崛起，“中概股”在国外也变成了热门词汇，很多基金也就应运而生了。

2. 中概股基金列表

表 7-10 中的这些基金，虽然投资区域不同，但基本上都是以中概股为主要投资对象。其中的嘉实海外中国和上投摩根亚太优势作为我们之前讲过的“四兄弟”成员，大家已经很熟悉了，不再赘述。而华宝兴业中国互联网和交银中证海外中国互联网这两只基金在前文中与全球互联网基金放在一起

进行对比，这两只基金的成分股倒是大家都非常熟悉的企业，比如“BAT”三巨头、新浪、京东、携程等，可以多多关注。

表 7-10　中概股基金

基金代码	证券简称	基金成立日	上市地	投资区域
050015.OF	博时大中华人民币	2010-07-27	不上市	亚太
519602.OF	海富通大中华精选	2011-01-27	不上市	大中华地区
040021.OF	华安大中华升级	2011-05-17	不上市	大中华地区
262001.OF	景顺长城大中华	2011-09-22	不上市	大中华地区
000934.OF	国富大中华精选	2015-02-03	不上市	大中华地区
002230.OF	华夏大中华企业精选	2016-01-20	不上市	大中华地区
070012.OF	嘉实海外中国股票	2007-10-12	不上市	全球
241001.OF	华宝兴业中国成长	2008-05-07	不上市	全球
100061.OF	富国中国中小盘	2012-09-04	不上市	中国香港
164906.OF	交银中证海外中国互联网	2015-05-27	深圳	全球
513050.OF	易方达中证海外互联 ETF	2017-01-04	上海	全球
160644.OF	鹏华香港美国互联网	2017-11-16	深圳	全球
001767.OF	华宝兴业中国互联网人民币	2015-09-23	不上市	全球
161229.OF	国投瑞银中国价值发现	2015-12-21	深圳	全球
003243.OF	上投摩根中国世纪人民币	2016-11-11	不上市	全球
160923.OF	大成海外中国机会	2016-12-29	深圳	全球
118001.OF	易方达亚洲精选	2010-01-21	不上市	亚洲
460010.OF	华泰柏瑞亚洲企业	2010-12-02	不上市	亚洲
457001.OF	国富亚洲机会	2012-02-22	不上市	亚洲
003463.OF	泰达宏利亚洲 A	2016-10-14	不上市	亚洲
003464.OF	泰达宏利亚洲 C	2016-10-14	不上市	亚洲
377016.OF	上投摩根亚太优势	2007-10-22	不上市	亚太

其中上投摩根亚太优势除了投资中国公司，还对韩国的公司有所涉猎。华泰柏瑞亚洲还投资有澳大利亚的深海鱼油公司。博时大中华中则出现了韩国三星电子、日本企业 Nabtesco、精工爱普生。

7.7 港股基金

7.7.1 香港主要指数介绍

1. 恒生指数系列

恒生银行早年有一个部门负责编算及管理恒生指数系列，1969 年推出被视为香港股票市场指标的恒生指数。1984 年成立恒生指数有限公司（是恒生银行的全资附属机构），随后不断推出不同系列的市场指数，主要包括五个类别：旗舰指数、基准指数、主题指数、策略指数及债券指数，并按指数成分股的上市地域分类为香港上市、跨市场及内地上市。其中便有恒生国企指数。

2. 恒生国企指数

恒生国企指数，也叫 H 股指数，为香港市场一项主要指数，用以度量以 H 股形式在香港上市的企业表现。所谓 H 股，就是在香港和内地同时上市的 40 家公司，基本全是大国企，比如“两桶油”“四大行”等。

恒生国企指数于 1994 年 8 月 8 日首次公布，以上市 H 股公司数目达到 10 家的日期，即 1994 年 7 月 8 日为基数日，当日收市指数定为 1000 点。指数追溯计算至 1993 年 7 月 6 日，亦即首家企业在联交所上市的日期。随后基数日又调整为 2000 年 1 月 3 日，当日收市指数定为 2000 点。

7.7.2 跟踪恒生指数的基金

恒生指数目前卖点很多，比如估值低、分红率高，比如沪港通、深港通开通后内地资金的流入，比如港币挂钩美元兑人民币升值预期等。当下来看的确是比较好的投资标的。

有趣的是，华夏基金有两组恒生 ETF 及其联接基金。最大的区别就在于，华夏港股通恒生 ETF 及其联接基金，是优先通过港股通来投资成分股，成分股不在港股通标的中的，再使用 QDII 额度去投资，这样可以节省 QDII 额度。而原先的华夏恒生 ETF 仍旧直接在香港投资。不过 159220 由于成立较早，市场认可度高，虽然规模没有 513660 大（场内简称恒生通），但其交易活跃度是市场最高，投资者通过股票账户进行买卖非常方便。

汇添富恒生指数 164705 其实是分级基金的母基金，不过投资者关注更多的是它的分级子份额恒生 B，在恒生指数上加了杠杆，适合博取高收益的投资者，如表 7-11 所示。

表 7-11　跟踪恒生指数的基金

对应指数	基金代码	证券简称	基金成立日	跟踪指数代码	上市地	运作形式
恒生	164705.OF	汇添富恒生指数	2014-03-06	HSI.HI	深圳	分级母基金
恒生	159920.OF	华夏恒生 ETF	2012-08-09	HSI.HI	深圳	ETF
恒生	000071.OF	华夏恒生 ETF 联接（人民币）	2012-08-21	HSI.HI	不上市	ETF 联接
恒生	513600.OF	南方恒生 ETF	2014-12-23	HSI.HI	上海	ETF
恒生	513660.OF	华夏沪港通恒生 ETF	2014-12-23	HSI.HI	上海	ETF
恒生	000948.OF	华夏沪港通恒生 ETF 联接	2015-01-13	HSI.HI	不上市	ETF 联接
恒生	160922.OF	大成恒生综合	2016-12-02	HSMSI.HI	深圳	开放式指数

7.7.3　跟踪 H 股指数的基金

H 股指数对资金的吸引力看起来要比恒生指数大多了。这一点从两只跟踪 H 股指数基金动辄接近百亿的份额规模就能看出来。除了刚才讲过的恒生指数的卖点以外，H 股指数还有其独有的卖点，那就是 AH 折溢价指数，如图 7-5 所示。

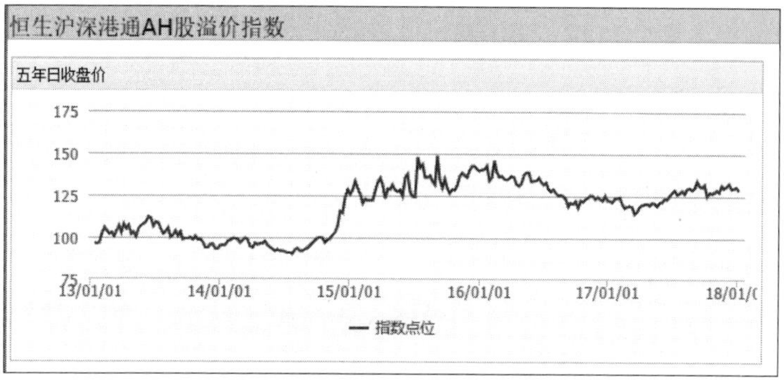

• 图 7-5　AH 股溢价指数（HSAHP, 2017 年底）

这个指数是用 H 股在沪深交易所对应 A 股的整体价格除以 H 股的价格计算得出的，如果高于 100，那就是相同的股票 A 股更贵，低于 100 就是港股的股票更贵。这个指数之前一直波动不大，但是从 2015 年起，A 股迎来一波牛市，对应的港股却仍是“跌跌”不休，导致这一指数陡然扩大。最高接近 150，也就是说相同的股票，分红权、投票权都一样，仅仅因为上市流动的地点不一样，A 股就比 H 股贵了 50%，那么被低估的 H 股自然会受到资金的青睐。

所以你看到易方达和银华的两只 H 股基金一下子就把规模做大了，如表 7-12 所示，而资金也在 2017 年下半年港股的一波行情中获得不错的收益，AH 溢价指数也有所收敛，但仍在历史上比较高的位置，港股依旧被低估。

表 7-12　跟踪 H 股指数的基金

对应指数	基金代码	证券简称	基金成立日	跟踪指数代码	上市地	运作形式
H 股	161831.OF	银华恒生 H 股	2014-04-09	HSCEI.HI	深圳	分级母基金
H 股	160717.OF	嘉实恒生中国企业	2010-09-30	HSCEI.HI	深圳	开放式指数
H 股	510900.OF	易方达恒生 H 股 ETF	2012-08-09	HSCEI.HI	上海	ETF
H 股	110031.OF	易方达恒生 H 股 ETF 联接人民币	2012-08-21	HSCEI.HI	不上市	ETF 联接

说实话，市场上有易方达和银华这两只就足够了。易方达 H 股 ETF 及其联接基金满足了投资者紧密追踪 H 股的需求，且场内 ETF 份额交易活跃，场外通过联接基金投资也很方便。银华的 H 股指数基金及其分级子份额，则满足了投资者在 H 股指数上加杠杆的需求，而且交易活跃度也非常高，本身母基金 161831 是个 LOF，无论是场内交易还是场外申购都很方便。

7.7.4　跟踪其他类型指数的基金

除了恒生指数和国企指数两大股指，还有两只投资于香港市场小盘股的基金，并且都是指数基金，而且可以上市交易。其中易方达跟踪的恒生综合小型股指数中，50 亿以上的成分股将被纳入深港通投资范围。而华宝兴业的香港中小基金上市以来流动性一直非常好。华宝兴业基金在场内基金运作方面的确很有特色（华宝油气、华宝添益都是同类基金的佼佼者），如表 7-13 所示。

表 7-13　跟踪香港其他类型指数的基金

对应指数	基金代码	证券简称	基金成立日	跟踪指数代码	上市地	运作形式
中国中小	501021.OF	华宝兴业香港上市中国中小盘	2016-06-24	661651.MI	上海	开放式指数
恒生小型	161124.OF	易方达香港恒生综合小型股	2016-11-02	HSHKSI.HI	深圳	开放式指数

7.7.5　主动管理港股基金

除了跟踪恒生指数和 H 股指数两大股指的基金以外，剩下的就是主动管理基金。部分基金信息如表 7-14 所示。

表 7-14　主动管理港股基金

基金代码	基金名称	基金类型	基金成立日
100061.OF	富国中国中小盘	混合型	2012/9/4
002379.OF	工银瑞信香港中小盘人民币	股票型	2016/3/9
040018.OF	华安香港精选	股票型	2010/9/19
470888.OF	汇添富香港优势精选	混合型	2010/6/25
001691.OF	南方香港成长	混合型	2015/9/30
160125.OF	南方香港优选（LOF）	股票型	2011/9/26

富国中国中小盘是一只非常优秀的基金，成立以来每年都取得正收益，银河评级为五星基金，基金经理张峰经验丰富、任职稳定、选股能力很强。绝对是主动管理港股基金中的旗帜性产品。要知道港股在 2016 年之前很不景气，能取得 15% 的年化收益十分了不起。

其他几只就乏善可陈了，持仓上也没有太大亮点，运行多年并未展现出获得超额收益的核心能力。唯一值得一提的就是南方香港优选是一只 LOF 基金，对于喜欢在场内交易的投资者而言，非常方便。

这里多说一句。2016 年市场上成立了很多以“沪港深”为主题的基金，这些基金可以在上交所、深交所和联交所同时进行投资，而对港股的投资基本上是通过沪港通和深港通通道。由于数量众多，且不完全集中在港股，这里就不多做介绍了。

另外还有一种投资港股的基金，是以全球市场为投资标的的，但港股占比不小。我们会在下面一部分进行介绍。

7.8 全球基金

7.8.1 全球市场主动管理型基金

除了单独投资美股或港股，大部分的QDII基金是跨多个地区进行投资的，而且投资范围也不仅仅局限于股票，很多都是通过投资该地区的一些基金比如ETF等来进行配置。所以呈现出跨区域，跨品种的特点，对于投资者而言，选择难度并不小，如表7-15所示。

表7-15 全球市场主动管理基金

基金代码	证券简称	基金成立日	上市地
202801.OF	南方全球精选	2007-09-19	不上市
000041.OF	华夏全球精选	2007-10-09	不上市
070012.OF	嘉实海外中国股票	2007-10-12	不上市
486001.OF	工银瑞信全球配置	2008-02-14	不上市
241001.OF	华宝兴业中国成长	2008-05-07	不上市
519601.OF	海富通海外精选	2008-06-27	不上市
519696.OF	交银环球精选	2008-08-22	不上市
486002.OF	工银瑞信全球精选	2010-05-25	不上市
080006.OF	长盛环球景气行业	2010-05-26	不上市
270023.OF	广发全球精选人民币	2010-08-18	不上市
001061.OF	华夏海外收益A人民币	2012-12-07	不上市
001063.OF	华夏海外收益C	2012-12-07	不上市
000103.OF	国泰境外高收益	2013-04-26	不上市
000290.OF	鹏华全球高收益债人民币	2013-10-22	不上市
001691.OF	南方香港成长	2015-09-30	不上市
161229.OF	国投瑞银中国价值发现	2015-12-21	深圳
519939.OF	长信海外收益一年	2016-05-19	不上市
003046.OF	招商中国信用人民币	2016-09-02	不上市
003243.OF	上投摩根中国世纪人民币	2016-11-11	不上市
003629.OF	上投摩根全球多元人民币	2016-12-19	不上市
160923.OF	大成海外中国机会	2016-12-29	深圳

表中出现了很多“基民”熟悉的名称，南方全球精选、华夏全球精选和嘉实海外中国等。它们和上投摩根亚太优势一起，被称为中国基金首次进行出海尝试的“四兄弟”。它们全部发行是在 2007 年达到最高点，一方面，行情火爆、基金排队抢购造成它们规模巨大，配售完以后都还有 300 亿的规模，另一方面，它们的成立时点就是金融危机前夜，刚一出海便折戟沉沙，至今仍是许多人心口上的痛。10 年过去了，净值距离回本仍遥遥无期。

除了这两只基金以外，只有一只广发全球精选规模超过 10 亿，其他的基金基本上规模都非常小。说实在的，这个和“四兄弟”出海的惨烈折戟沉沙有很大关系。

而广发全球精选这只基金之所以能有这么大的规模，也和自身优异的成绩是分不开的。基金经理丁靓在港股精耕细作，趁着 2015 年二季度的港股抄底之风顺势将规模做大。虽然这只基金有一定比例的美股投资，但是说起港股投资水平，完全可以和富国中国中小盘相提并论。个人觉得，富国基金和广发基金也的确在港股投资上是功力最为深厚的。

这里值得一提的是在 2008 年 8 月份金融风暴中成立的交银环球精选，虽然规模一直不大，但它竟然是全部 QDII 基金中回报率最高的，和 2007 年成立的“四兄弟”形成了鲜明对比。这再一次印证了巴菲特的那句话“投资成功的秘诀在于，别人贪婪的时候我恐惧，别人恐惧的时候我贪婪”。

7.8.2 投资于全球互联网巨头的基金

这里把投资于全球互联网公司的基金和只投资于中国互联网公司的基金放在一起进行比较，便于投资者对比，如表 7-16 所示。

表 7-16 海外互联网行业基金

基金代码	证券简称	基金成立日	上市地
000988.OF	嘉实全球互联网人民币	2015-04-15	不上市
001767.OF	华宝兴业中国互联网人民币	2015-09-23	不上市
002891.OF	华夏移动互联人民币	2016-12-14	不上市
164906.OF	交银中证海外中国互联网	2015-05-27	深圳
001668.OF	汇添富全球移动互联	2017-01-25	不上市
513050.OF	易方达中证海外互联 ETF	2017-01-04	上海
160644.OF	鹏华香港美国互联网	2017-11-16	深圳

7.8.3 投资于消费行业的基金

同时重点说一下三个消费品基金。消费品行业的公司都是大家耳熟能详的企业，这些海外的大公司来中国“卖卖卖”，这使得很多消费品企业的经营状况直接或间接变得与中国市场息息相关，如表 7-17 所示。

表 7-17 海外消费行业基金

基金代码	证券简称	基金成立日	跟踪指数代码	上市地	投资区域	运作形式
100055.OF	富国全球顶级消费品	2011-07-13		不上市	全球	主动管理
118002.OF	易方达标普消费品人民币	2012-06-04	SPGLGUP.SPI	不上市	全球	指数增强
162415.OF	华宝兴业标普美国品质人民币	2016-03-18	IXY.SPI	深圳	美国	开放式指数

这三只基金可以帮助我们买到全世界最著名的消费类公司，从豪车、箱包到电影、饮料，无所不包。其中华宝兴业标普美国消费的投资重点是大众消费品，比如亚马逊、麦当劳，而富国和易方达的两只则更多关注顶级奢侈品。可惜的是这几只基金目前规模都不大，如果将来能做大，将是非常好的投资标的，如表 7-18 所示。

表 7-18 消费品 QDII 基金的重仓股票

华宝兴业标普美国品质消费 LOF	富国全球顶级消费品	易方达标普消费品
亚马逊（AMAZON）	LVMH 集团	帝亚吉欧
康卡斯特（COMCAST）	HERMES INTERNATIONAL	耐克公司（NIKE）
家得宝（HOME TEPOT）	苹果公司（APPLE）	戴姆勒克莱斯勒
迪士尼（WALT TISNEY）	CHRISTIAN TIOR	LVMH 集团
麦当劳（MCTONALTS）	雅诗兰黛（ESTEE LAUTER COMPANIES）	银河娱乐
星巴克（STARBUCKS）	印第迪克	瑞士历峰集团
普利斯林（PRICELINE）	保乐力加	特斯拉汽车
耐克公司（NIKE）	东江环保	金山软件
劳氏公司（LOWES）	戴姆勒克莱斯勒	宝马汽车
时代华纳（TIME WARNER）	新秀丽	保乐力加

对其中几家名字陌生的公司进行一下说明：

康卡斯特：美国最大有线电视公司和第二大网络供应商。

家得宝：美国第二大零售商，主营家居建材。

普利斯林：互联网旅游巨头，如同美国版的“携程”。

劳式：家得宝身后的主要竞争对手。

LVMH 集团：Louis Vuitton Moët Hennessy，皮件公司路易威登（Louis Vuitton）与酒业家族酩悦·轩尼诗（Moët Hennessy）于 1987 年合并而成。

印第迪克：西班牙服装品牌 ZARA 的母公司。

保乐力加：法国生产洋酒的，如马爹利、芝华士、皇家礼炮等。

戴勒姆克莱斯勒：奔驰和克莱斯勒的母公司。

帝亚吉欧：英国生产洋酒的，如尊尼获加、百利什等，还是水井坊的大股东。

瑞士历峰集团：江诗丹顿、卡地亚、梵克雅宝、万宝龙等。

7.9 大宗商品类基金

7.9.1 石油基金

最近几年，石油价格大幅度波动，为各类以跟踪油价为最终目标的 QDII 基金提供了展示的舞台。由于目前还无法投资于直接挂钩原油价格的金融产品，这类基金大多是投资于石油行业的股票来实现跟踪油价，虽然有一定误差，但已经是目前最好的方法，如表 7-19 所示。

表 7-19 石油基金

基金代码	证券简称	基金成立日	跟踪指数代码	上市地	投资区域	运作形式
163208.OF	诺安油气能源	2011-09-27	SP50010.SPI	深圳	全球	主动管理
162411.OF	华宝兴业标普油气人民币	2011-09-29	SPSIOPTR.SPI	深圳	美国	开放式指数
160416.OF	华安标普全球石油	2012-03-29	SPGOGUP.SPI	深圳	全球	开放式指数
164815.OF	工银瑞信国际原油人民币	2013-05-28	SPGNRUP.SPI	深圳	全球	主动管理
501018.OF	南方原油	2016-06-15	CL.NYM	上海	全球	开放式指数
161129.OF	易方达原油 A 人民币	2016-12-19	SPGSCLP.SPI	深圳	全球	开放式指数
162719.OF	广发道琼斯美国石油 A	2017-02-28	DJSOEP.GI	深圳	美国	开放式指数

这里面名气最大的当属华宝油气，它成立早、规模最大、弹性最大、交易最活跃，是投资者参与油价博弈的较好工具。而实际上它是一只指数基金，跟踪标普石油天然气上游股票指数，该指数是基于标普全市场指数的精选子行业指数之一，选择在美国主要交易所（纽约证券交易所、美国证券交易所、纳斯达克等）上市的石油天然气勘探、采掘和生产等上游行业的公司为标的，采用等市值加权的方法计算。

说白了，它买的是美国石油行业公司的股票，这就会和石油价格的变化产生一些误差，在所难免。不过其 2016 年接近 50% 的涨幅还是比较令人满意的。

同样比较有名的还有华安石油，它同样是指数基金，但它跟踪的是标普全球石油指数，成分股就不仅仅限于美国了。看它的十大持仓，既有埃克森美孚，又有法国道达尔、荷兰皇家壳牌、俄罗斯石油公司、中海油等，可以说是把全球最大的石油巨头股票买了个遍。工银瑞信的国际原油基金也是用的这种方式，可惜基金规模太小。

而南方原油和诺安油气两只基金的跟踪方法就不同了，它们实质上是 FOF 基金。诺安油气主要投资于美国上市的能源相关的 ETF 基金，这些 ETF 都是投资于能源公司的股票。南方原油同样是投资于石油相关的 ETF 基金，而它投资的这些 ETF 基金，主要跟踪的是 WTI 和 BRENT 原油价格，在操作方式上大多采用投资于这两类商品的期货合约，并在交割前进行换仓。理论上讲，通过这种方式，能够对原油价格有一个更好地跟踪，不过期货合约移仓有损耗，而且南方原油比较新，还需多多磨合。多说一句，这几只基金都是可以上市交易的，投资起来很方便。

知识点 7.5　世界三大基准原油

WTI 原油是美国市场期货定价基准油；布伦特原油是欧洲现货市场基准油；迪拜原油是赫赫有名的欧佩克油价，主要反映亚洲对原油的需求。

7.9.2　大宗商品及资源类基金

准确来说，石油应该是大宗商品中的一类，除此以外还有铁矿石、铜铝等有色金属，玉米大豆等农副产品等。如果将投资范围放得广一点，看好全球整个大宗商品行情，那么不妨把眼光放到这种大宗商品及资源类基金上面，如表 7–20 所示。

表 7–20　大宗商品及资源类基金

序号	细分行业	基金代码	证券简称	基金成立日	跟踪指数代码	上市地	运作形式
1	资源	217015.OF	招商全球资源	2010–03–25		不上市	主动管理
2	抗通胀	161815.OF	银华抗通胀主题	2010–12–06		深圳	主动管理
3	抗通胀	050020.OF	博时抗通胀	2011–04–25		不上市	主动管理
4	大宗商品	165513.OF	信诚全球商品主题	2011–12–20		深圳	主动管理
5	大宗商品	160216.OF	国泰大宗商品	2012–05–03		深圳	主动管理
6	农业	270027.OF	广发标普全球农业人民币	2011–06–28	SPAGRETP.SPI	不上市	开放式指数
7	资源	378546.OF	上投摩根全球天然资源	2012–03–26		不上市	主动管理
8	资源	519709.OF	交银全球自然资源	2012–05–22		不上市	主动管理
9	资源	539003.OF	建信全球资源	2012–06–26		不上市	主动管理
10	资源	000049.OF	中银标普全球精选	2013–03–19	SPGNRUP.SPI	不上市	开放式指数

其中前五只（序号 1~5）属于 FOF 基金，它们基本上是通过投资大宗商品行业的 ETF 基金来进行运作的。而后五只（序号 6~10）则是通过投资全球范围内的资源类上市公司股票来进行运作的。相同点是，它们都是主动管理基金。

在前五个（序号 1~5）FOF 类产品中，规模最大的当属国泰大宗商品，它持有的基本上都是石油类基金，从这一点上讲，可以作为上一部分石油类基金的补充。而信诚全球商品（序号 4）则是石油、黄金、农产品都买了一些，可以看作整个大宗商品的综合代表。银华和博时的两个产品则是主打“抗通胀”，实际买的也是各类大宗商品基金。

在后五只（序号 6~10）投资于股票的基金中，规模最大、风头最劲的则是上投摩根全球天然资源（序号 7），2016 年涨幅接近 50%，把另外几只远远抛在身后。它除了投资有大量的石油公司股票外，还持有很多矿业公司股票，二者一同为其贡献了惊人的涨幅。而交银全球资源则把主要精力放在港股上面，行业也比较分散，导致对整个商品和资源价格的跟踪差强人意。而建信和招商的两只基金比较中规中矩，重仓股多是石油和有色金属行业。

7.9.3 黄金基金

大宗商品中的黄金，对于中国老百姓而言有着特殊的意义，而黄金基金也同样是大家关注的焦点。近五年来，金价一路下滑，基金公司也趁机跟上，不断加大黄金基金的开发和宣传力度。这里的四只 QDII 黄金基金均是以国际上的黄金 ETF 作为投资标的，属于黄金基金的 1.0 版本，最近几年基金公司开发出挂钩各种黄金合约的黄金基金，则为进化后的 2.0 版本，后文会做专门比较介绍，如图 7-6 所示。

• 图 7-6 COMEX 黄金价格走势情况（截至 2017 年底）

相关 QDII 类黄金基金列表，如表 7-21 所示。

表 7-21 黄金类 QDII 基金

细分行业	基金代码	证券简称	基金成立日	上市地	投资区域
黄金	320013.OF	诺安全球黄金	2011-01-13	不上市	全球
黄金	161116.OF	易方达黄金主题	2011-05-06	深圳	全球
黄金	160719.OF	嘉实黄金	2011-08-04	深圳	全球
黄金	164701.OF	汇添富黄金及贵金属	2011-08-31	深圳	全球

从对金价跟踪的情况看，这几只基金区别并不大，互相之间的相关性也

非常强。而其中的诺安黄金由于成立于 2011 年 1 月，实际上在 2011-2012 两年股市凋敝时期，是享受金价上涨最多的一只，在市场上名气也比较大，整体规模也是四只基金中最大的一只。另外三只均为 LOF 基金，可以上市交易，在很多 QDII 基金限购的大背景下，也为投资者提供了方便。

这里多说一句，国内市场还有以跟踪国内黄金价格的基金，后文会专门介绍。

7.10 房地产基金（REITs）

什么是 REITs 呢？根据广发美国房地产基金招募说明书中的解释："REIT，即 Real Estate Investment Trust（房地产投资信托）是一种在证券交易所上市，以发行收益凭证的方式汇集特定多数投资者的资金，由专门的投资机构进行房地产投资经营管理，并将投资综合收益的绝大部分（通常为 90% 以上）按比例分配给投资者的金融工具。"

说白了，就是原来的基金是将投资者的钱拿去买股票、债券之类的，而这个是将钱拿过来买房地产项目并进行经营管理，可以从房租中获得稳定收入，也可以从房价上涨中获得增值。REITs 在美国已经是一个非常深入人心的投资品种，特别是当房价上涨的时候，买房买不起，那么买个基金也能分享房价上涨的收益，听起来是不是不错。

国内唯一的一只所谓 REITs 产品鹏华前海也还只是一个类固定收益产品，距离真正的 REITs 还有一段路要走，如表 7-22 所示。

表 7-22　房地产类 QDII 基金

基金代码	证券简称	基金成立日	跟踪指数代码	上市地	投资区域	运作形式
320017.OF	诺安全球收益不动产	2011-09-23		不上市	全球	主动管理
206011.OF	鹏华美国房地产	2011-11-25		不上市	美国	主动管理
070031.OF	嘉实全球房地产	2012-07-24		不上市	全球	主动管理
000193.OF	国泰美国房地产开发	2013-08-07		不上市	美国	主动管理
000179.OF	广发美国房地产人民币	2013-08-09	RMS.MI	不上市	美国	开放式指数

诺安全球收益不动产、鹏华美国房地产和嘉实全球房地产是主动管理，它们投资的基本是各类房地产经营公司和 REITs 类基金。而国泰美国房地产基金则是以投资房地产行业股票为主，REITs 只是其中可投资的一类资产，为便于比较，也一并放在这里。广发的美国房地产跟踪的是 MSCI 美国 REITs 指数。

如果观察走势，我们就会发现，广发和鹏华的两只基金相关性是非常大的，而国泰的则相对独立一些，这也是因为前文说的投资标的有区别。这就好比在国内，很多人买不起房子，结果跑去买房地产公司股票，可是房价涨，但房地产股票却一直不涨是一个道理。

7.11 金砖四国（BRIC）及德国

我们国内有三只投资于金砖四国市场的基金，其中南方和招商的都是跟踪指数，投资于这四个国家的股票，而信诚则是主动管理的 FOF，投资于这四个国家股市相关的 ETF 等基金。

这几只基金虽然推出的时间比较早，但业绩一直不好，这跟最近几年新兴市场火热度降温有关，四个国家的经济增速都有所下降。不过 2016 年以来，在连跌三年之后，这一指数在 2017 年探底回升，特别是南方和招商的两只基金，收益颇丰，如表 7-23 所示。

表 7-23 金砖四国及德国基金

基金代码	证券简称	基金成立日	跟踪指数代码	上市地	投资区域	运作形式
160121.OF	南方金砖四国	2010-12-09	FBRIC.FI	不上市	金砖四国	开放式指数
165510.OF	信诚金砖四国	2010-12-17		深圳	金砖四国	主动管理
161714.OF	招商标普金砖四国	2011-02-11	SPBRICNTR.SPI	深圳	金砖四国	开放式指数
513030.OF	华安德国 30 (TAX)ETF	2014-08-08	GTAXI.GI	上海	德国	ETF
000614.OF	华安德国 30（TAX）ETF 联接	2014-08-12	GTAXI.GI	不上市	德国	ETF 联接

华安德国 30 跟踪的是德国 TAX 指数，这个指数是德国市场的代表性指数，成分股也基本上是我们耳熟能详的德国制造，比如西门子、阿迪达斯、戴勒姆、宝马等。投资这只基金要注意的是欧元对人民币的汇率，如果欧元兑人民币继续升值，则该基金将从中受益。另外它是 ETF 基金，场内投资者交易起来非常方便，场外投资者则可以购买它的联接基金。

7.12 美元债

1. 美元债的投资逻辑

在基金早期的海外投资中，主要是以权益类资产为主，但是在这两年，固定收益（也就是债券）投资越来越吃香，很多基金公司都发行了以美元债券为主要投资标的的产品，QDII 额度很快被用完，不得不开始限购。

为什么会出现这样的情况呢？主要在于美元这一年多的强势。其实这些美元债券本身的票息并不是很高，比国内还要低，但它是以美元计价，所以可以看到，这些美元债基金，它们的美元份额净值涨幅并不大，而人民币份额的净值涨幅还是非常可观的，其中的差异其实就来自于汇率变化所带来的收益。

国内的一些资金通过 QDII 以及各种渠道出去以后，风险太大的权益类资产也不一定敢投资，万一亏大了即使美元再涨也覆盖不了亏损，那么这种美元债券，虽然票息不高，但是安全性比较好，这些资金就比较喜欢配置。而且从过去一段时间的效果来看，整体收益确实不错。

2. 美元债基金

2016 年之前成立的美元债基金，在 2016 年都取得了非常亮眼的业绩，即使一些 2016 年才成立的基金，成绩也都不错。一些老牌基金甚至在近两年中取得了 20% 多的收益。这和 2016 年美元对人民币升值有很大的关系。

由于 QDII 额度的限制，其中很多基金都采取了限制申购的措施，要么是完全暂停，要么是限制大额申购，这些信息都在时时变化，投资者需要时刻关注。

表 7-24 中列出的份额都是该类基金人民币 A 类份额。人民币份额和美元份额之间的区别前面已经讲过，而债券基金同时还有 A 类份额和 C 类份额之分，二者的区别就在于 A 类份额申购赎回费高，但没有销售服务费，C 类份额申购赎回费低甚至为 0，但是有销售服务费。

申购赎回费是一次性收取的手续费，每交易一次就要收一次，而销售服务费是基金运作中每天计提的费用，持有期越久收得越多。对于投资者而言，如果是长期投资，建议选择 A 类份额，因为没有销售服务费，而且赎回费随着时间递增还会减少；如果是短期投资，建议投资 C 类份额。

表 7-24　美元债基金

基金代码	证券简称	基金成立日
000103.OF	国泰境外高收益	2013/4/26
000290.OF	鹏华全球高收益债人民币	2013/10/22
050030.OF	博时亚洲票息人民币	2013/2/1
001061.OF	华夏海外收益 A 人民币	2012/12/7
000274.OF	广发亚太中高收益人民币	2013/11/28
000342.OF	嘉实新兴市场 A1	2015/11/26
100050.OF	富国全球债券	2010/10/20
002400.OF	南方亚洲美元债 A 人民币	2016/3/3
002286.OF	中银美元债人民币	2015/12/30
002391.OF	华安全球美元收益 A 人民币	2016/3/23
519939.OF	长信海外收益一年	2016/5/19
002426.OF	华安全球美元票息 A 人民币	2016/6/3
002467.OF	国投瑞银全球债券精选人民币	2016/4/19
003046.OF	招商中国信用人民币	2016/9/2
003463.OF	泰达宏利亚洲 A	2016/10/14
501300.OF	海富通美元收益人民币	2016/11/28
002877.OF	华夏大中华信用精选 A 人民币	2016/7/27

投资美元债最大的风险有两个：一个是美元兑人民币汇率的变化，另一个是美联储持续超预期加息。一方面如果人民币不再贬值，那么从中受益的机会也就没有了，另一方面如果美联储持续进行加息，那么债券价格会应声下跌。

7.13 上市 QDII：T+0 回转交易

2015 年 1 月 9 日，经证监会批准，沪深交易所发布通知，明确投资标的实行当日回转交易的跨境 ETF 和跨境 LOF 可以实行当日回转交易（即 T+0 交易），并于 2015 年 1 月 19 日正式实施。之所以这么规定，是因为这些 QDII 基金所投资的标的市场，都是 T+0 交易，无涨跌幅限制，比如美国。放开涨跌幅在沪深交易所似乎难度太大，那不如先放开 T+0 交易试试看。

除了 QDII 基金，其他上市交易的货币基金、港股通基金、债券 ETF，也同样可以 T+0 交易。笔者统计的名单如表 7-25 所示。

表 7-25 可以实现 T+0 上市交易的基金

证券代码	证券简称	证券代码	证券简称
货币 ETF		QDII	
511990.SH	华宝添益	161831.SZ	H 股分级
511880.SH	银华日利	162411.SZ	华宝油气
511900.SH	富国货币	160717.SZ	恒生 H 股
511810.SH	理财金 H	164705.SZ	添富恒生
511980.SH	现金添富	501021.SH	香港中小
511820.SH	鹏华添利	160922.SZ	恒生中小
511800.SH	易货币	160416.SZ	石油基金
511860.SH	博时货币	164906.SZ	中国互联
511660.SH	建信添益	160125.SZ	南方香港
511600.SH	货币 ETF	161116.SZ	易基黄金
511910.SH	融通货币	161124.SZ	香港小盘
511690.SH	交易货币	160719.SZ	嘉实黄金
511960.SH	嘉实快线	501018.SH	南方原油
511680.SH	安信货币	160216.SZ	国泰商品
511700.SH	场内货币	164701.SZ	添富贵金
511970.SH	国寿货币	163208.SZ	诺安油气

续表

证券代码	证券简称	证券代码	证券简称
511930.SH	中融日盈	161229.SZ	国投中国
511890.SH	景顺货币	161815.SZ	银华通胀
511830.SH	华泰货币	161210.SZ	国投新兴
511850.SH	财富宝 E	162415.SZ	美国消费
159003.SZ	招商快线	165513.SZ	信诚商品
159001.SZ	保证金	161714.SZ	招商金砖
511920.SH	广发货币	164815.SZ	原油 LOF
159005.SZ	添富快钱	165510.SZ	信诚四国
商品 ETF		跨境 ETF	
518880.SH	黄金 ETF	510900.SH	H 股 ETF
159934.SZ	黄金 ETF	513660.SH	恒生通
159937.SZ	博时黄金	159920.SZ	恒生 ETF
518800.SH	黄金基金	513500.SH	标普 500
债券 ETF		513030.SH	德国 30
511220.SH	城投 ETF	513100.SH	纳指 ETF
511010.SH	国债 ETF	513600.SH	恒指 ETF
159926.SZ	国债 ETF	159941.SZ	纳指 100
511210.SH	企债 ETF		

第 8 章

货币基金：巧用现金管理

本章主要内容包括：

➢ 一家小公司的逆袭之路

➢ 货币基金那些事儿

➢ T+0 货币基金玩法

➢ 场内货币基金玩法

8.1 一家小公司的逆袭之路

8.1.1 行业座次因货币基金而变

曾经，以华夏、嘉实、博时、南方、易方达为首的行业领导地位延续多年始终几乎无人能撼，直到 2013 年。

曾经，华安基金在 2004 年就发布了第一只货币基金，但是发展并不顺利，在 2007 年的超级大牛市中，货币基金一度沦落到可有可无的地步，直到 2013 年。

曾经，互联网发展狂潮中，各行各业被彻底颠覆，却从来没有人将它与资产管理联系在一起，直到 2013 年。

这一切从 2013 年 5 月发生变化，支付宝与天弘基金推出的余额宝横空出世，让整个行业都为之颤抖。推出当年，天弘基金就从一个名不见经传的小公司跃居行业次席，从 2014 年开始，半年度、全年排名均是第一。2016 年年底，天弘规模 8449.67 亿，比第二名华夏基金的 4603.52 亿，高出 3846.15 亿，如表 8-1 所示。

表 8-1 前十大公募基金排名变化情况（2007-2016）

排序	2016	2015	2014	2013	2012	2011	2010	2009	2008	2007
1	天弘	天弘	天弘	华夏	华夏	华夏	华夏	华夏	华夏	华夏
2	工银瑞信	华夏	华夏	天弘	易方达	嘉实	嘉实	易方达	嘉实	博时
3	易方达	易方达	工银瑞信	嘉实	嘉实	易方达	易方达	嘉实	博时	嘉实
4	华夏	工银瑞信	嘉实	易方达	南方	南方	博时	博时	南方	南方
5	南方	嘉实	易方达	南方	博时	博时	南方	南方	易方达	易方达

续表

排序	2016	2015	2014	2013	2012	2011	2010	2009	2008	2007
6	建信	南方	南方	中银	广发	广发	广发	广东	工银瑞信	大成
7	博时	广发	中银	广发	工银瑞信	华安	大成	大成	大成	广发
8	招商	建信	广发	工银瑞信	中银	大成	银华	华安	华安	华安
9	嘉实	中银	建信	博时	大成	工银瑞信	华安	交银	广发	景顺长城
10	中银	汇添富	招商	华安	建信	银华	富国	银华	银华	上投摩根
…	…	…	…	…	…	…	…	…	…	…
…	…	…	…	…	天弘（50/70）	天弘（49/66）	天弘（51/60）	天弘（55/60）	天弘（53/59）	天弘（52/57）

8.1.2　余额宝对行业的改变

余额宝的出现，彻底改变了货币基金格局，也开始让基金公司们重新思考产品的定位。

（1）基金公司明白了资产管理并不只是夺人眼球的股票投资，真正为大众服务，解决老百姓痛点的产品才是真正的好产品。

（2）在余额宝之前，货币基金都是 T+1 或 T+2 才到账，基金公司认为从技术上实现 T+0 实时到账是不可能实现的，但马云不信这个邪，他硬是把这个事儿干成了，而且还把 T+0 用在了支付宝这个应用场景中去，彻底颠覆了理财行业。之后其他公司纷纷效仿，弄了很多“宝宝”类产品，嫁接在各种产品中，甚至连普通的银行借记卡中都有了和现金无缝转换的货币基金。

（3）从 2012 年以后，借助利率市场化和互联网金融的大趋势，货币基金成为决定公募基金江湖地位的一柄重器。任何一家基金公司想要在江湖中占有一席之地，货币基金是必须重视的产品。从图 8-1 这张各类基金占比情况可以看出，货币基金的行业占比从 2014 年起已经连续三年占据行业半壁江山。

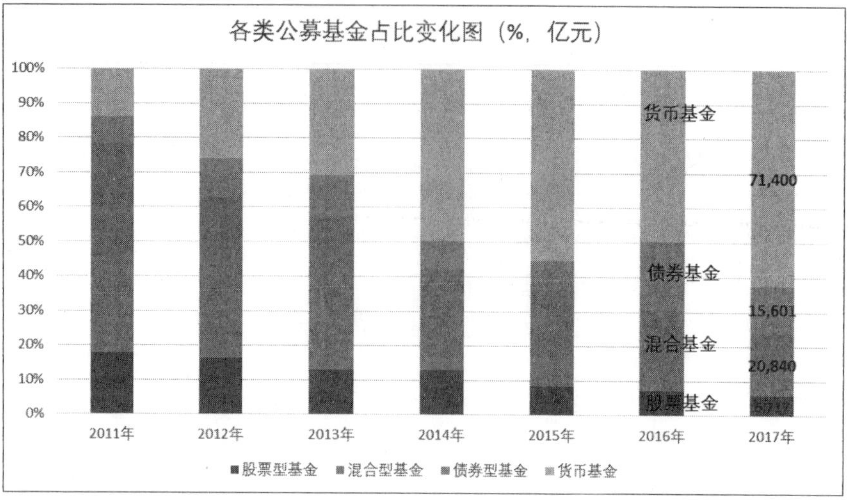

•图 8-1　各类基金占比变化情况（2011—2017）

8.2　货币基金那些事儿

8.2.1　为何净值永是 1 元

传统的基金都是净值型的，也就是说，所有的收益和亏损都是从 1 元钱开始，通过净值的涨跌来实现的，按此来讲，如果一只货币基金一年的收益是 3.62%，那么它的净值应该从年初的 1 元整涨到年底的 1.0362 元，那么问题来了，在过去比较长的一段时间，基金净值的统计都是只统计到小数点后面三位（如 1.036），涨跌幅的统计都只到万分之一（如 0.01%）的精度，像 1.0362 这种净值是会被四舍五入为 1.036 的，这种省略对于股票型和债券型基金投资者而言，正常情况下影响是不太大的，因为投资者持有股票型和债券型基金的时间一般不会太短（短期申赎费用高），而且这类基金相对货币基金的波动也更大，不在乎小数点后面第四位。

但对于货币基金这种每天涨幅非常小，而且投资者的持有期很有可能比较短的基金而言，影响就会比较大了。比如，有的时候货币基金每天只能贡献十万分之几的收益，比如十万分之五，那么它的净值的涨跌幅应该分别表示为 0.00005 或 0.005%，这在当时的惯例来讲是不好实现的，而且看起来也确实太微小了。于是便有了 7 日年化收益和每万份收益这两个指标。

8.2.2 什么是七日年化收益率

七日年化收益率，是货币基金最近 7 日的平均收益水平，进行年化以后得出的数据。比如某只货币基金的七日年化收益率为 2.8%，那就说明这只货币基金在过去七天所产生的收益平均下来是 2.8%。

这是货币基金投资者看得最多的指标，因为它比较直观地描述了货币基金的收益水平，可以直接拿来跟存款利率、逆回购、理财产品等其他现金管理工具比较。

但这个指标也容易被扭曲，那就是有的时候一只货币基金在某一天释放了一次收益，这一天产生的收益会特别高，即使这一天前后几日的收益水平很一般，但从这一天往后至少 7 天，这只基金都会呈现出一个非常高的 7 日年化收益率，这是很具有欺骗性的，如图 8-2 所示。

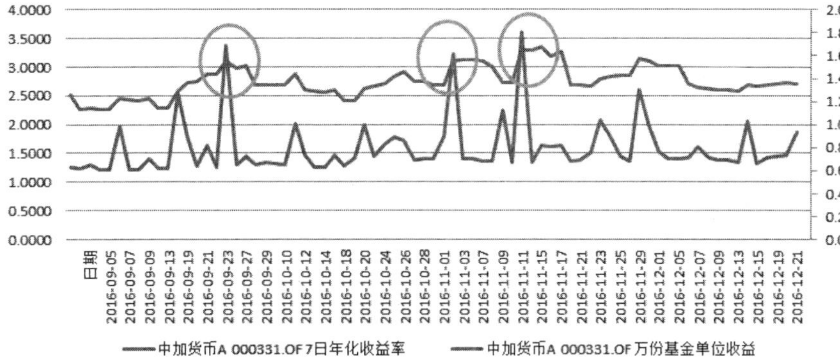

• 图 8-2　中加货币基金 7 日年化收益率与万份收益对比（20060902-20061227）

因为在释放收益之后进入的投资者虽然取得了不错的 7 日年化收益，但实际获得的收益并不高。所以为了辅助 7 日年化收益率这个标准，又搞了一个每万份收益指标。

知识点 8.1　货币基金是如何估值的？

货币基金的估值方法是摊余成本法，这与其他基金的市价法是不同的。比如买了一只债券，期限为 90 天，息票收益为 3% 每年，票面为 100 元，买入价格为 98 元（净价）。如果用市价法，那么这个债券的价格以后无论涨跌多少，当天都直接计入基金资产的估值中去，但是如果用摊余成本法，那么该债券每天的收益是固定的，即利息当天摊销的收益（100 × 3% × 1/365），加上折价当天摊销的收益 [(100−98) × 1/90]，如果溢价买的（比如 102 元买入），则需要减去溢价当天摊销的亏损 [（102−100）× 1/90]。总之，货币基金对所持有债券的估值不跟市价走，那么当某一天货币基金对其持有的某个债券进行抛售的时候（按照市价），估值和市价之间的差就要体现出来，如果某只债券的市价比估值要高很多，那么高出来的部分就会被当作收益被释放出来（这里面还包含一部分利息税的释放）。反之，如果市价比估值低很多，那就是产生了所谓的“负偏离”，持续和较大比例的负偏离是非常危险的，严重者甚至需要基金公司自掏腰包把亏损补上。

摊余成本法估值使得货币基金成为一种类似“刚性兑付”的产品，这也使得其天然会带一些风险。所以监管层一直在关注货币基金的发展规模，希望它能把风险控制在合理范围内。

8.2.3 什么是每万份收益

每万份收益指每一万份货币基金一天所产生的收益。比如某只货币基金的每万份收益是 1 元，也就是说你这 1 万元的货币基金当天给你产生的收益是 1 元钱，如果按单日来年化的话，大概是 3.65%（因为一年有 365 天，0.01% × 365=3.65%）。实际上，7 日年化收益率是对每万份收益的一个平滑处理，二者相辅相成，放在一起就能够比较全面地考察一个货币基金的短期业绩情况。如果要看长期业绩，当然还可以看今年以来、近一年、近半年这样的指标，如图 8-3 所示。

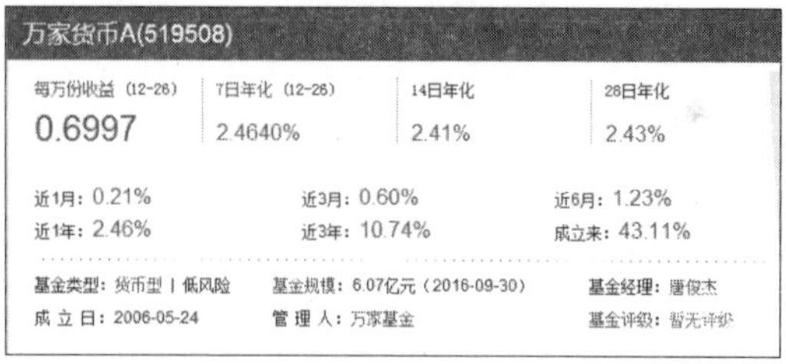

• 图 8-3　万家货币 A 概况（天天基金网，20161226）

8.2.4 收益发放: 按日结转或按月结转

货币基金净值永远是 1 元，所有产生的投资收益都转变为份额发放给投资者。这就出现了两种份额转结方式：（1）按日计提，按月结转；（2）日日结转。

第一种方法是，每天的收益都计提为未支付收益，先存着，到了每个月的某个时点一并以份额的形式发放给投资者。如果你在每月的结转日之前把份额全部赎回，也会在赎回日把已计提未支付的收益一并发放。

第二种方法是每天的收益都结转为份额发放给投资者。

从直观上看，第二种方法日日复利，似乎长期收益更高。假设某只货币基金的 7 日年化收益率保持一年都是 4%（或者每万份收益不变），那么一定是第二种日日结转的方法更好。但是，货币基金作为一池子资产，无论哪种结转方式下都不影响实际运作中的基金总资产，仅仅是会计记账方式的不同（份额增加和应计收益之间的分配），因此在基金投资操作完全一样的前提下，结转方式不影响基金的总收益。

值得注意的是，尽管期间总收益一样，但由于按日结转模式下基金总份额每日都在增加，按日结转模式的每日万份收益略低于按月结转模式下的每日万份收益。总之，二者一定是平衡的，不会因为结转方式不同而让你有便宜可赚。

如果非要说有影响，那就主要体现在管理费的收取上，即在产品运作、收费情况等相同的前提下，由于按日结转模式收取的管理费更多，因此整体收益率略微低于按月结转模式。

8.2.5 费率越来越重要

在过去一段比较长的时间，货币基金的费率是比较同质的，比如管理费 0.3%，托管费 0.1%，销售服务费 0.25%，这些费率加在一起有 0.65% 每年，由于这些费率是按日计提的，确实十分微小，投资者一般也感觉不到，更重要的是，在过去市场利率水平比较高的时候，费用的影响确实不明显，例如余额宝刚推出的时候，收益水平是相当高的。

但是伴随着全球性的大放水，国内外利率水平都在下降，中国也不例外，如图 8-4 所示。

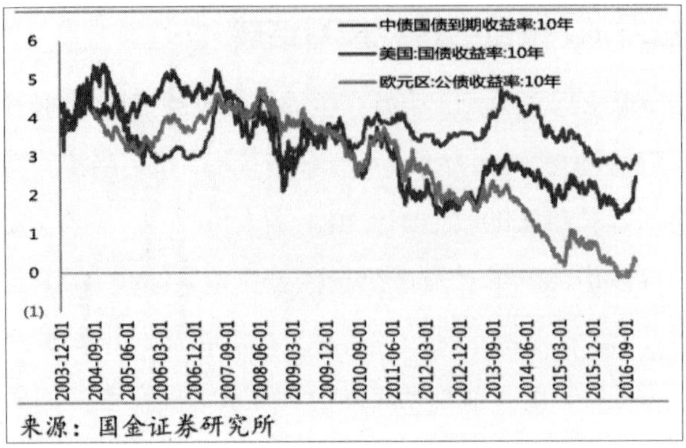

• 图 8-4　中、美、欧元区十年期国债收益率对比

而货币基金的收益和市场利率水平是有着紧密联系的。当收益水平下降到只有 3% 左右的时候，费用多少对产品收益所施加的影响就非常大了。现在市面上已经有一些费率非常低的货币基金，比如管理费 0.15%，托管费 0.05%，销售服务费 0.01%，这加在一起也只有 0.21%，比传统货币基金便宜了 0.44%，用行话说，节省了 44 个 BP。

毋庸讳言，费率低的货币基金取得上乘收益水平的概率自然要大很多。这里把费率最低的前十只基金和费率最高的前十只基金放在一起比较，大家可以有一个更直观的感受，如表 8-2 所示。特别是从国金金腾通（著名的佣金宝）这只基金上看，同一只基金，不同份额之间的差别几乎全部来自于费率。当然，费率只是影响收益率的一个方面而已，其他因素也同样十分重要。

表 8-2　费率最高和费率最低货币基金的对比（2016 年）

基金代码	基金简称	2016 年 7 日平均	管理费率（%）	托管费率（%）	销售服务费率（%）	费率加合
费率最低前十						
000682.OF	信达澳银慧管家 C	3.0941	0.00	0.10	0.01	0.11
000602.OF	富国收益宝	2.1987	0.14	0.05	0.01	0.20
000621.OF	易方达现金增利 B	3.1664	0.14	0.05	0.01	0.20

续表

基金代码	基金简称	2016 年 7 日平均	管理费率（%）	托管费率（%）	销售服务费率（%）	费率加合
202308.OF	南方收益宝 B	2.7182	0.14	0.05	0.01	0.20
000707.OF	景顺长城景丰 B	2.7630	0.15	0.04	0.01	0.20
001308.OF	博时外服货币	3.0251	0.15	0.05		0.20
001821.OF	兴全天添益 B	2.8863	0.15	0.04	0.01	0.20
001930.OF	华夏收益宝 B	2.7995	0.15	0.05	0.00	0.20
000662.OF	银华活钱宝 F	2.9276	0.17	0.05	0.00	0.22
000540.OF	国金金腾通 A	2.9717	0.20	0.05		0.25
费率最高前十						
660007.OF	农银汇理货币 A	2.5238	0.33	0.10	0.25	0.68
690010.OF	民生加银现金增利 A	2.4945	0.33	0.10	0.25	0.68
710501.OF	富安达现金通货币 A	2.6247	0.33	0.10	0.25	0.68
730003.OF	方正富邦货币 A	2.9031	0.33	0.10	0.25	0.68
740601.OF	长安货币 A	2.4836	0.33	0.10	0.25	0.68
750006.OF	安信现金管理货币 A	2.5377	0.33	0.10	0.25	0.68
511990.OF	华宝兴业现金添益 A	2.3921	0.35	0.09	0.25	0.69
471007.OF	汇添富理财 7 天 A	2.7446	0.27	0.08	0.45	0.80
519131.OF	海富通季季增利		0.33	0.10	0.37	0.80
001621.OF	国金金腾通 C	2.2068	0.20	0.05	0.75	1.00

8.2.6 季节假期因素

通常情况下，资金面紧张（市场利率高）的时候货币基金收益高，资金面宽松（市场利率低）的时候货币基金收益低。但是如果将观察周期放得短一点，规律很有可能不一样，那就是月末、季末钱紧的时候，有的货币基金收益大幅度提高，而有的货币基金反而下降。为什么呢？主要是因为在季末钱紧的时候，机构投资者们特别是银行通常都有赎回货币基金补充流动性的需求，而散户们对此则不太敏感。

所以有的货币基金以机构投资者为主，而机构投资者的行为是趋同的，当它们在月底钱紧的时候赎回这只货币基金，等于是从这只“火鸡”身上割掉一块肉走了；而有的货币基金是以散户为主，或者对于机构投资者的营销把控力度特别强，在钱紧的时候还能出现净申购，那么新申购进来的钱都可以拿去做一些收益较高的投资，这自然会拉升整体收益水平。所以经常在微信上、网站上看到，每到季末或者年底，基金公司都给你发短信营销货币基金，也是这个道理。

说到季节，自然离不开假期。除了月末、季末，在春节、十一、元旦、五一、中秋、端午等大小长假来临的时候，也一样会有同样的问题。

8.2.7 规模与稳定性

如果观察不同货币基金的收益情况，就会发现有的收益特别稳定，而有的忽高忽低。对比观察天弘余额宝和益民货币的 7 日年化收益率，就会有更直观的感受。这两只货币基金在 2016 年末的规模分别为 8082.94 亿和 1.10 亿，如图 8-5 所示。

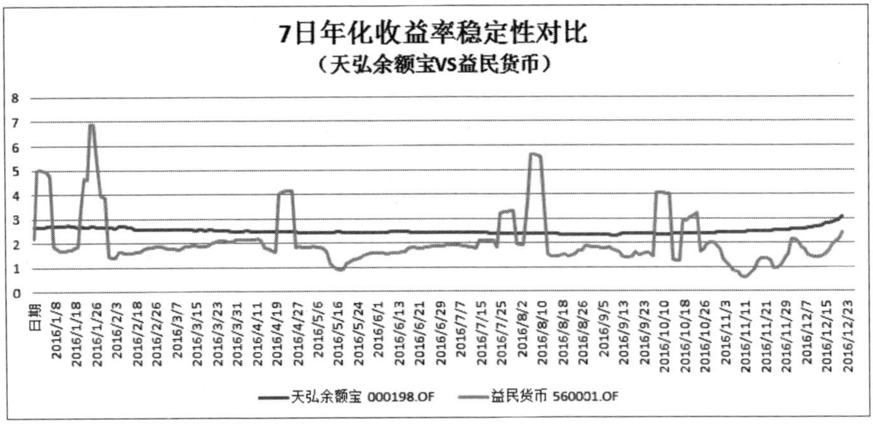

• 图 8-5　不同规模货币基金收益稳定性对比

决定收益率稳定性最重要的因素就是规模。如果规模稳定了，那么整体的收益也会趋于稳定，所以一些申赎量以亿为单位计的机构投资者在选择货币基金的时候，除了业绩之外，更关心的其实是基金的规模。

如果规模只有几个亿，那随便一个申赎就会造成货币基金业绩的大幅波动，甚至出现巨额赎回的情形，一方面会造成基金经理操作难度增大，另一方面万一赎回不成功耽误事可就麻烦大了。而且，货币基金规模大且稳定，也是平滑季节因素和资金市场波动风险的基础。所以投资者在选择的时候，除了看业绩之外，规模自然是越大越好。

8.2.8 申购与赎回

货币基金是现金管理工具，基金公司也都把它当作活期存款的替代品进行宣传。那么流动性的好坏自然也是重要的参考指标。这里的流动性，主要是指申购赎回效率，即申购确认和赎回到账的时间。

传统货币基金的申购效率和其他公募基金是没区别的，一般 T 日申购，T+1 日确认份额并开始产生收益，T+2 日份额到账并可以进行赎回操作。值得注意的是，货币基金在周末和假期之前进行申购赎回，跟普通基金略有区别。

以小长假为例，由于假期期间市场不交易，整个假期的收益是无法分割的，必须“打包出售”，所以资金想要获得假期收益必须在放假之前就申购为货币基金。比如 9 月 30 日是交易日，10 月 1 日 -7 日为假期，那么根据基金确认的原则（T+1 确认基金份额），如果在 9 月 29 日申购为货币基金，当天没有收益，但是 9 月 30 日份额就确认成功了，那么 30 日当天和接下来的 7 天的收益你都是可以享受的。但是如果你 9 月 30 日申购，对不起，份额要到十一假期后的第一个工作日才能确认，假期收益就没有了，而且钱还被锁了 7 天不能用。所以基金公司一般在放假前 2-3 个工作日就会暂停申购，比如 9 月 30 日是最后交易日，但会把 9 月 28 日设为最后申购日。这样一来既不会出现客户最后一天申购进来却享受不到收益的情况，也能避免在假期前最后一两天资金大量涌入，导致之前客户收益被稀释的情况发生。

所以大家一定记住：周五申购货币基金，周六日没收益，周一才有收益；周五赎回货币基金，周六日有收益，周一才到账。当然，这里是指正常申购赎回，如果是 T+0 快速赎回，钱是瞬间到账的，当天及以后的收益自然也是没有的。

再说传统的货币基金赎回效率。通常是 T+1 或者 T+2 到账，也就是说今天（T+0）赎回，明天或者后天到账。目前大多数是 T+1 到账，但是到账时间不同，区别也很大，如果是 T+1 的下午 3 点前到账，那么普通投资者还能在交易时间做一些交易，买买股票，打打逆回购之类，资金使用效率基本是无缝对接的，甚至再申购其他的货币基金也来得及（这样的话只耽误一天的收益）。如果是 T+1 下午 5 点前能够到账，一些机构投资者还可以通过银行间大额系统做一些交易，所以勉强也还能接受。

但是如果你是 T+1 下午 3 点以后（对于散户），或者 T+1 下午 5 点以后（对于机构投资者）才能到账，那么这个钱除了可以早一点取出来花以外，从投资角度在当天已经没有什么意义了，和 T+2 白天交易时间到账也区别不大，如表 8-3 所示。

表 8-3　货币基金常规申赎流程

T 日	T+1 日	T+2 日	D 日	D+1 或 2 日
申购	份额确认	份额到账	赎回	赎回款到账
无收益	有收益	有收益可赎回	有收益	无收益

在相当长的一段时间里，基金公司们都遵循着货币基金传统的赎回效率，没有人想去尝试改变，直到余额宝的出现。其实余额宝背后的天弘货币基金只是一款普通的货币基金，在变身成余额宝之前，无论是规模还是业绩都没有什么出彩的地方。但是随着阿里巴巴资本进入天弘基金（阿里巴巴控股 51%），这个中国商界和资本市场的“鲶鱼”开始尝试搅动市场，它并没有选择高薪挖投资大佬的策略，而是选择从货币基金的技术改造开始，这也是它们最擅长的。

功夫不负有心人，余额宝的横空出世解决了两个问题，一个是把货币基金的应用场景从替代活期存款推进到了替代有资金沉淀的任何领域，例如支付宝里面的沉淀资金，另一个就是把货币基金的赎回效率从 T+1 或 T+2 提升到了 T+0 实时赎回到账，随时用钱随时提取，这确实是前无古人的创举。

T+0 实现原理：T+0 是怎么实现的呢？答案就是垫资。谁垫，当然是基金公司或者代销渠道了。当客户提出了一个实时赎回申请，通常基金公司或者代销渠道，都有一个专门用来垫资的资金池，通常它们会以资金池为限额（有的基金公司在银行有授信，可以借来垫资的额度可能更大），提前把赎回款支付给投资者，然后等货币基金第二天真正变现以后，再把这笔钱收回来。当然，本来应该在赎回当天给投资者的货币基金收益，自然也就让渡给了这个垫资方。实际上是投资者用赎回当天的收益，来换取 T+0 实时到账的类现金流动性。

8.3　T+0 货币基金玩法

目前来看，T+0 货币基金的申赎方式有三种，一种是直销，直接通过基金公司官网和 APP 来进行，一种是通过各大银行的借记卡，通过借记卡签约一只货币基金，还有一种就是通过各种第三方平台来对接某只货币基金，例如在支付宝平台对接的余额宝。

1. 官网直销

（1）凡是大公司基本都推出了此项功能，并开发出相关 APP。前 20 大公司的相关产品均可以关注，如表 8-4 所示。

表 8-4　前 20 大基金公司的直销 T+0 货币基金

基金公司	货币基金产品	基金公司	货币基金产品
天弘	余额宝	招商	招钱宝
华夏	活期通	博时	现金宝
易方达	E 钱包	富国	富钱包
工银瑞信	现金快线	华宝兴业	工薪宝
嘉实	理财嘉	鹏华	A+ 钱包
南方	超级现金宝	华安	微钱宝
广发	钱袋子	银华	活钱宝
建信	增值宝	大成	钱柜
中银	活期宝	华泰柏瑞	现金宝
汇添富	现金宝	上投摩根	天添盈

（2）大公司的自有垫资额度以及银行授信额度都比较大，客户在进行 T+0 实时赎回的时候一般都会比较通畅，很少遇到额度用完的情形。

（3）大公司的产品线比较齐全。而通过某家公司的货币基金直接申购该家公司的其他基金，通常会有不同程度的折扣，有的 1 折，有的甚至免费。而且在赎回其他基金的时候，如果是首先变现为货币基金在实时赎回变现，到账时间也很有可能更快。我个人使用的南方基金超级现金宝，而南方基金的产品线十分全面，基本可以满足平时各类投资的需求。

（4）最后一点，大公司的 APP 是下了本儿的，客户体验真的很好。

（5）2017 年底，监管层提出不再允许新增货币基金 T+0 业务，所以投资者只能在存量的 T+0 货币产品中选择了。

2. 银行卡关联

现在有一些银行与基金公司合作开发了类似的“T+0”货币基金业务，客户可以在银行的系统内部完成投资，不必把钱划转到银行体外（基金公司直销系统）。一般这些银行都会首先选择旗下控股的基金公司合作，辅之以其他基金公司产品。

市面上比较成熟的有：工商银行“薪金宝”、中国银行“活期宝”、交通银行“现金宝”、平安银行“平安盈”、兴业银行“掌柜钱包”、民生银行“如意宝”、中信银行“薪金宝”、广发银行“智能金账户”、招商银行“朝朝盈”。

还有一些银行更激进，与基金公司合作开发了“T+0”货币基金借记卡，只要客户办了卡、存了钱，就会自动扫走变成货币基金从而获得货币基金收益，与此同时，当客户取现、刷卡、还信用卡的时候，货币基金又会瞬间变为现金形态（其实是垫资），功能非常强大。不过这种产品大银行还不敢开发，如果客户的资产全都变成货币基金，对整个银行体系的影响还是非常大的。一些小银行则做了一定的尝试，比如渤海银行的“添金宝”（诺安理财宝货币基金），包商银行的“包有钱”（银华惠增利货币基金）。

3. 三方平台

这种就比较多了。大众化的像余额宝，微信理财通。一些投资发烧友会在天天基金网、京东金融等平台上放一定的资金，专为投资所用。

8.4 场内货币基金玩法

8.4.1 场内货币基金由来

场内货币基金是为股民准备的，因为“场内”两个字指的就是交易所市场之内的意思，如果你不炒股，那就没有了解这种货币基金的必要，如果你炒股，这倒是个非常好的现金管理工具。

最早的时候，股民们闲置在账上的钱除了做逆回购以外，是没有什么方式来获得收益的，这部分钱的利息其实是被券商给白白拿走了。后来信达证券出了第一款场内现金管理产品，股民签约券商的这种产品以后，收盘后资金就会自动被券商扫走，签约的客户多了也就形成了一个资金池，其实这个池子背后对接的一般是券商资产管理部的一只现金管理产品，券商会把这只产品的投资收益自己留一部分，剩下的分给投资者，通常给投资者的这部分收益是比普通货币基金低很多的，但有总比没有强。这种产品直到现在都还是各大券商比较主流的做法。

知识点 8.2　逆回购

债券回购是指交易双方进行的以债券为权利质押的一种短期资金融通业务。资金融入方（正回购方）在将债券质押给资金融出方（逆回购方）以融入资金的同时，双方约定在将来某一日期由正回购方按约定回购利率计算的金额，向逆回购方买回相等数量的同品种债券的交易行为。这本来是机构间的资金折折借为，但是在交易所，散户也可以参与，从而把钱借给机构（也就是逆回购）。

上海证券交易所对参与回购交易进行委托买卖的数量规定为：交易数量必须是 100 手（1 手为 1000 元标准券），即 10 万元面值及其整数倍。深圳证券交易所债券回购的交易单位规定为以合计面额 1000 元（即 1 手）及其整数倍为交易单位。

到了 2013 年的时候，基金公司们被余额宝搅得心神不宁，它们又开始盯上券商的客户。如果能有一只货币基金，可以“嫁接”到交易所，让股民们账上闲置的资金都能够买入足额享受货币基金的收益，而不受券商资管产品的“盘剥”，同时又能把流动性的体验做到极致，一定会有吸引力的。于是场内货币基金便应运而生。经过三四年的发展证明，这种产品的确是具有吸引力的。

8.4.2　场内交易型货币基金

货币基金的有一个创新是 2014 年的华宝添益和银华日利引领的场内交

易型货币基金风潮，这两个产品现在规模也不小，特别是 2015 年股灾以后，股市里退出来的钱纷纷涌了进来。原来的货币基金都是场外开放式的，只能申购赎回。现在这类场内货币基金不仅可以在场内申赎，还可以在场内交易，交易买卖的钱是瞬间到账可用的（可用不可取，类似股票），等于变相实现了 T+0，这为炒股提供了很好的现金管理工具。

（1）投资方式：场内货基的投资在证券账户中操作，投资者可以像买卖股票一样买入场内货币基金，也可以申购或赎回，机制上和 ETF 类似。投资者如果在二级市场买入，便能持续享有货币基金收益。买入当日也可卖出，交易时间内可随时买入、卖出，投资灵活性强。需要注意的是，场内货币基金的交易代码和申赎代码并不一样，比如银华日历交易代码是 511880，而申赎代码是 511881。

（2）计价方式：场内货基的计价有两种方式。一种是以华宝添益为代表，每天净值保持 100 元不变，开盘价以 100 元 / 份为准，以 100 元 / 份为基础进行报价，每日获得收益直接转变成份额增加，方便之处在于投资者不用每天去查看基金净值。另一种是以银华日利为代表，它的基金净值从年初以 100 元为基础累计增长，类似债券基金，以基金净值为基础进行报价。比如，银华日利的实时交易价格是 100.447 元，几日后卖出的实时价格为 100.841，那么实际的收益就是 0.39 元，相当于 10000 单位基金可赚 39 元，这比较符合基民的习惯。

（3）投资门槛：二级市场上华宝添益和银华日利买入（最少 1 手）最低仅需 1 万元左右，而申购最低仅需 1000 元，能充分提高小额闲散资金的利用效率。这里要注意一点，就是所有的券商系统都支持场内货币基金的交易，但有一小部分券商的系统并不支持申购赎回（需引入一个跨境 ETF 系统模块），这个投资者要和相关券商确认。

（4）交易费用：场内货币基金由于是可交易产品，就会涉及交易佣金的问题。货币基金本身每天的收益只有万分之一左右的水平，如果再收个万分之几的交易佣金，就很有可能是亏钱的。基于此，相关基金公司向交易所申请免除了规费，又和各大券商谈判免了佣金，所以大部分的券商在交易场内申购货币基金时是没有任何费用的。但不排除有例外，投资者在投资的时候要到基金公司的官方网站或者拨打客服电话查询一下，自己所开户的券商是否免除该场内货币基金的佣金。

（5）折溢价套利：由于场内基金都有净值和交易价格两个价格，这就存在进行折溢价套利的可能性。比如当场内基金的交易价格低于净值时，投资者可以买入份额，同时提交赎回申请来获得这部分差价，如表 8-5 所示。

表 8-5 场内货币基金信息（2017.1.6）

代码	名称	净值	价格	溢价	七日年化	规模（亿）
511990	华宝添益	100.027	100.016	−0.00011	0.03431	598
511880	银华日利	100.144	100.155	0.00011	0.02374	248
511810	理财金 H	100.024	100.004	−0.0002	0.02873	187
511900	富国货币	100.019	100.001	−0.00018	0.02602	99
511980	现金添富	100.022	100.004	−0.00018	0.02731	76
511860	博时货币	100.021	100.003	−0.00018	0.02684	47
511660	建信添益	100.028	100.016	−0.00012	0.03584	43
511820	鹏华添利	100.019	99.999	−0.0002	0.02605	38
511800	易货币	100.025	100.004	−0.00021	0.031	34
511600	货币 ETF	100.023	100.003	−0.00019	0.03551	31
511690	交易货币	100.031	100.004	−0.00027	0.03794	26
511830	华泰货币	100.031	100.008	−0.00023	0.03279	24
159003	招商快线	100.011	100	−0.00011	0.03404	19.72
511700	场内货币	100.031	100.002	−0.00029	0.03627	17
511680	安信货币	100.018	100	−0.00018	0.0232	14
511970	国寿货币	100.022	100.006	−0.00016	0.02813	14
511910	融通货币	100.017	100	−0.00017	0.02004	11
511890	景顺货币	100.033	100.012	−0.00021	0.03735	5
511960	嘉实快线	100.031	100.006	−0.00025	0.0411	5
159001	保证金	100.01	100.001	−0.00009	0.0396	4.37
511850	财富宝 E	100.041	100.016	−0.00025	0.0471	3
511930	中融日盈	100.037	100.008	−0.00029	0.04273	3
511920	广发货币	100.023	100.002	−0.00021	0.02602	2
159005	添富快钱	100.009	100.001	−0.00008	0.03048	1.71
511950	广发添利	100.027	99.999	−0.00028	0.02706	0

8.4.3 场内申赎型货币基金

以添富快线以及各大券商挂钩产品为代表。与华宝添益、银华日利的区别在于，添富快线采用的是实时申赎模式，申赎的价格固定为 0.01 元 / 份（所以门槛也比较低，只有 1000 元），不会出现折价。而交易型货币，二级市场的成交价格是不固定的，可能折价也可能溢价。比如华宝添益周三的收盘价是 100.02 元，就是溢价。也就是说，如果打算抛出时，华宝添益如果变成折价，那么投资者可能因此遭受到轻微损失。

收益按照算头不算尾原则，申购当天即可开始享受收益，遵循“每日分配、每日支付”的原则，根据每日基金收益情况，以每百万份基金净收益为基准，为投资人每日计算当日收益并全部分配，当日所得收益结转为基金份额参与下一日收益分配。

添富快线的赎回也是 T+0，投资者赎回添富快线的所得资金可以立刻用于股票交易，但资金紧张的时候赎回总额度可能会受到控制。当然申购、赎回无任何费用。

而一些券商推出的保证金产品，则可以把客户资金收盘后直接扫走。注意：这里扫走的钱不是去了券商自己的理财产品，而是去了一只货币基金。比如国金证券的佣金宝，就把客户的钱扫进了国金基金的金腾通货币基金，十分方便，如表 8-6 所示。

表 8-6　场内申购赎回型货币基金信息（2017.1.6）

代码	名称	计息规则	万份收益	七日年化
519800	保证金 A	算头不算尾	0.7349	0.0338
519858	广发宝 A	算头不算尾	0.6148	0.0335
519898	现金宝 A	算头不算尾	0.658	0.0285
519878	国保 A	算头不算尾	0.7217	0.0265
519888	添富快线 A	算头不算尾	0.5864	0.0247
519808	嘉实宝 A	算头不算尾	0.5089	0.02

第 9 章

基金专户：投资需求私人定制

本章主要内容包括：

- 专户在基金公司产品中的位置
- 为什么会有基金专户
- 购买基金专户要注意哪些地方
- 机构委外之偏爱

9.1 专户在基金公司产品中的位置

公募基金公司作为国内历史最悠久，监管最严格的资产管理公司，在发展早期主要是靠公募基金，但是最近四五年主要面对机构投资者和高净值客户的基金专户和基金子公司产品越来越多，这里有必要对这三类产品进行一个简单对比，如表 9-1 所示。

表 9-1 公募基金、基金专户、基金子公司管理计划对比

管理主体	产品类型	产品起点	投资门槛	募集方式	客户人数	客户群体	业务类型	投资标的
基金母公司	公募基金	2 亿	1000 元（个别0.01元）	公开募集	200 人以上	定位于散户，但机构投资者也很多	主动管理	标准资产
	基金专户	3000 万	100 万	私募	1-200 人	机构和高净值客户均有	通道和主动管理均有	标准资产
基金专项子公司	基金子公司管理计划	3000 万	100 万	私募	1-200 人	机构为主，也有高净值客户	通道为主，主动管理也有	非标和标准资产均可

作为普通投资者，一般很难接触到基金子公司产品。基金专项子公司基本上各种类型的资管业务都可以做，号称“万能神器”。它之前一直以通道类为主，所以很多子公司把规模搞得比母公司都大，但现在对通道类产品的监管越来越严格。当然基金公司还有其他类型的子公司，例如销售子公司等，不仅卖自己家的产品，别人家的产品也可以卖，这里就不再赘述。

而基金专户在基金公司的地位这几年越来越高，在一些公司的整体规模甚至已经超过了公募基金。有的基金公司是以通道业务为主，例如财通基金的专户，大部分都是定增业务的通道。有的基金公司仍旧以主动的财富管理为主，但这几年的服务对象从零售端的高净值客户慢慢向银行等机构客户扩张，规模也做得比较大。

知识点9.1　标准化资产与非标资产

银监会对非标资产的定义是指未在银行间市场及证券交易所市场交易的债权性资产，包括但不限于信贷资产、信托贷款、委托债权、承兑汇票、信用证、应收账款、各类受（收）益权、带回购条款的股权融资等。

以笔者从业经历去理解就是在银行间市场和交易所市场（主要是沪深交易所、期货交易所）挂票交易的标的或合约都是标准化资产，主要是股票、债券、资产支持证券（ABS）、各种标准化期货合约等。标与非标并无绝对界限，由于一些银行等投资机构把在不在交易所挂牌视作界定标准，所以一些资产有可能仅仅为了能纳入银行标准化资产范畴而专门去交易所挂牌上市，其实根本没有实际交易量。还有一些非标资产，把它包装一下，弄到地方性的交易所挂个牌，摇身一变成了标准化资产，只要当地银监局认可就可以，这就是非标转标。非标资产收益高，风险也大，需要对每一笔资产进行单独评价，对银行风险资本的占用也多，是机构投资者又爱又恨的东西。老百姓平时购买的一些高收益的理财产品，背后很有可能就是一些非标资产。

9.2　为什么会有基金专户

9.2.1　投资灵活性

接下来说说基金专户的起源。由于公募基金主要是面向大众投资者，门槛比较低，所以对于它的运作限制是非常多的。

比如，著名的“双十规定”，就对投资持仓比例进行了严格限制，这样做是为了防止基金的投资风险过于集中，不过这也导致基金经理在特别看好一只股票的时候不能重仓。而在专户投资中则无此限制，看好的股票有可能持有三四成仓位，一些定增专户甚至可以全仓持有一只股票（通道产品中常见）。

再比如，公募基金被广为诟病的无法对冲风险的问题。其实2010年证监会就允许公募基金参与股指期货，但是对于用来对冲的做空行为进行了严格限制。比如“卖出合约价值不得超过基金持有股票总市值的20%。”也就是说，基金经理最多只能对冲 20% 的股票仓位，这么低的比例确实有点少了。当然这和监管部门对公募基金的定位有关，因为公募基金是市场上最正规的机构投资者，要倡导价值投资、长期投资理念，总想着做空自然是不对的。

从实际情况来看，虽然有一些基金把股指期货写进了投资范围中，但实际操作中使用股指期货对冲风险的公募基金也确实不多。在专户投资中，对于股指期货的使用则是非常常见的，尤其是一些量化对冲的专户产品，甚至对多头股票仓位进行 100% 的对冲，来消除掉贝塔系统性风险的影响，而获取阿尔法超额收益。

同样和风控有关的还有公募基金的仓位问题。比如股票型基金，规定最低股票仓位就是 80%，那么当遇上 2015 年股灾时的行情，就无法阻止股票基金的暴跌。但如果是专户的话，就可以跑得很快，特别是很多专户都是有止损线的，一旦接近止损线，基金专户需要迅速清仓为 0，以保住大部分本金，这一点在公募基金上是不存在的。当然，仓位灵活的利弊也一直是个讨论的话题，因为牛市来的时候你很有可能追不上，如表 9-2 所示。

表 9-2　公募基金和基金专户的投资限制对比

公募基金	基金专户
股票、债券都有双十限制	单票可以满仓
仓位需与类型匹配	仓位无限制，0%-100%
不能买公募基金（FOF 除外）	可以买公募基金
不能买场内基金（ETF、LOF 等）	可以买场内基金（ETF、LOF 等）
不能参与商品期货（商品 ETF 除外）	可参与商品期货
股指期货 20% 限制	参与股指期货无此限制
买资产支持证券（ABS）不超过 20%	无此限制

9.2.2　激励灵活性

当然还有非常重要的一点，就是大部分的主动管理专户产品，是可以收取超额业绩报酬的。这对优秀的投资经理来说是非常重要的激励。多年以来公募基金面临的最大问题便是人才流失。传统公募基金收取固定管理费，旱涝保收，而基金专户或者私募主要是靠收取业绩报酬赚钱，做得好就有得赚，做不好就喝西北风，来不得半点虚假。

总之，在投资、激励机制上，基金专户都要比公募基金要灵活得多（不要忘了灵活也意味着风险），对于某一些投资经理而言，专户的灵活更适合他们的风格，而对另外一些而言，公募基金标准化的运作方式更加适合。就这样，在 2009 年中银基金旗下第一只专户理财“一对多”产品——中银专户主题 1 号完成募集，成为国内第一只成功募集的“一对多”产品，揭开了专户发展的序幕。

知识点 9.2　基金经理、投资经理、投资主办的区别

在笔者的从业经历中，最为明确的是公募基金的管理人称作基金经理，公募基金专户的管理人称作投资经理，而其他类型的资管产品，基金经理、投资经理、投资主办等称谓之间并无明确划分，如表 9-3 所示。

表 9-3　基金经理、投资经理、投资主办的区别

产品类型	管理者称谓
公募基金	基金经理
公募基金专户	投资经理
私募基金	基金经理、投资经理
券商、期货资管产品	投资经理、投资主办
信托计划	信托经理

9.3　购买基金专户要注意哪些地方

1. 投资门槛

基金专户最初的定位毫无疑问是针对高净值个人客户的。因为基金专户的认购门槛是 100 万起，这大概是公募基金早期门槛（1000 元）的 1000 倍。从实际发行方式而言，仍旧是通过银行的零售部门来进行销售，以高净值客户及私人银行客户为主。目前也有越来越多的第三方财富管理公司比如诺亚财富、恒天财富等公司会代销出售这类产品。

2. 产品类型

基金专户分为一对一产品和一对多产品。顾名思义，“一对一”只有一个客户，因为所有专户产品都有 3000 万成立的最低规模要求，所以只有机构客户和超高净值客户才有这个实力来包一个产品，这类客户一般通过直销的方式来购买。“一对多”就是常见的可以让多个投资者购买（但也不允许超过 200 人）的产品，在零售渠道最为常见。

3. 流动性

基金专户一般都是有一定期限的，从一年到三年都很常见，这一点跟大多数无固定期限的公募基金不太一样。而且，基金专户基本都是有比较长的封闭期的，一般每季度、半年或者一年才开放一次，每次开放期大概 5 个工作日。客户如果想申购或者赎回，必须是在开放期才行。

在封闭期内，申购肯定是不行的，但是有的专户会允许“违约赎回”，给特别需要用钱的客户提供一个退出方式，但不好意思，这时候要收你“违约赎回费”，非常高，大多是 3%，这部分费用会进入基金专户资产当中去给留下的持有人做贡献。

当然，以上都是针对一对多专户而言的。而对于一对一专户，实际上则是没什么特别要求的，反正只有一个客户，只要客户和基金公司商量好什么时候进什么时候出，提前打个招呼，一般都是可以安排的。

4. 业绩报酬

基金专户的认购费、赎回费以及管理费，一般和公募基金区别不大，不过理论上基金专户的所有费用都有灵活调整的可能性，这个投资者在购买时留个心眼看清楚条款即可。在费用上，基金专户与公募基金最大的不同在于，基金专户可以提取业绩报酬（也叫浮动管理费），而且这是很常见的做法。公募金提取浮动管理费的做法，只在 2014 年 –2016 年这两三年有过几例，但很快也被监管部门叫停了。但是在基金专户，提取业绩报酬是核心、是灵魂，是投资经理拼命工作的力量源泉。

业绩报酬一般是超过业绩基准部分的 10%–50%，一般是 20%，也就是说，投资人要将超额收益部分的 20% 分给专户管理人，这也是国际上私募基金业绩提成的通常标准，但一些人难以接受。对投资人来说，虽然让渡了 20% 的业绩报酬，但这样的一个让渡，会让投资经理的利益和自己的利益一致起来，让他的关注重点回到争取正收益上来，而不是排名，或是管理规模。而且也正因为如此，基金专户对下行风险的控制特别重视，因为净值一旦下跌，则不能计提业绩报酬，由于业绩报酬的收取通常都是采用高水位标记的方法，所以下跌后即使反弹，如果不反弹到历史净值高位，也是不能收取业绩报酬的。

所谓高水位法，就是基金份额累计净值在每个业绩报酬计提日创造新高时，计提超过历史业绩报酬计提日基金份额累计净值最高值部分的一定比例（一般为 20%），作为业绩报酬，并从基金资产中扣除。

高水位法很重要的一点就是仅当基金业绩超过了基金历史最好水平之时，基金经理才能根据收益计提相关的报酬。举个简单的例子，某个基金历史最好的成绩净值是 1.4 元每份，第二年净值回落至 1.3 元每份，虽然第二年该基金相比发行价还盈利 30%。但是，该基金经理却得不到业绩提成。

因为第二年基金净值，并没有超过第一年 1.4 元每份的数值，只有当该基金净值超过 1.4 元每份高水位，比如第二年的基金净值为 2.0，该基金才能计提业绩报酬，但“高水位”也相应提高到了 2.0。但这个方法有一个问题就是如果遇上牛市，管理人在高点进行了提成（比如 2015 年的 6 月），但净值随即跌下来，甚至连投资人本金都有可能跌破（比如 2015 年股灾后），这对投资人来说将会是不公平的。

另外一种计提方式是赎回或清盘法，这种方法就是当客户全部赎回或基金清盘时，如果基金净值超过初始净值，则按照超过初始净值的一定比例（一般为 20%）作为业绩报酬，并从基金资产中扣除。这种方法在私募基金上面使用得更多。

5. 信息透明度

之前讲过，公募基金的信息披露是最为全面、公开，平日里有基金净值、有季报、有年报、基金规模、持仓情况还有各种临时报告披露各种情况，但是基金专户的以上信息，统统查不到。因为基金专户是针对特定持有人发行的产品，它的相关信息只披露给特定持有人，当然还有监管部门。

投资者一般可以通过短信、邮件等方式获得基金专户的信息（购买时填写），需要注意的是，基金专户的净值一般每周披露一次。

6. 其他

（1）一对多专户的委托人不得超过 200 人，但单笔委托金额在 300 万元人民币以上的投资者数量不受限制；

（2）基金专户初始成立门槛 3000 万元人民币，但不得超过 50 亿元人民币；

（3）公募基金的基金经理与基金专户的投资经理不得兼任；

（4）公募基金和基金专户的投资要建立防火墙制度；

（5）基金专户和公募基金都不能进行反向交易，而且很多集中交易室制度的基金公司，基金专户和公募基金之间也不能反向交易。比如在 2015 年股灾时，同一家基金公司的公募产品买了某只股票，那么当天这家公司的所有专户想卖出该股票都是不行的，导致无法在股灾中清仓。

9.4　机构委外之偏爱

如果说个人投资者是基金公司的安身立命之本，那么机构客户则是基金公司的依靠。而承接这些机构资金的最佳方式就是基金专户。专户的投资方式也有两种，一种是主动管理，一种是通道业务。

主动管理不言而喻，投资者把钱给了基金公司，在合同中写好各种限制和要求之后，剩下的由基金公司来自主决策投资。而通道业务则是由资金方指定好投资标的，只是借基金专户作为一个通道来投资，基金公司本身并不主动进行投资决策。至于为什么要借通道，多半是为了规避各种各样的投资限制，比如定增通道业务，有一些机构由于无法在证券交易所开户，只能借基金专户的通道来进行报价。

所谓“委外”，就是指一些机构投资者把自己的一些资金委托给外部机构来进行投资。之所以委外无外乎有两个原因，要么是钱太多了自己管不过来，要么是市场环境变化了投资能力跟不上。早期如社保基金、保险公司都是委外的大户，而这两年委外最大的资金则来自于大中小各类银行，委托给各种资管机构进行委托管理，比如基金公司、证券公司、保险资管等，而基金公司所承接的这些资金中，绝大多数都是通过基金专户来实现的。

虽然现在有越来越多的专门为机构定制的公募基金（公募基金可以避税），但从灵活性上来讲，肯定还是基金专户更具优势。而委外的类型则主要是债券投资，辅之多策略（量化、定增、打新等）。

知识点 9.3　基金分红避税

根据财政部、国家税务总局的财税字［1998］55 号《关于证券投资基金税收问题的通知》基金向投资者分配的基金收益，暂免征收所得税。所以企业投资者可以通过购买高分红的公募基金来进行避税。

操作程序：

（1）在基金分红登记日前持有或买入具有高分红预期的基金。

（2）在基金分红除息后卖出或者赎回所持有的基金。

（3）账务处理，借：银行存款或其他科目，贷：投资收益。

由于基金分红营业税所得税都是免税的，报税时将该部分填写在免税栏就好了。但是基金分红属于非公开信息，一些基金公司在分红公告公布之前特意将信息透露给有避税需求的投资人，是违规行为，证监会在 2017 年专门对此行为进行了处罚。从另一方面来讲，一些企业的避税行为也需有度。

第 10 章

读懂公告：穿过骨头抚摸你

本章主要内容包括：

- X 光下的公募基金
- 抽丝剥茧看公告
- 信息披露中的投资机会
- 如何查询基金公告

10.1　X 光下的公募基金

这几年，资管行业有一个特别重要的词叫“穿透”。由于各大金融机构为了绕开监管，就想破脑袋发明了各种各样的办法，产品一层套一层，银行、券商、基金、信托等机构的产品，像八宝粥一样混在一起小火慢炖，让监管机构头疼得很。于是监管机构只能不停地出政策打补丁，越来越多的金融产品都被要求穿透监管，就是不管你套多少层，底层资产到底投的是什么，底层投资者到底是谁，都得给我说清楚。

但是笔者在多年工作中发现，很多金融机构在投资时喜欢买公募基金的原因有一条居然是：公募基金不用“穿透”。也就是说，这些机构不用再像买其他产品一样，要把这个产品下面持有的是什么，一个个问清楚报给监管者。之所以这样，最重要的原因是，公募基金已经建立了非常完备的信息披露制度，持有的是什么，有什么什么重大变动，都必须定期或不定期的说明。对公募基金来说，信息披露制度就跟去体检一样。

10.2　抽丝剥茧看公告

10.2.1　基本类型

1. 发行公告

基金发行时的基金合同、招募说明书（每半年更新一次）、发售公告；基金成立时的合同生效公告，基金上市交易（如有的话）的公告，如图 10-1 所示。

公告日期	标题	摘要	主题
2012-06-05	华宝兴业标普油气:上市交易公告书	摘要	上市公告书,发行上市
2012-05-23	华宝兴业标普油气:更新招募说明书摘要（2012年第1号）	摘要	募集说明书,招募说明书
2012-05-23	华宝兴业标普油气:更新招募说明书（2012年第1号）	摘要	募集说明书,招募说明书
2011-09-30	华宝兴业标普油气:基金合同生效的公告	摘要	成立公告,公司公告
2011-08-31	华宝兴业标普油气:份额发售公告	摘要	公司公告,发行上市
2011-08-31	华宝兴业标普油气:招募说明书	摘要	募集说明书,招募说明书
2011-08-31	华宝兴业标普油气:基金合同	摘要	公司公告,基金合同

•图 10-1　公募基金发行公告类型

2. 定期公告

按照时间顺序定期发布的公告，包括一季报、二季报、半年报、三季报、年报，如图 10-2 所示。

公告日期	标题	摘要	主题
2016-10-25	华宝兴业标普油气人民币:2016年第三季度报告	摘要	基金季度
2016-08-26	华宝兴业标普油气人民币:2016年半年度报告	摘要	基金半年度
2016-08-26	华宝兴业标普油气人民币:2016年半年度报告摘要	摘要	基金半年度
2016-07-21	华宝兴业标普油气人民币:2016年第二季度报告	摘要	基金季度
2016-04-20	华宝兴业标普油气人民币:2016年第一季度报告	摘要	基金季度
2016-03-28	华宝兴业标普油气人民币:2015年年度报告	摘要	基金年度
2016-03-28	华宝兴业标普油气人民币:2015年年度报告摘要	摘要	基金年度

•图 10-2　公募基金定期公告类型

3. 临时公告

关于基金申购赎回、持仓证券的估值调整、增减代销机构、费率优惠等各种临时性的公告，如图 10-3 所示。

公告日期	标题	摘要	主题
2016-12-22	华宝兴业标普油气人民币:关于旗下部分开放式基金增加第一创业证券股份有限公司为代销机构的公告	摘要	基金其它公告
2016-12-22	华宝兴业标普油气人民币:关于旗下部分开放式基金参加交通银行手机银行申购及定期定额申购费率优...	摘要	基金其它公告
2016-12-21	华宝兴业标普油气人民币:因美国主要交易所休市暂停申购、赎回及定期定额投资业务的公告	摘要	申购赎回
2016-12-15	华宝兴业标普油气人民币:关于旗下基金持有的股票停牌后估值方法调整的公告	摘要	估值调整
2016-12-13	华宝兴业标普油气人民币:关于旗下基金持有的股票停牌后估值方法调整的公告	摘要	估值调整
2016-12-08	华宝兴业标普油气人民币:关于增加平安银行为场外代销机构的公告	摘要	基金其它公告
2016-11-30	华宝兴业标普油气人民币:华宝兴业基金管理有限公司关于旗下部分开放式基金参加交通银行手机银行...	摘要	基金其它公告
2016-11-23	华宝兴业标普油气人民币:华宝兴业基金管理有限公司关于旗下基金持有的股票停牌后估值方法调整的...	摘要	估值调整
2016-11-21	华宝兴业标普油气人民币:华宝兴业标普石油天然气上游股票指数证券投资基金(LOF)因美国主要交易所...	摘要	申购赎回

•图 10-3　公募基金临时公告类型

10.2.2 基金合同与招募说明书

基金合同与招募说明书十分类似，二者都披露了基金相关的大部分信息，但又有所不同。基金合同更多的是依照相关的法律、法规订立的，供投资人审阅的法律文件，投资者购买了基金相当于认可了基金合同中的内容。而招募说明书一般是供管理人说明投资事项、销售情况的文件，供投资人做投资决策参考或基金公司产品推介使用。二者异同基本说明如表 10-1 所示。

表 10-1 公募基金合同和招募说明书的对比

	基金合同	基金招募说明书
基本相同或比较相似	管理人、托管人的名称和住所	管理人和托管人的基本情况
	基金运作方式、投资组合比例、投资方向和投资限制	投资目标、投资范围、投资策略、业绩比较基准、投资限制
	管理费、托管费标准与提取、支付方式其他费用的标准与提取、支付方式	管理人、托管人的报酬及其他费用的费率水平与收取方式
	净值计算方法和公告方式	基金资产的估值
作用不同	法律凭证（合同）	让投资者了解管理人基本情况，说明基金募集事宜，指导投资者认购基金份额的规范文件（说明书）
发售的确定性不同	确定份额发售日期、价格和费用的原则、募集失败的处理方式	募集申请的核准文件名称和核准日期发售方式、发售机构及登记机构名称、发售日期、价格、费用和期限
发售和交易	发售、交易、申赎程序、时间、地点、费用计算方式以及给付赎回款项的时间和方式	申赎场所、时间、程序、数额和价格，拒绝或暂停接受申赎或延缓支付、巨额赎回的安排等
其他不同	募集基金目的和基金名称；持有人、管理人和托管人的权利和义务	认 / 申购费、赎回费、转换费的费率水平、计算公式、收取方式
	持有人大会召集、议事及表决的程序和规则	出具法律意见书的律师事务所和审计基金财产的会计师事务所的名称和住所
	合同解除和终止的事由、程序以及财产清算方式	风险警示内容
	争议解决方式	招募说明书摘要
	封闭式基金份额总额和期限，开放式基金最低募集份额	基金合同摘要
	收益分配原则、执行方式	托管协议摘要

招募说明书中需要重点关注的部分有：

1. “基金的投资”章节

投资目标：一般主动型基金都会写严控风险，稳健增值之类，这是通用语，而实际投资中基金的波动和基金经理的投资风格密切相关。被动型基金主要目标就是跟踪指数。

投资范围：最重要的部分。主要对基金可以投资的标的进行说明，不同类型的基金投资范围区别很大。同时会对不同标的的投资比例进行说明。这一部分基本是按照基金的类型来定的，比如股票型基金，就会写股票投资比例不得低于 80%。混合型基金，就会对股票和债券的比例进行不同的配比。

投资策略：对基金的投资策略进行说明。

业绩比较标准：并不是承诺或预期收益，而是对于基金风险的一个度量。比如，股票型基金就经常写“95% 的沪深 300 指数 + 5% 的银行存款利率”（因为基金投资有 5% 的现金比例要求），混合型基金就可能写“沪深 300 指数收益率 ×50%+ 上证国债指数收益率 ×50%”

投资限制：主要是为了控制基金投资风险而做出的一些限制性规定。比如，“双十”限制、债券评级限制等。

2. “基金的募集”和“申购与赎回”章节

这一部分会对基金的申（认）购和赎回方式进行详细介绍，包括用公式去进行演算从而让投资者更加清晰。

申（认）购费：根据金额大小变化，金额越大，费用越低。由于认购是在基金发行期购买基金，申购是指基金成立后再购买基金，通常认购费会比申购费低一些。

要注意的是，申（认）购费用是“价外扣除法”，赎回费则是按照“价内扣除法”，具体计算方法参见前文。

3. “基金的费用与税收”章节

管理费：基金公司的主要收入来源。管理费 = 基金资产净值 × 管理费率，按年列式、按日计提、按月划转。1 个亿规模的基金，1.5% 的管理费，基金公司一年的管理费收入就是 150 万。通常股票型基金的管理费在 1%–1.5% 之间居多，债券型的在 0.3%–0.7% 之间居多。

托管费：托管机构（银行或券商）收取，托管机构对基金的资产有托管职能，保障资金安全，对基金的投资有监督职能，保证基金公司按照基金合同的规定进行投资。托管费通常在 0.1%-0.3% 之间居多。收取方式跟管理费相同。

此外，还有信息披露费用、会计师和律师费用、交易费用、上市费用（如上市）、指数使用费用（如指数基金）等，这些都是从基金财产中列支，但是金额不大。

4. “收益分配”章节

主要是对基金的分红事项做出说明，包括分红次数、分红比例、分红方式（现金分红或红利再投资）。

5. “风险提示”章节

基金公司会把能想到的风险全部写上去，对风险影响最重要的还是投资范围、投资限制等。

6. 招募说明书更新

招募说明书在基金成立后，每半年需要更新一次，将里面的高管信息变动、代销机构变动等内容更新一下。而基金合同的修改则不是很频繁，有时候会因为法律法规的变化而进行修改，有的时候会出现基金转型、费率调整等影响持有人利益的事项，进行修改还需要召开持有人大会。

10.2.3 发售公告与上市公告

新基金在发行前会出一个发售公告，将基金发行的募集期、最低认购金额、基金代码、销售机构、费率、封闭期等一系列和基金销售有关的信息进行公示。当然有的基金募集期提前结束或者进行延长的话，会提前出一个临时公告进行公示。

有的基金是封闭式基金、LOF 或者 ETF 等形式，需要上市交易，所以在上市之前，基金公司会将上市的时间、代码、上市份额数量、上市份额的持有人结构等信息进行公示。

10.2.4 定期报告：季报、半年报、年报

1. 定期报告内容对比

根据证监会的要求，基金的季报、半年报和年报披露的信息详尽程度各不相同，通常季报最简略，半年报和年报更加详细，内容对比如表 10-2 所示。

表 10-2 基金定期报告（季报、半年报、年报）披露内容对比

基本运作情况						
报告类型	基本信息	基金经理情况	净值表现	合规说明	未来展望	运作解释
年报	基金简介（详细）	有	三个月、六个月、一年、三年、五年、自基金合同生效起至今	有	有	有
半年报	基金简介（详细）	有	一个月、三个月、六个月、一年、三年、自基金合同生效起至今	有	有	有
季报	产品概况（简要）	有	本报告期	有	无	有
投资组合情况						
报告类型	资产组合情况	股票行业分类	股票持仓	股票重大变动	债券品种分类	债券持仓
年报	有	有	全部持仓	有	有	前五大
半年报	有	有	全部持仓	有	有	前五大
季报	有	有	前十大	无	有	前五大
其他重要信息						
报告类型	份额变动	持有人情况	财务数据	财务会计报告	收益分配	审计报告
年报	有	户数、户均份额、机构占比	三个会计年度的主要会计数据和财务指标（详细）	经审计的年度会计报表及附注	过往三年每年的基金收益分配情况	有
半年报	有	户数、户均份额、机构占比	至少应披露本报告期的主要会计数据和财务指标	半年度会计报表及附注	无	无
季报	有	无	至少应列示本报告期的主要会计数据和财务指标	无	无	无

2. 定期报告披露时间

表 10-3 所示为定期报告的披露时间。

表 10-3　不同类型定期报告披露时间

报告类型	披露时间
季报	季末的下月 20 日左右
半年报	8 月底
年报	第二年 3 月底

3. 关注重要信息

基金的运作情况中，业绩部分是随时可以在网上查到的，不需要专门等报告，而关于运作期解释和未来展望部分，有的基金公司千篇一律，甚是乏味，有的基金经理写得颇为用心，比如博时信用的基金经理过均，他的报告就颇值得一读，大家可以找一下。

投资者最为关心的是投资组合情况，特别是前十大重仓股，是投资者在未来三个月判断基金情况的重要指标。值得注意的是半年报、年报会将所有持股以及重大变动予以披露，这对判断基金经理的投资思路、个股判断有很大参考价值。

另外基金的份额变动情况、户数、机构投资者比例等信息也非常重要。份额大小决定了基金运作的稳定性，份额太小容易清盘，份额太大尾大不掉，份额申购赎回情况则代表了持有人的一种态度。

机构投资者占比大小也可以帮助普通投资者做出判断，如果机构投资者占比很大，则说明该基金为机构投资者看好或者被当作配置工具，如果机构投资者占比超过 99% 且户数恰好过 200 人，则很有可能是机构定制产品，如果全是散户，你应该会考虑自己是否有跟风投资之嫌。

10.2.5　申购赎回公告

申购赎回公告一般有两种：封闭期打开时的开放申购赎回公告；基金运作过程中因各种原因对申购赎回事项做出调整的公告。

第 1 种，由于公募基金在成立以后有不超过三个月的封闭期，在这一期间，基金是不能够进行申购赎回操作的，但一般基金公司都会在三个月之内打开封闭，在打开之前会向投资者发布一个开放日常申购赎回业务的公告。

第 2 种公告的原因就比较多了，比较常见的有：基金业绩太好，申购的人太多，导致规模过大，基金经理不好操作，所以会限制申购上限甚至完全停止申购（赎回一般不停）；QDII 基金的 QDII 额度紧张而进行限制申购甚至完全停止申购；分级基金在折算期间限制申购赎回；基金在到期转型期间限制申购赎回。

对于限制申购，有的公告是连同基金定投一同限制，有的则不限制定投，对于后一种情况，就可以通过进行一次大额定投的方式对基金实现变相申购。不过这样做的人多了，基金公司就会把基金定投也一同停掉。

10.2.6 估值调整公告

当基金持仓中的一些股票，特别是重仓股票，出现了停牌等情况时，基金公司就要考虑对持仓品种进行估值调整了。正常情况下，在估值日，某证券如果有市价，则按照市价估值，如果没有市价，而且发生了重大事件或环境发生变化会影响该证券价格，则需要对该证券运用估值技术进行估值。

目前运用最多的就是“指数收益法”，即在停牌期间，根据中国基金业协会公布的该股票所在行业的指数涨跌来代替它的涨跌。还有一种就是基金公司和托管人进行协商，在专业审慎的前提下，使用“估值模型”（包括资本资产定价模型、现金流折现法和市盈率法）直接对相关标的的价格进行重新估值。其他还有可比公司法、市场价格模型法等并不常用。

例如：大成基金踩雷重庆啤酒。

大成基金投资重庆啤酒始于 2009 年初，多只产品重仓介入，持有两年多浮盈巨大，直到 2011 年底，出现了“重庆啤酒疫苗事件”，造成了巨大的社会舆论影响，大成基金无论是业绩还是声誉都损失惨重。

原来重庆啤酒这家公司从 1998 年就“不务正业”收购了一家生物科技公司，研制乙肝疫苗项目，就这么炒作了十多年，重庆啤酒股价扶摇直上，大成基金强势介入也盆满钵满，可是到了 2011 年底，终于纸包不住火，重庆啤酒先是停牌，然后又公告疫苗无显著疗效，项目失败，从此开启了暴跌之路。

2011 年 11 月 23 日，重庆啤酒公告称其乙肝疫苗 27 日揭盲，公司股票于 27 日起停牌。

11 月 25 日，重庆啤酒股价创下历史最高价 83.12 元，随即停牌（26、27 日为周末）。

12 月 8 日，重庆啤酒股票复牌，同时公告称研发了 13 年的乙肝疫苗效果与类似于普通营养液的安慰剂的效果无异，这让其投资者无限失望，而股价开始了天天跌停的“表演”，如图 10-4 所示。

●图 10-4　重庆啤酒在疫苗风波中的股价走势

12 月 9 日开始，大成基金连发 7 个公告对重庆啤酒估值进行调整，如图 10-5 所示。估值价格从 59.09 元一路下调至 32.79 元。而重庆啤酒则连续 11 个跌停板。

2011-12-20	大成创新成长:关于旗下基金所持重庆啤酒(600132)调整估值的公告
2011-12-17	大成创新成长:关于所持重庆啤酒（600132）调整估值的公告
2011-12-16	大成创新成长:关于旗下基金所持重庆啤酒(600132)调整估值的公告
2011-12-15	大成创新成长:关于旗下基金所持重庆啤酒(600132)调整估值的公告
2011-12-13	大成创新成长:关于所持重庆啤酒（600132）进一步调整估值的公告
2011-12-10	大成创新成长:关于所持重庆啤酒（600132）估值调整的补充公告
2011-12-09	大成创新成长:关于旗下基金所持重庆啤酒(600132)估值调整的公告

• 图 10-5　大成基金在疫苗风波中对重庆啤酒的估值调整公告

大成基金对重庆啤酒所进行的估值调整，是根据所谓“估值模型”进行的，而不是常用的“指数收益法”。这一点无可厚非，毕竟疫苗失败对重庆啤酒的基本面产生了重大影响，但大成基金这种小步慢调的方式，却引起了市场的诟病。有投资者质疑，由于估值不能一次到位，机构资金或逃离危墙大举赎回，而赎回将导致大成系基金对重庆啤酒的持股比例增加，使得基金净值跌得更快，这样一来没走的基民将遭遇重大损失。以大成创新成长为例，该基金从 2011 年 12 月 7 日到 12 月 21 日，净值下跌超过 12.8%。

10.3　信息披露中的投资机会

10.3.1　停牌股票套利机会

要说利用停牌股进行基金套利，先要说说证监会的一个政策，其实在 2008 年 9 月之前，对于持有的停牌股票，基金一直是按照停牌前的收盘价格进行估值，一直相安无事。但是 2008 年股市暴跌，很多停牌股如果复牌的话，补跌的程度可就不止是一二十个百分点那么简单，也就是说，在下跌这段时间基金净值是高估的，先赎回的人按照高股价撤了，这对留下的投资者是极其不公平的。

2008 年 9 月，证监会发布了《关于进一步规范证券投资基金估值业务的指导意见》，由中国证券业协会基金估值工作小组去研究并提出了 4 种对停牌股的估值方法，分别是：指数收益法、可比公司法、市场价格模型法和采用估值模型进行估值。其中，指数收益法在基金对停牌股的估值中使用最为广泛。

所谓指数收益法，简单来说就是将停牌股在停牌期间的涨幅按照相应行业指数的涨幅来替代计算。中国证券业协会（Securities Association Of China，简称 SAC）随后联合中证指数公司推出 SAC 行业指数，2012 年中国证券投资基金业协会（Asset Management Association of China，简称 AMAC）成立，SAC 行业指数由 AMAC 行业指数接力，依然由中证指数公司发布，包括 43 个行业指数，当基金公司采用指数收益法对停牌股进行估值时，就是采用 AMAC 行业指数，该指数的详细情况可以在中证指数公司的官方网站上查询到。

那么逻辑就清晰了：如果某基金的重仓股停牌了，基金公司使用了指数收益法对其进行估值，而在停牌期间，该重仓股出现了重组等“点燃”股价的重大利好，预期该利好可以使复牌后股价远远超越指数的涨幅，那么就能通过申购基金的方式间接持有该基金，从而获得股票复牌后的暴涨收益。当然，如果是重大利空消息，则这类基金就会存在高估的可能性，最好赎回走人。

逻辑简单，操作起来还要注意以下几点：

（1）停牌股票市值占基金净值比例高。不一定是持有该股票最多的基金，但必须是持有该股票占自身比例最高的基金。很多停牌股的前十大股东都是规模庞大的指数基金，但这种基金持股比较分散，并不一定适合套利。这一信息要看基金最新的季度报告。

（2）估值方法为指数收益法。只有这种方法信息最透明，便于投资者把预期复牌价和指数涨跌幅进行对比。这一信息要看基金关于停牌股估值的临时公告。

（3）基金规模越大越好。规模大的基金，涌进来的套利资金稀释作用小。如果基金规模只有 1 个亿，涌进来 2 亿资金，就会把原先的重仓股比例稀释到一半，效果也会大打折扣。这也要看最新的季度报告。如果是场内交易的基金，还可以通过查询场内份额来判断。

（4）基金进行了限购但还未完全封闭。基金公司为了维护持有人利益，有时候会对停牌重仓股复牌后可能暴涨的基金进行限制大额申购甚至完全限购，最好的情形就是进行大额限制，但对于小资金的散户还敞开的基金。这个信息要看进行申赎调整的临时公告，而且这类公告有可能比影响潜在股价的信息滞后，所以投资者必须时刻关注。

（5）关注申购赎回费。一进一出，申购费和赎回费都是免不了的成本，这个可以从基金的招募说明书中找到。另外还需要关注一下各类关于申购赎回费调整的临时公告，因为一般通过基金公司官网或 APP 直销购买，都是有折扣的，当然，一些代销渠道比如银行或者三方销售机构也会有一定的费率优惠活动。还可以给基金公司客服打电话，询问最低成本的购买方式。

10.3.2 案例：长城品牌优选基金套利南北车合并

2014 年 10 月 27 日，中国南车和中国北车宣布停牌筹划重大事项。

2014 年 11 月和 12 月，股市突然暴涨，特别是大盘蓝筹股一飞冲天。作为运输行业龙头的中国南车和中国北车，很多基金在这期间对其一直是按照指数收益法进行估值的。而其参考指数 SAC 运输指数（代码：H30064，现改名为 AMAC 运输指数）的涨幅却远远落后于上证 50 等大盘指数。

南北车所在的 SAC 运输指数，2014 年 11 月 –12 月期间，涨幅只有 10% 左右，期间最高涨幅也没有超过 20%。而在这期间，大盘股的涨幅巨大，除了上证 50 涨了有 70%，连沪深 300 都涨了有 50% 以上，况且南北车合并属于超级重大利好。

如果参考中国中铁、中铁二局和中国铁建合并期间超过 100% 的涨幅，那么使用指数收益法对基金进行估值则很有可能是低估的。

一看相关基金，根据 2014 年三季报，可以发现市场上有很多基金都持有大量南北车，其中比例较大的如表 10–4 所示。

表 10–4 曾经重仓南北车的基金

代码	名称	持有相关概念证券	持股占基金净值比	合计占净值比
200008	长城品牌优选	中国北车、中国南车	9.03%、8.17%	17.20%
070027	嘉实周期优选	中国南车、中国北车	6.60%、6.39%	12.99%
530012	建信积极配置	中国南车、中国北车	5.02%、5.01%	10.03%

先看持仓占比。长城品牌优选持仓市值占比最大，南北车合计高达 17.2%（2014 三季报），而且刚刚过去一个月，调仓动作应该不会太大。可以选它。

二看它的估值方法，长城品牌优选公告“自 2014 年 10 月 28 日起，本管理人对旗下基金所持股票中国南车（601766）、中国北车（601299）按指数收益法进行估值”。符合选择标准。

三看基金规模。根据2014年三季报，长城品牌基金份额约为110亿，规模约为82亿，绝对是巨无霸型基金，即使有大量资金涌入，南北车的持仓稀释程度也不会太大。符合标准。

四看申赎限制。2014年11月28日，中国南北车同时发布公告称停牌期间“公司加紧推进相关事项的筹划工作，但由于所涉事项比较复杂，尚无先例，可能涉及重大资产重组，目前仍在进行进一步的研究和论证”。这话说得已经不能再明白了，同时停牌、发布涉及重组事项的公告，这肯定是要合并。长城基金公司也非常尽职尽责，立刻于当日发布临时申赎公告“暂停大额申购和转换转入业务”，限额500万元。防止基金被大量机构资金涌入摊薄南北车持仓占比，损害持有人利益。但这仍旧挡不住小资金的热情，聚沙成塔也是很厉害的。2014年12月29日，长城基金再次发布临时申赎公告，将限额下调至100万元。在这期间，尤其是2014年11月底“南北车合并”这张明牌被打出来以后，长城基金并没有完全关闭基金申购，这也让广大中小投资者有了进行申购套利的可能性。

五看进出费率。查阅最新的招募说明书可以看到，申购费最高1.5%（对应最低金额），赎回费最高0.5%（对应最短持有期）。而查阅当时的官网直销优惠费率可以发现，申购费可以打4折优惠到0.6%，那这样进出成本加一起就只有大约1.1%，如图10-6所示。

申购金额（含申购费）	申购费率
50万元以下	1.5%
50万元（含）-200万元	1.0%
200万元（含）-500万元	0.5%
500万元以上（含）	每笔1000元

持有期	赎回费率
1年以内	0.5%
1年（含）—2年	0.25%
2年（含）以上	0

• 图10-6　长城品牌基金的申赎费率

我们来看看套利收益估算情况。假设南北车复牌后 5 个涨停板，那么涨幅为（1+10%）^5−1 ≈ 61%，扣除指数收益法预估的 10%（2014 年 12 月 30 日左右），实际涨幅为 51%。考虑到套利资金涌入，基金规模扩大后，南北车实际持仓占净值比或将远低于 17.2%，基金最终持仓比例按 10% 计算，则套利毛收益 10%*51%=5.1%。最后，扣除申购赎回费用约 1.1%，南北车复牌后 5 个涨停板的套利收益为 4.0%。这已经是非常保守的算法了。回到现实中我们再来看看。

2014 年 12 月 31 日，中国南车和中国北车公布合并为中国中车的预案并复牌。中国南车和北车双双连续 6 个涨停板，涨幅接近 80%。2015 年 1 月 5 日，长城基金发布公告恢复对南北车采用市价法估值，同时完全暂停基金申购。这才是 2014 年 12 月 31 日复牌后的第二个交易日，长城基金的动作也算快的。

再来看看基金净值的表现。假设投资者在复牌前一天申购（当然这个是碰巧的），打开涨停板第一天赎回。2014 年 12 月 30 日南北车复牌前一天的基金净值是 0.9188，2015 年 1 月 12 日打开涨停板当日的净值是 0.9864，期间涨幅为 7.36%，而沪深 300 期间涨幅只有 1.6% 左右，超额收益高达 5.76，扣除进出成本 1.1%，也还有 4.66% 左右的超额收益，与我们估算的结果是相差不大的。这还是最短套利周期的涨幅，如果申购的早一点或者赎回的晚一点，收益还会更高，当然，作为纪律投资者，打开涨停板第一天就赎回是必须执行的操作。

10.3.3 参与定增与打新

公募基金参与股票定增，也会发临时公告。公募基金参与定增所持有的股票，其估值方法是较为保守的，当股票市价超过定增价的时候，超额部分的收益要按照时间分摊到基金净值中，这使得一些参与定增较多的基金，其净值有可能是低估的。

另外，打新股对于公募基金而言是无风险收益，但并非所有的公募基金参与打新股都会进行公告。不过在新股上市的公告中，倒是可以找到参与配售基金的名字，对于经常参与打新的基金，这是一块额外收获，投资者可以适当关注。

10.4 如何查询基金公告

10.4.1 通过基金公司官方网站

（1）比如，华夏成长混合（000001）这只基金，可以百度“华夏基金”找到官方网站，如图 10-7 所示。

• 图 10-7　百度搜索

（2）在华夏基金公司官方网站首页找到“华夏成长混合”这只基金的信息，点击进入详情页面，如图 10-8 所示。

（3）进入基金详情页面后，可以找到“基金概况”以及“基金公告”页面，所有官方信息均可在里面查询。只可惜这里的基金公告是把各种类型的公告混在一起的，并没有分类整理，给投资者查阅带来了一定的难度，如图 10-9 所示。

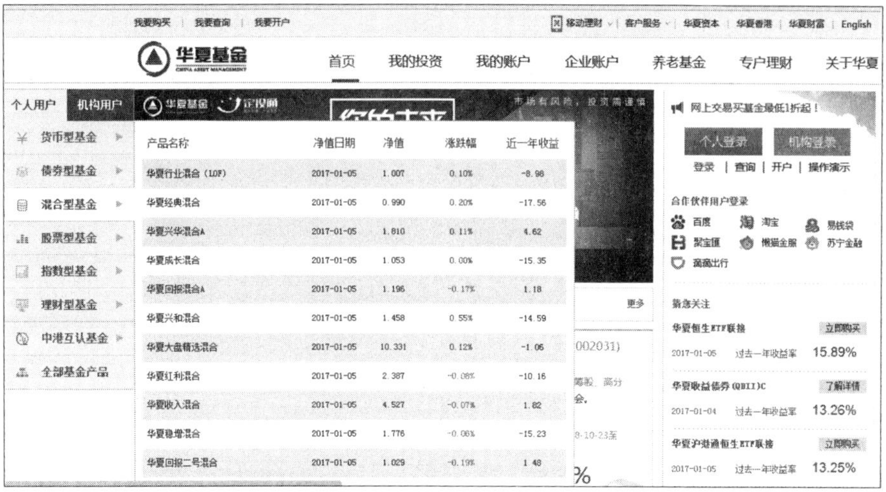

• 图 10-8　华夏基金官网

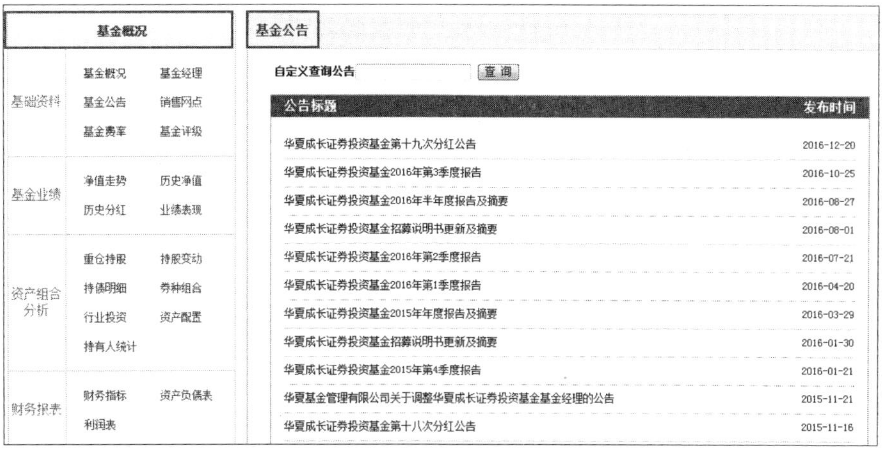

• 图 10-9　查询官方信息

10.4.2　通过第三方平台网站

比如，天天基金网、和讯基金网等第三方平台网站查询基金的相关信息。通常这些网站会对信息进行加工整理，对使用者更加友好。

（1）以天天基金网为例，进入官方网站以后，可以在搜索框输入基金名称或者代码（例如，华夏成长混合，000001），点击进入基金页面。

（2）在基金页面中，除了最新的涨跌信息比较显眼以外，在中间有一行“基金档案”栏目，点击可以进入，如图 10–10 所示。

• 图 10–10　基金档案

（3）在基金档案中，左侧的菜单栏将基金的各类信息从公告中提取出来，进行分类整理，让投资者可以迅速查询到想要的信息。特别是对原始公告，这里也专门做了整理分类，投资者查阅起来十分方便，如图 10–11 所示。

• 图 10–11　基金公告整理分类